I0895926

CICÉRON

TUSCULANES

LIVRES I et II

COLLECTION DES UNIVERSITÉS DE FRANCE
publiée sous le patronage de l'ASSOCIATION GUILLAUME BUDÉ

CICÉRON

TUSCULANES

TOME I

LIVRES I et II

TEXTE ÉTABLI PAR GEORGES FOHLEN

TRADUIT PAR JULES HUMBERT

Septième tirage

PARIS
LES BELLES LETTRES
2011

Conformément aux statuts de l'Association Guillaume Budé, ce volume a été soumis à l'approbation de la commission technique, qui a chargé MM. H. Bornecque et A. Rivaud d'en faire la révision et d'en surveiller la correction en collaboration avec MM. G. Fohlen et J. Humbert.

Le précédent tirage a été revu et corrigé par M. Claude Rambaux.

95 boulevard Raspail, 75006 Paris
www.lesbelleslettres.com

Première édition 1930

ISBN : 978-2-251-01083-0
ISSN : 0184-7155

INTRODUCTION

I

SUJET ; PLACE DANS L'ENSEMBLE DE L'ŒUVRE PHILOSOPHIQUE

Les Tusculanes sont une série de conférences sur les thèmes suivants : 1° le sage ne craint pas la mort ; 2° le sage ne craint pas la souffrance ; 3° le sage est inaccessible au chagrin ; 4° le sage est inaccessible aux passions ; 5° la sagesse suffit pleinement à réaliser le bonheur.

Quelle est la place des *Tusculanes* dans l'ensemble de son œuvre philosophique ? Cicéron le dit dans la préface du 2e livre du traité *De la divination*. Au moment où il l'écrit, l'assassinat de César est un événement tout récent ; l'inaction politique dans laquelle la tyrannie l'avait confiné a pris fin ; si utile qu'il ait pu être dans son rôle de propagandiste de la philosophie, Cicéron sent que son devoir n'est plus là. Et il passe en revue l'ensemble de ses œuvres dans ce domaine, en classant à part celles qui relèvent du vaste programme qu'il s'était tracé un an plus tôt, après la mort de sa fille (février 45) : mettre le grand public à même d'étudier les principales questions philosophiques dans des œuvres latines. Dans cette partie, Cicéron distingue encore trois groupes : 1° l'*Hortensius*, exhortation à la philosophie en général, et les

Académiques, exposé de la doctrine à laquelle il adhère personnellement ; 2° le *De finibus*, étude du souverain bien et du souverain mal, et *les Tusculanes* ; 3° le *De natura Deorum*, le *De divinatione*, le *De fato* (non encore rédigé), consacrés à la religion.

Ainsi *les Tusculanes* appartiennent à la partie de l'œuvre philosophique cicéronienne où l'écrivain s'est spécialement proposé de faire l'éducation philosophique de ses compatriotes. De plus, elles font groupe avec le *De finibus*, et cela de la façon suivante : tandis que le *De finibus* traite théoriquement de la question, capitale dans la philosophie antique, du souverain bien et du souverain mal, *les Tusculanes* vérifient dans l'ordre pratique la conclusion à laquelle aboutit le *De finibus* : le souverain bien est la vertu. Successivement placé devant la mort, la douleur, le chagrin, les autres maux, l'homme vertueux, le Sage, apparaîtra supérieur à toutes les contingences.

II

TITRE ET DATE DE LA COMPOSITION

Le titre *(Tusculanae disputationes)* n'indique en rien le contenu de l'œuvre, mais évoque le cadre dans lequel elle a été écrite et en caractérise la forme littéraire.

Cicéron a composé *les Tusculanes* dans sa villa de Tusculum, tout de suite après le *De finibus*. En annonçant (1) à Atticus l'achèvement de ce dernier ouvrage, il le prie de lui envoyer les traités de Dicéarque περὶ ψυχῆς, car il en a besoin pour un travail qu'il médite et qui est certainement *les Tusculanes*. La lettre est du 29 mai 45. Le 16 août suivant, c'est le περὶ θεῶν de Phaedrus que

1. *Ad Atticum*, XIII, 32, 2.

Cicéron demande (1) à Atticus, visiblement parce qu'il songe à son *De natura deorum*. C'est dans cet intervalle de deux mois et demi que *les Tusculanes* ont dû être rédigées. Le texte (2) du *De divinatione* : *totidem subsecuti libri Tusculanarum disputationum*, suppose en effet que la publication en a suivi immédiatement et de très près celle du *De finibus*, dont Cicéron annonçait le projet au milieu de mars et qui était achevé le 29 mai 45.

L'auteur présente ses *Tusculanes* comme des conférences qui auraient été parlées avant d'être rédigées. Sans renoncer à la déclamation de rhétorique, il avait, dit-il (3), pris l'habitude de s'exercer sur des thèmes de philosophie ; puis, en juin 45, profitant de la présence à Tusculum de nombreux amis, il se serait enhardi jusqu'à faire de véritables leçons *(disputationes* = *scholae* = cours ou conférences) à la façon des maîtres grecs. L'ouvrage que nous avons ne serait pas autre chose que ces conférences, réunies en un recueil qui est dédié à Brutus.

Il serait imprudent assurément de prendre au pied de la lettre ce que Cicéron nous dit de l'origine des *Tusculanes*. Mais si la forme de la conférence est fictive, elle n'en mérite pas moins de retenir l'attention. L'auteur l'a choisie de préférence à celle du dialogue réel et s'est donné le rôle de professeur de philosophie pour trois raisons : 1° il entendait écrire une œuvre de très large vulgarisation ; 2° s'adressant au grand public, il voulait user plus qu'ailleurs des ressources de l'art oratoire ; 3° il revendiquait une part d'originalité plus grande que dans ses autres ouvrages philosophiques.

1. *Ad Atticum*, XIII, 39, 2.
2. *De Divinatione*, II, 1, 2.
3. *Tusculanes*, I, 4, 7.

III

LE CARACTÈRE POPULAIRE DES TUSCULANES

Désireux de supplanter l'épicurisme, depuis longtemps répandu en Italie, au profit de la philosophie issue de Socrate, Cicéron se rendait bien compte que le remarquable succès de ses adversaires tenait avant tout à ce fait que leur doctrine était simple et facile à assimiler. (1) Or il se réclamait personnellement de l'école la plus savante et, si l'on peut dire, la plus intellectuelle, celle de l'Académie. Aussi ne pouvait-il guère s'adresser qu'à une élite de lecteurs. Ici, au contraire, la nature de son sujet lui permettait d'atteindre un public plus étendu, celui de ces gens qui, comme le Néoptolème (2) d'Ennius, ne peuvent ni ne veulent devenir des professionnels de la philosophie, mais s'y intéressent cependant et même éprouvent le besoin de philosopher, aux heures graves de l'existence.

C'est en face de ce public que Cicéron se place dans *les Tusculanes*, et l'auditeur de nos manuscrits en est le représentant. Tandis que dans les autres traités il y a réellement dialogue, entre gens de haute culture, ici l'auditeur ne fait guère que poser des questions et solliciter des éclaircissements. Cependant cet auditeur anonyme n'est pas un simple disciple de manuel, une abstraction ; il est le représentant d'un public bien caractérisé, et les objections que Cicéron lui prête ou les remarques qu'il lui suggère montrent que l'auteur des *Tusculanes* est demeuré un avocat et n'a pas perdu le contact avec ses auditoires romains.

Il y a en effet dans *les Tusculanes* un effort continu

1. *Tusculanes*, IV, 3, 7.
2. *Tusculanes*, II, 1, 1.

d'adaptation au milieu devant qui l'orateur plaide la cause de la philosophie. Cicéron n'ignore pas que les subtilités juridiques sont vite fatigantes, et il a pensé avec raison qu'il en serait de même pour les arguties dialectiques : « tes syllogismes, fait-il dire à l'auditeur (1), m'ont réduit au silence, plutôt que convaincu ». C'est pourquoi les développements techniques tiennent ici fort peu de place. Nulle part il n'est fait autant appel à la littérature (surtout la poésie romaine), à l'histoire, à l'expérience ; plus que nulle part ailleurs encore, l'auteur s'ingénie à demeurer sur le terrain des faits, à ne pas heurter de front la réalité : il raille (2) Zénon qui a tenté de dissimuler l'atrocité de la souffrance, et déclare qu'il vaut mieux étudier les moyens de la supporter dignement que la question de savoir si c'est ou non un mal.

C'est aussi sa position d'avocat de la philosophie qui explique, au moins dans une certaine mesure, l'éclectisme dont il fait preuve en plaidant avec beaucoup de chaleur la cause d'Épicure, de qui pourtant le Sage ne lui paraissait guère mériter un bonheur inaltérable. Cicéron n'ignore pas que rien n'éveille la défiance et ne justifie l'indifférence populaire à l'égard de la philosophie, comme le désaccord des philosophes, et sans doute pense-t-il que mieux vaut encore la philosophie d'Épicure que pas de philosophie du tout ; aussi fait-il exprimer par son auditeur le souhait de voir toutes les écoles à même de soutenir que le sage est toujours heureux, et se charge-t-il de la cause d'Épicure, Hiéronyme, etc..., avec beaucoup de bonne volonté : « Voyons, dit-il (3) dans son langage de praticien, ce qu'il est possible de faire pour ces gens-ci. » Enfin il est visible que Cicéron se place de bout en bout devant un auditoire tout romain. C'est parce qu'il s'adresse à des Romains qu'il ne cesse de faire appel au sentiment de l'honneur, de la dignité virile, non point la moralité

1. *Tusculanes*, I, 8, 16.
2. *Ibid.*, II, 12, 29.
3. *Tusculanes*, V, 30, 85.

ou τὸ καλόν des Grecs, mais la *gravitas romana.* Et ses digressions qui surprennent et déconcertent les érudits en quête de ses sources, ses préfaces des cinq livres, qui sont des exordes, visent uniquement à mettre en confiance le lecteur romain en répétant sur tous les tons : nos compatriotes ont des aptitudes philosophiques bien supérieures à celles des Grecs ; nos institutions, nos coutumes, notre langue même témoignent que nos grands ancêtres ont été des « philosophes sans le savoir ».

IV

LA COMPOSITION ORATOIRE

Mais le conférencier des *Tusculanes* ne rappelle pas le grand avocat seulement par l'invention ; dans la disposition aussi il est redevenu l'orateur d'autrefois.

Les Tusculanes passent généralement pour une œuvre mal composée, et il est clair que, du point de vue de la méthode philosophique, un traité où il est question successivement de la mort, de la souffrance physique, puis d'une passion particulière, le chagrin, puis tout à coup de la passion en général, pour finir par le paradoxe de la vertu garantie infaillible du bonheur, peut paraître un simple recueil de thèses disparates plutôt qu'une œuvre d'un seul jet. Mais si on envisage dans les cinq conférences une unité oratoire, on y trouve un plan ingénieux et de tous points conforme à la technique de Cicéron avocat.

Deux traits caractérisent essentiellement la composition oratoire cicéronienne :

C'est d'abord le perpétuel souci de préparer le terrain, de disposer les arguments dans un ordre tel que les premiers facilitent la discussion des seconds, et ainsi de suite ; sur ce point, il suffira de renvoyer aux nombreux passages où l'auteur se réfère à son argumentation antérieure et sou-

ligne l'opportunité de son plan (1) ; c'est surtout l'habitude qu'a l'orateur, lorsque la plaidoirie est vaste et s'étend sur plusieurs journées, de porter spécialement son effort sur le discours d'ouverture *(principium)* et le discours de clôture *(peroratio)* : « ils ont tort ceux qui placent en tête les éléments les plus faibles, et de même ceux qui, lorsqu'ils font appel à plusieurs avocats — au reste cet usage ne m'a jamais plu — veulent que celui-là dont ils attendent le moins prenne la parole le premier. Ce qu'il faut, c'est répondre le plus tôt possible à l'attente des auditeurs, et, si l'on n'y réussit pas dès le début, la tâche sera beaucoup plus lourde dans la suite du débat. Elle est compromise, la cause qui, dès le premier engagement, n'a point amélioré sa position. Aussi, qu'il s'agisse d'avocats ou de discours, c'est l'élément le plus solide qui doit venir en tête, en notant toutefois qu'en fait d'avocats comme en fait de discours, les éléments de la meilleure qualité doivent être employés aussi dans la péroraison (2). »

Ainsi les éléments de la cause les meilleurs doivent figurer dans le premier discours, puis se retrouver dans le dernier. Ajoutons que ces discours sont le lieu normal des digressions (3).

Or cette théorie de la disposition, confirmée d'ailleurs par la pratique de l'avocat (4), éclaire et justifie le plan des *Tusculanes* : ce sont bien les meilleurs éléments de la

1. Cf. notamment *a*) la conclusion du livre II (de la douleur) : non modo stimulos doloris, sed etiam fulmina fortunae contemnamus licebit, praesertim cum paratum sit illud ex hesterna disputatione (de la mort) perfugium ; *b)* IV, 30, 64 ; sive casu accidit sive consilio, percommode factum est, quod de eis rebus quae maxime metuuntur, de morte et de dolore, primo et proxumo die disputatum est ; *c)* V, 6, 15 : quaero, utrum aliquid actum superioribus diebus an nihil arbitremur... si ita est, profligata jam haec et paene ad exitum adducta quaestio est.

2. *De Oratore*, II, 77, 313.

3. *Ibid.*, II, 78, 319 : sumetur enim (principium) ex iis rebus, quae erunt uberrimae vel in argumentis vel in partibus, ad quas dixi digredi saepe oportere.

4. Cf. J. Humbert, *Les Plaidoyers écrits et les plaidoiries réelles de Cicéron*, thèse, Paris, 1925, p. 288-291.

cause que Cicéron met en œuvre dans le premier livre. Avant même de rassurer son auditeur, que la pensée de la mort effraye, il lui fait part des espérances les plus hautes que puisse concevoir la philosophie, et développe brillamment la thèse de l'immortalité de l'âme. Ces éléments les meilleurs se retrouvent dans la cinquième *Tusculane* (discours de clôture). C'est encore sur la thèse platonicienne de l'âme divine que Cicéron fonde l'essentiel de sa démonstration ; car si le souverain bien de l'homme est dans l'âme, et si le bien de l'âme, qui est la vertu, ne peut se perdre, le sage est assuré d'être toujours heureux (1). De même encore la question est reprise du point de vue des épicuriens et autres matérialistes, et elle l'est subsidiairement, comme l'avait été la thèse épicurienne de la mort au premier livre, et c'est encore l'anéantissement de la mort qui en dernière analyse garantit au sage d'Épicure une vie toujours heureuse. C'est bien dans les premier et cinquième livres, et seulement dans ceux-là, que Cicéron fait appel aux ressources de la grande éloquence (2). D'une façon générale, on peut dire que, dans les trois autres livres, le ton est celui de la conversation ; dans le premier et le cinquième au contraire le style est presque continuellement oratoire et le pathétique domine. Le premier s'achève sur un *epilogus* de rhétorique (3) ; des digressions brillantes, au premier livre le tableau de la félicité réservée au Sage dans le ciel (4), au cinquième livre le tableau de la félicité du Sage en ce monde (5), interrompent la discussion des preuves (6) et montrent que l'ora-

1. *Tusculanes*, V, 12, 34 — 13, 40.

2. *Cf.* notamment I, 49, 117 : magna tamen eloquentia est utendum atque ita velut superiore e loco contionandum, ut homines mortem vel optare incipiant vel certe timere desistant.

3. *Tusculanes*, I, 47, 112 — 49, 119.

4. *Ibid.*, I, 19, 44 — 21, 48.

5. *Ibid.*, V, 24, 68 — 26, 73.

6. La première digression coupe en deux la démonstration de l'immortalité de l'âme.

teur s'adresse à la sensibilité (1) autant qu'à la raison.

Ce n'est pas seulement dans la composition d'ensemble, c'est aussi dans le détail de l'argumentation, que l'on peut observer une méthode plus oratoire que philosophique. Ce point ressort assez de la seule lecture des arguments analytiques, et il suffira ici de donner quelques exemples : c'est l'habitude qu'a Cicéron avocat de dissocier, pour les affaiblir, les arguments de l'adversaire (2) ; celle de passer rapidement sur les objections les plus solides et de s'attarder avec complaisance sur les plus faibles (3) ; celle de recourir à l'ironie ou au pathétique pour esquiver une discussion embarrassante (4) ; celle enfin, qui caractérise l'orateur pratique, de tâter le terrain, avant de s'engager à fond, d'abandonner momentanément l'argument qui semble risqué, puis d'y revenir après un détour (5). On observera aussi que, d'un bout à l'autre des *Tusculanes*, Cicéron traite les philosophes comme des témoins ; il raille l'inconséquence de l'un, gourmande la faiblesse de l'autre, mais les fait tous servir, même les épicuriens qu'il flatte après les avoir fort malmenés, au triomphe de sa cause.

Lorsque Cicéron dit dans la préface du premier livre qu'il va mettre son éloquence au service de la philosophie, il ne songeait donc pas seulement au style ; c'est à tous les moyens de son art, dans ses trois parties, élocution,

1. *Tusculanes*, V, 24, 68 : Sed ne verbis solum attingamus ea quae volumus ostendere, proponenda quaedam quasi moventia sunt, quae nos magis ad cognitionem intellegentiamque convertant.

2. Ainsi la réfutation des adversaires de l'immortalité de l'âme est coupée en quatre morceaux, I, 11, 23 ; 17, 41 ; 22, 50 ; 31, 77.

3. La seule objection à la thèse de l'immortalité de l'âme qu'il s'applique à réfuter semble médiocre : elle est tirée de la ressemblance intellectuelle des enfants aux parents ; cf. I, 32, 79.

4. Par ex. dans la réfutation d'Epicure, III, 15, 32 à 21, 51.

5. Cf. notamment V, 5, 13 et 28, 80.

invention, disposition (1) qu'il fait appel. Les *Tusculanes* sont non seulement écrites, mais aussi conçues et composées comme un plaidoyer.

V

LES SOURCES (2)

Le caractère si éclectique de la pensée cicéronienne a orienté les recherches relatives aux sources dans deux directions :

ou bien l'on a admis que cet éclectisme devait être déjà dans la source de Cicéron et supposé une source unique ; c'est le résultat auquel aboutit Hirzel dans une longue étude de ses *Untersuchungen* : la source des *Tusculanes* serait une œuvre hypothétique de l'académicien Philon ;

ou bien l'on a admis un grand nombre de sources, plusieurs même dans certains livres. Bien qu'il subsiste nombre de divergences entre les critiques, on peut dire que l'on est généralement d'accord sur les points suivants : dans la première partie du livre I (démonstration de l'im-

1. *Tusculanes*, I, 3, 6 : sed mandare quemquam litteris cogitationes suas, qui eas nec disponere nec inlustrare possit nec delectatione aliqua allicere lectorem, hominis est intemperanter abutentis et otio et litteris.

2. Il y a sur ce sujet toute une littérature. Citons seulement : O. Heine, *De fontibus Tusculanarum disputationum*, Progr. Weimar, 1863 ; P. Corssen, *De Posidonio Rhodio M. Tulli Ciceronis in libro I Tusculanarum disputationum et in Somnio Scipionis auctore*, Bonn, 1878 ; R. Hirzel, *Untersuchungen zu Ciceros philosophischen Schriften*, 3me partie, les *Tusculanes*, p. 342-492, Leipzig, 1883, et *der Dialog, I*, Leipzig, 1895 ; A. Schmekel, *Die Philosophie der mittleren Stoa*, Berlin, 1892 ; M. Pohlenz. *Hermes*, 41, 1906, p. 321 sqq. (pour les livres III et IV) ; *Hermes*, 44, 1909, p. 23 sqq. (pour le livre II), et aussi l'introduction, p. 29, de son édition scolaire des *Tusculanes*, Teubner, 1912 (pour le livre I).

mortalité de l'âme), Cicéron aurait suivi le stoïcien Posidonius, dans la deuxième (§ 82 à la fin) l'académicien Crantor. La source du livre II serait un ouvrage du stoïcien Panétius ; le stoïcien Chrysippe revendiquerait les principaux éléments des livres III et IV ; enfin la première partie du livre V reviendrait encore à Posidonius.

Remarquons d'abord que l'originalité oratoire si caractérisée du plan des *Tusculanes* exclut absolument l'hypothèse d'une source unique ; il est clair que la conception générale de l'œuvre appartient à Cicéron.

Ajoutons que le plan de l'œuvre ne suppose pas seulement plusieurs sources, mais aussi une utilisation très libre de ces sources. Et d'autres indices confirment cette conclusion. La critique a relevé des erreurs que Cicéron n'aurait pas commises, s'il s'était borné à adapter des ouvrages grecs. La seule indication certaine que nous ayons sur ses sources, la demande qu'il fait à Atticus des traités περὶ ψυχῆς de Dicéarque, suppose qu'il s'est documenté sérieusement. Il faut de plus tenir compte de ce fait que les sujets qu'il traite sont des lieux communs, avec lesquels il était familiarisé de longue date : ainsi, pour la question de l'immortalité de l'âme, l'essentiel de sa démonstration est déjà dans *le Songe de Scipion* et se retrouvera dans le *De senectute* et le *De amicitia*. Les allusions particulièrement fréquentes à des ouvrages qu'il a lus, à des philosophes qu'il a entendus ou avec qui il a discuté, indiquent aussi que souvent il a dû lui suffire de faire appel à sa culture générale.

Sous ces réserves, on peut admettre comme très vraisemblables les attributions dont nous avons donné plus haut la liste. Elles répondent bien aux tendances générales de l'œuvre. Sans doute Cicéron se réclame à chaque instant de l'école académique, mais l'inspiration des *Tusculanes* est franchement stoïcienne. C'est aux stoïciens platonisants du moyen stoïcisme que Cicéron a le plus souvent recours dans ses démonstrations de l'immortalité de l'âme et du bonheur du Sage (livres I et V), et c'est dans « la tension de l'âme » stoïcienne qu'il voit le plus sûr

moyen de tenir tête à la douleur, au chagrin, aux autres passions (livres II, III et IV).

Sur la culture philosophique de Cicéron, ses études, ses tendances, on voudra bien se reporter à l'Introduction, p. XVI, du *De finibus* (collection Budé) de M. Jules Martha.

J. HUMBERT.

VI

LES MANUSCRITS

Tous les manuscrits des *Tusculanes* remontent à un archétype commun du ve ou VIe siècle. De celui-ci proviennent nos deux traditions. La première, X, renferme les mss., datant presque tous de l'époque carolingienne, qui sont les meilleurs, la seconde, Y, comprend la source d'un manuscrit duquel sont dérivés la plus grande partie des corrections du Vaticanus et les manuscrits de la Renaissance.

Le groupe X est représenté par les manuscrits suivants :

R = Parisinus Regius 6332, à la Bibliothèque nationale à Paris, du IXe s. Il contient, outre les *Tusculanes*, le texte du *Cato maior* jusqu'au § 78 quin ex. Voir Chatelain, Pal. d. cl. Lat. 44, l. D'après Stroux on peut distinguer — sans que ces distinctions soient bien nettes partout — des corrections de première main, d'autres d'un correcteur contemporain (R^c) et celles, plus rares et plus éparpillées, d'une main plus jeune (R^2) (1).

K = Cameracencis, à la Bibliothèque communale de Cambrai, 842, du IXe s., décrit par Conrad Rossbach dans le Philologus LXIII, p. 94-101. Il a été écrit par plusieurs copistes qui alternaient dans leur travail, et revu par les

1. La collation que j'ai faite moi-même du Regius m'a amené à la conclusion qu'en effet la distinction des différents correcteurs était difficile, mais que, à de rares exceptions près, on pouvait faire confiance à M. Stroux.

mêmes (K[1]) et par deux autres correcteurs (K° et K²) dont surtout K² a ajouté des explications — (1, 28, 68 *annalium* au-dessus de *fastorum*, 1, 34, 84 *Ciceronis sunt uerba* au-dessus de *domesticis*, 1, 36, 86 *aduerbium* au-dessus de *prudentius*, 4, 2, 3 *nornis* au-dessus de *fidelibusque* (1). K^c semble contemporain de K, K² étant postérieur à ce dernier d'un siècle ou de deux. Ce codex ne renferme que les *Tusculanes*.

V = Vaticanus 3246, récemment analysé par Édouard Stroebel dans le Philologus IL, p. 49-64, du IXe s., il ne contient que les *Tusculanes*. Comme, à partir de 5, 38, 110 *aegritudinesque* jusqu'à la fin, les pages sont endommagées et que beaucoup de lettres n'y étaient plus lisibles dès le XVe s., cette partie fut de nouveau copiée d'après un manuscrit sans valeur (= V^b). Les savants distinguent dans ce manuscrit également V^c V² V³, cette dernière main antérieure au XVe s. V² représente la seconde classe des manuscrits, avec ceux de la Renaissance ; j'y reviendrai tout à l'heure (2).

G = Gudianus 294 du Xe siècle, à Wolfenbüttel (Allemagne), décrit et collationné par Maurice Seyffert dans son édition (Leipzig, 1864). Les corrections de seconde main, qui datent de la même époque, sont désignées par G².

P = Palatinus 1514, actuellement à la Vaticane, dont la partie ancienne jusqu'à 4, 4, 8 *non mihi uidetur omni animi perturbatione posse sapiens uacare* date de la fin du Xe s. ; la fin est postérieure et ne diffère pas beaucoup des autres manuscrits de la Renaissance (3).

M = Ambrosianus T 56 sup. qui, dans sa partie ancienne du XIe s., réunit les *Philippiques, les Tusculanes* et l'*Invective de Salluste contre Cicéron*.

1. La bonne leçon est *fidibusque*.
2. Voir Nolhac, *La bibliothèque de Fulvio Orsini*, Paris, 1887, p. 222.
3. J'ai collationné moi-même les livres III à V du Palatinus d'après une photographie que l'Association Guillaume Budé a bien voulu me procurer ; je prie M. Mazon de trouver ici l'expression de mes sincères remercîments.

B =Bruxellensis 5351, du XIIe s., collationné par Baiter, et sur lequel est basée l'édition de Baiter-Halm, Zurich 1861.

Gr = l'ancien codex Gryphianus, disparu, dont s'est servi J. H. Brutus dans son édition de 1579 chez Gryphe, à Lyon. Brutus y reproduit assez fidèlement les variantes de ce codex. Celui-ci ne renferme pas le début — l'auteur ajoute « ἀκέφαλον enim nacti sumus » — et ne commence que 1, 24, 59. J'ai revu ces leçons dans l'édition conservée à la bibliothèque de Vienne (1) (Autriche).

A ces manuscrits s'ajoutent les extraits du *presbyter Hadoardus*, homme d'église de la Renaissance Carolingienne (IXe s.) En voici le titre : *Collectio quaedam secundum Tullium Ciceronem ceterosque philosophos ab ipso commemoratos.* Ces extraits sont conservés dans le Codex Vat. Reg. 1762 et reproduits par P. Schwenke dans le Philologus Suppl. V 1889. Hadoardus a changé le texte là où la doctrine était trop opposée à celle de l'Église (2) ; mais son texte est contemporain des manuscrits les plus anciens que nous connaissions, si même il ne remonte pas plus haut.

L'accord des manuscrits que nous venons d'énumérer (= classe X) est établi par un grand nombre de fautes communes (six cents à peu près), qui proviennent pour une grande part du fait qu'on a mal lu les abréviations

1. L'auteur ajoute à *unde natam* (1, 24, 59) : unde naturam *Gryphii liber manuscriptus longe optimus quo posthac utemur.*

2. *Dei* est remplacé par *deus*, *creare mundum* par *gignere mundum* ; il supprime ce qui se rapporte aux affaires personnelles de Cicéron ; les noms sont maintes fois remplacés par *quidam.* Comme les extraits devaient avoir un rapport entre eux, il fallait souvent changer les conjonctions. D'autres hommes d'église de cette époque ont également connu les Tusculanes : Paschasius Radbertus, abbé de Corbie, mort en 865, a imité 1, 1, 1 et 1, 2, 5 dans son « *Expositio in Psalmum XLIV* » (Patrologia, CXX. p. 993). Un autre passage (1, 3, 6 *mandare... litteris*) est cité par Eginhard, dans sa préface de la vie de Charlemagne (Patrologia 97, p. 26). La lettre 8 du presbyter Servatus Lupus (9e s.) « *ad Adalgardum* » mentionne les Tusculanes ; la citation 1, 2, 4 *honos... improbantur* est cependant tirée de Saint-Augustin.

et les différents signes ; il y avait, en effet, moins de fixité quant à l'emploi de ceux-ci aux VIe et VIIe siècles qu'à une date ultérieure, parce qu'antérieurement ils étaient employés beaucoup plus rarement (1). Il existe encore un second indice de l'étroite parenté des principaux manuscrits de la classe X. C'est que RGV, soit entièrement, soit partiellement, sont écrits « per cola et commata », fait très rare dans la paléographie ancienne profane. Il y a des traces de cette linéation également dans K, et les extraits de Hadoardus prouvent que l'exemplaire dont il s'est servi était ainsi composé (v. Pohlenz, introd., p. XI, et Havet, p. 840). Il est clair que cette disposition peut empêcher certaines fautes et en favoriser d'autres.

La seconde classe des manuscrits (= Y) est représentée par les corrections du Vaticanus ($V^c V^2 V^3$), dont les deux premiers sont à peu près contemporains de V ; V^3 est postérieur, mais antérieur au XVe s. Ces correcteurs ont puisé dans un manuscrit qui, ainsi que l'apparat critique en fera foi, présentait un nombre remarquable de textes qui ne se trouvent pas dans X et qui sont certainement exacts. De même, la majeure partie des mss. récents du XVe s. a été établie d'après un archétype de cette même classe Y. Mais comme ils conservent également un grand nombre d'erreurs des mss. de la classe X, on a affaire à des textes amalgamés. En général, les mss. de la Renaissance, où la correction intentionnelle a le plus souvent usurpé la place de la reproduction fidèle de l'original, doivent être employés avec la plus grande prudence. Aussi ne les ai-je pas mentionnés nommément ; je renvoie à l'édition de Dougan qui les a tous énumérés ; à part quelques exceptions, je les cite par le sigle collectif φ (2).

Clark (Class. Rev. XX, p. 122) cite encore le fragment de

1. Cependant, à maints passages, *P* et *B* sont exempts de ces fautes et contiennent, de première main, la bonne leçon avec V^2 et les manuscrits récents.

2. O = Oxoniensis; Vind. = Vindobonensis, Rehd. = Rehdigerianus (à Breslau), Marb. = Marburgensis.

la Bodléienne (= F) qui contient notre texte livre 5, 39, 114 — *rent ille* à 41, 120 *iudicare* (1).

VII

MÉTHODE A SUIVRE

Notre texte est fondé sur la tradition X ; souvent les leçons de V^2 V^e V^3 ont été retenues, celles de φ l'ont été dans les passages où il y a coïncidence soit avec des corrections de V, soit avec les citations d'un grammairien, ou là où le texte détérioré conduit nécessairement aux leçons des jeunes manuscrits. Pohlenz, à qui nous devons la dernière édition critique des « *Tusculanes* » (*M. Tulli Ciceronis Scripta quae manserunt omnia, Fasc.* 44, *Tusculanae disputationes Leipzig*, 1918), me semble faire trop de cas des corrections de V, et, à maints endroits où il préfère une leçon de V^2 à celle de X, je ne vois que des gloses suggérées par l'ingéniosité d'un copiste. J'attribue également plus d'importance que ce savant à B et à P, avec lesquels les correcteurs du Vaticanus s'accordent du reste souvent.

Tout en acceptant la classification des mss. proposée par Pohlenz, je diffère, dans bien des détails, d'avis avec lui. S'agit-il d'une conjecture qu'il propose, je préfère me ranger à l'avis de M. Goelzer (Virgile, *Énéide*, préface, xxix, rem. 1) : « Nous persistons à croire que la plupart du temps et même trop souvent les conjectures ne sont proposées que parce qu'on ne s'est pas donné assez de

1. J'ai tiré parti également des citations des Tusculanes, contenues dans les ouvrages des écrivains ou grammairiens latins, et utilisé les clausules en tant qu'elles entrent en ligne de compte pour l'établissement du texte, cela d'ailleurs avec la plus grande circonspection (voir Laurand, *Etudes sur le style des discours de Cicéron*, tome II, p. 215).

peine pour essayer de comprendre le texte ». Dans cet ordre d'idées, je partage complètement le point de vue de M. Gaffiot (*Le Subjonctif*, p. 5, rem. 1) : « Trop souvent les commentateurs, mettant une sorte de nécessité dans la manière d'un auteur, se refusent à admettre la forme ou la construction rare, et lui substituent la forme ou la construction habituelle, comme si l'écrivain, après avoir, en vingt ou trente circonstances identiques, employé une forme ou une contruction déterminée, ne pouvait à la vingt et unième ou trente et unième fois en employer une autre. » Et p. 12 : « Tel ἅπαξ εἰρημένον — quelque bizarre que paraisse à première vue l'assertion — sera reconnu de la meilleure langue, si l'on y regarde de près ». A quels abus peut mener la manie de vouloir corriger les meilleurs auteurs d'après un système grammatical conçu *a priori*, on le voit dans l'édition des *Tusculanes* par Seyffert, où chaque page contient des corrections inutiles de l'auteur.

J'ajoute une autre remarque. La hâte avec laquelle les *Tusculanes* ont été composées, en même temps que Cicéron travaillait à d'autres œuvres philosophiques, me semble expliquer le grand nombre d'ellipses et de ruptures de constructions que nous y trouvons. Cette hâte, ainsi que le fait que l'auteur dicte et n'écrit pas lui-même, expliquerait aussi quelques erreurs matérielles du grand écrivain. En voici quelques exemples :

1, 10, 20. D'après Platon, l'âme de la colère réside au-dessus du diaphragme (Timée 70 A : μεταξὺ τῶν φρενῶν τε καὶ αὐχένος) ; « supter praecordia » est donc une erreur de Cicéron.

1, 10, 22. L'auteur prend « ἐνδελέχεια » dans le sens de « ἐντελέχεια ».

1, 34, 84. Tous les mss. parlent de « Theombrotus », alors que, d'après Cicéron pro Scauro § 4, et Callimaque, epigr. 23, le nom de cet original était « Cleombrotus ».

1, 42, 101. Les auteurs qui considèrent ce passage comme authentique sont obligés d'admettre que Cicéron a confondu « ἀριστᾶτε » avec « ἀριστεύετε ».

2, 22, 52. Les meilleurs mss. portent « *Timocreontis regis* », alors qu'il s'agit de « *Nicocreon* », nom qui se trouve dans les mss. de la Renaissance.

3, 19, 46. Cicéron semble prendre « hedycrum » pour une sorte de parfum à brûler, alors que c'est, comme le nom l'indique, une espèce d'onguent pour la peau.

5, 16, 46. La nourrice d'Ulysse est appelée « *Anticlea* » ; dans Homère elle porte le nom d' « Euryclée ».

5, 27, 78 « illa uicta maesta discedit », comme si le défunt n'avait eu que deux femmes, et pas plusieurs *(plures)*.

Pour l'intelligence de tel ou tel passage, il faut, à mon avis, considérer également la forme des *Tusculanes*, qui est celle du dialogue. Ainsi, 1, 31, 76, où Pohlenz, après « *futuri simus* », suppose une lacune, il me semble que les gestes des interlocuteurs peuvent très bien suppléer à la liaison des idées. 2, 11, 26 : uerti enim (enim *exp.* V^{uet} etiam *Halm*). Cet *enim* s'explique si l'on admet que le maître laisse supposer par un geste à l'auditeur la première partie de sa pensée : « *Je me sers aussi de poètes grecs.* »

VIII

LES INTERLOCUTEURS (1)

R marque le changement des interlocuteurs en revenant à la ligne ; G^1 échelonne les signes M et Δ, mais très irrégulièrement, dans les livres I et II ; V de même, mais de seconde ou troisième main. K ne les a que dans le livre I, et encore d'une manière intermittente. Ces sigles manquent également dans PGrB (P^2 a ajouté M et d.), les mss. de la Renaissance ont M et A.

1. Pour cette question, voir Pohlenz, *Hermes*, 46, p. 627 sqq.

Cicéron n'a pas donné à ses interlocuteurs une physionomie individuelle, et ce n'est point par des lettres, mais par un espace vide, qu'il indiquait les alternances du dialogue.

Les lettres M et Δ qu'on trouve sporadiquement dans nos mss. et que l'archétype n'a sans doute pas connues, sont d'origine byzantine. Elles sont employées pour la première fois dans un catéchisme que Junilius Africanus, homme d'État byzantin, rédigea pour son compatriote, l'évêque Primasius d'Adrumète (a. 551). Il se servit, pour rendre le livre plus intelligible, de la forme du dialogue, et désigna le maître (Magister) par *M*, le disciple par Δ (Διδάσκαλος). C'est par Primasius que cette désignation fut introduite en Occident, où elle fut adoptée également pour Cicéron en vue de faciliter la lecture des dialogues philosophiques. Le sigle Δ pouvait se transformer facilement en A.

Dans notre édition, nous suivrons le procédé de Cicéron lui-même.

IX

QUESTIONS D'ORTHOGRAPHE

Nous nous sommes conformés aux *Règles pour Éditions critiques* formulées par M. Louis Havet. Toutefois, il ne faut pas passer sous silence, malgré son peu d'importance, la question du pronom démonstratif devant le pronom relatif. En effet, dans nos manuscrits, on lit constamment *hi his his* au nom. dat. abl. plur., alors que pour les autres cas les formes *ea eorum* etc. sont courantes. Hans Ziegel dans sa thèse, *De is et hic pronominibus quatenus confusa sint apud antiquos*, a nettement démontré que l'autorité des manuscrits dans cette question est nulle, et,

après avoir examiné les raisons de ces formes doubles (1), il demande de restituer devant le pronom relatif les formes *ii iis*. C'est pourquoi nous avons rétabli partout les formes du pronom *is*.

ÉDITIONS

Voici les principales :

Erasme, Basileae, 1523.
Cratander, Basileae, 1528.
Man. = Manutius, 1540.
Bouhier, 1560.
Lb. = Lambin, 1566.
Ern. = Ernesti, 1776 sqq.
F. A. Wolf, 1792 sqq.
Dav. = Davis, M. Tullii Cic. Tusculanarum libri V, cum Richardi Bentley emendationibus 1805.
Orelli, Zürich, 1828.
Bouillet, Paris, 1830.
Reinhard Klotz, Leipzig 1835 (du même : Nachträge und Berichtigungen zu Ciceros Disputationibus Tusculanis 1843).

1. Marbourg, 1897. Nous ne mentionnons pas dans le texte ces différences orthographiques. Nous renvoyons cependant à 1, 4, 8 ; 1, 33, 80 ; 5, 26, 75 où les principaux manuscrits ont *his*, alors que le texte demande *is*, d'où il ressort que ces différences sont d'ordre purement orthographique. Conformément aux *Règles*, nous avons conservé des formes comme *adpello* à côté de *appello*, *adgnosco* et *agnosco*, *optinere* et *obtinere*, etc. Pour les autres questions orthographiques, nous nous sommes inspirés de l'excellent livre de Wilhelm Brambach, *Hülfsbüchlein für lat. Rechtschreibung*, Leipzig, 1872 (trad. par Ferd. Antoine, chez Klincksieck). J'écris donc *sepulcrum*, *contemno*, *intellego*, *condicio*, *schola*, *academia*, etc., même si les manuscrits ont conservé une autre orthographe que je ne mentionnerai pas dans l'apparat. Pour les noms propres, de même que pour les mots grecs si souvent défigurés dans nos textes, je me conforme à l'orthographe usuelle sans mentionner expressément les variantes dans l'apparat.

Moser, 1836.
Tregder, 1841.
Nisard, Paris.
Baiter-Halm, Zürich, 1861.
Sey. = M. Seyffert, Leipzig, 1864.
Küh. = R. Kühner [5], Hannover, 1875.
Mue. = C. F. W. Mueller, Leipzig, 1878.
Tischer-Sorof [8], Berlin, 1884.
Heine [5], Leipzig, 1892.
Doug. = Dougan, libri I et II, Cambridge, 1905.
Schiche, 1907 (le même dans Jahrb. d. phil. Vereins zu Berlin 24, 27, 29).
Ammon [2], 1912.
Po. = M. Pohlenz, libri I et II, Leipzig, 1912, (avec commentaire).
M. Pohlenz, M. Tulli Ciceronis Tusculanae disputationes, Leipzig, 1918.

G. Fohlen.

Dougan et Henry, libri III — V, Cambridge, 1934.
King, London/Cambridge, Mass., 1927, rév. 1945.
Gigon, Munich, 1951, verb. Aufl. 1970, 6. durchges. Aufl. 1992.
Marinone, Turin, 1955, 1976.
Giusta, Turin, 1984 (propose de nombreuses corrections).
Douglas, Tusculan Disputations I, Warminster, 1985.
Lundström, Zur Textkritik der Tusculanen, Uppsala, 1986 (défend le texte transmis).
Grilli, Libro II, Brescia, 1987.
Douglas, Tusculan Disputations II & V, Warminster, 1990.

Pour une réflexion d'ensemble sur Cicéron, on lira P. Grimal, *Cicéron*, Paris, 1986.

Pour une approche de sa philosophie, cf. J.-M. André, *La philosophie à Rome*, Paris, 1977 (Cicéron : p. 50-101) ; O. Gigon, *Cicero und die griechische Philosophie*, dans *ANRW*, I, 4, p. 226-261.

Pour les deux premiers livres des *Tusculanes*, on aura avantage à utiliser l'introduction et les notes des deux volumes de A. E. DOUGLAS signalés ci-dessus p. XXI.

Pour une bibliographie, on se reportera à celle de Ph. SMITH, dans M. GRIFFIN et J. BARNES, *Philosophia Togata : essays in philosophy and Roman society*, Oxford, 1989, p. 259-281, ou, plus complète, celle de G. GAWLIK et W. GOERLER dans *Grundriss der Geschichte der Philosophie* (UEBERWEG : *Antike* 4/2), *Die Philosophie der Antike*, Band 4, *Die hellenistische Philosophie*, Bâle, 1994, p. 991-1272 — les n° 841-874 p. 1072-1073 sont consacrés exclusivement aux *Tusculanes* —.

C. RAMBAUX.

SIGLA CODICUM

Memoria X

R = Parisinus Regius 6332 (IX. s.).
K = Cameracensis 842 (IX. s.).
V = Vaticanus 3246 (IX. s.).
G = Gudianus 294 (X. s.).
P = Palatinus 1514 (X. s.).
M = Ambrosianus T 56 sup. (XI. s.).
B = Bruxellensis 5351 (XII. s.).
H = Hadoardi excerpta quae leguntur in Vat. Reg. 1762 (IX. s.).
Gr = Gryphianus (perditus).

Memoria Y

recuperatur ex correcturis Vaticanis (V^2 V^o V^3)
ex recentioribus codicibus (φ).

Φ = consensus omnium codicum.
cet. = omnes codices, excepto uno uel altero qui ante aut post affertur.

LIVRE I

LIVRE I

Argument analytique

Préface (1-8) : supérieurs aux Grecs dans tous les domaines, les Romains n'ont pas de littérature philosophique ; Cicéron créera à Rome cette branche de la littérature.

Sujet proposé : la mort est-elle un mal ? (9).

Elle n'est pas un mal pour les morts, puisqu'ils ne sentent plus rien (10-16). Par suite, elle ne peut être un mal pour les vivants, et il se pourrait qu'elle fût un bien (16-18).

Pour définir la mort, il faut définir l'âme : l'âme d'après Empédocle, Zènon, etc.. Il s'ensuit ou que l'âme meurt, et alors la mort n'est pas un mal, ou qu'elle est immortelle, et alors la mort est un bien (19-25).

Première alternative : l'âme est immortelle (26-81). Preuves tirées de l'instinct (26-35) : c'était la croyance des premiers hommes ; c'est celle de tous les peuples ; elle se manifeste dans le souci que tout homme a de la postérité. Mais si l'instinct nous avertit que l'âme est immortelle, seule la philosophie peut nous dire quel est son séjour après la mort (36-37).

Preuve tirée de la nature de l'âme, qu'elle soit air ou feu (38-43). Bonheur de l'âme dans le ciel (44-47). Que vaut

en comparaison de ce bonheur l'insensibilité dans la mort des Epicuriens (48-49) ?

Preuves tirées des facultés de l'âme. Erreur des philosophes matérialistes qui ne peuvent se figurer l'âme indépendante du corps (50-52). Si l'âme ne se voit pas, elle voit ce dont elle est capable : preuves de l'immortalité tirées du fait que l'âme est un principe de mouvement (53-55), de la mémoire (56-62), de l'intelligence (63-76) ; de même que les mouvements de l'univers révèlent l'existence de la divinité, ainsi les fonctions de l'âme révèlent sa nature divine (68-71). C'est cette conviction qui a inspiré à Socrate son mépris de la mort : son discours à ses juges (72-73). La mort est une délivrance (74-76).

Réfutation des Stoïciens (77-78) et de Panétius (79-81) qui refusent à l'âme l'immortalité.

Deuxième alternative : si l'âme meurt, la mort n'est pas un mal. L'âme ne peut souffrir, puisqu'elle n'existe plus (82). Elle a plus à gagner qu'à perdre en quittant la vie : exemples de Priam, de Pompée, etc. (83-86). A supposer qu'elle ait perdu des biens, on ne peut dire qu'elle en soit privée (87-88). De même que rien n'existait pour nous avant notre naissance, rien n'existera pour nous après notre mort (89-92). Inconséquence des gens qui disent : il est dur de mourir avant le temps (93-95). Exemples de morts héroïques : Théramène, Socrate, etc. (96-102). Préjugés sur la sépulture (103-108). La mort du Sage n'est jamais prématurée (109-111).

Epilogue : éloge de la mort (112-120).

LIVRE PREMIER

Rome doit avoir une littérature philosophique

I 1 Quand je me suis vu dégagé enfin, sinon complètement, du moins dans une large mesure, des lourdes tâches de l'avocat et des charges de l'homme d'État, j'ai cédé à tes pressantes instances, Brutus, je me suis remis à des études demeurées chères à mon esprit, mais qui avaient été ralenties par les circonstances, interrompues pendant une longue période, quand j'y suis revenu ; et, comme la théorie et l'enseignement de toutes les sciences qui ont pour objet la droite conduite de la vie reposent sur l'étude de la sagesse ou philosophie, j'ai pensé que je devais faire l'illustration de ces matières en langue latine : non pas qu'il me paraisse impossible d'apprendre la philosophie dans des ouvrages grecs et avec des maîtres grecs, mais j'ai toujours été d'avis que dans leurs créations propres nos Romains ont partout montré plus de sagesse que les Grecs, et là où ils empruntaient aux Grecs, ont perfectionné toutes les branches qu'ils jugeaient dignes de leurs efforts. 2 Dans nos mœurs et dans nos coutumes, dans la conduite de nos maisons et de nos affaires, nous avons assurément une organisation meilleure et aussi plus brillante, et, quant au gouvernement de l'État, nos aïeux l'ont sans nul doute réglé au moyen d'institutions et de lois meilleures. Faut-il parler de l'armée, où ce qui

LIBER PRIMVS

I 1 Cum defensionum laboribus senatoriisque muneribus aut omnino aut magna ex parte essem aliquando liberatus, rettuli me, Brute, te hortante maxime ad ea studia quae retenta animo, remissa temporibus, longo interuallo intermissa reuocaui, et cum omnium artium, quae ad rectam uiuendi uiam pertinerent, ratio et disciplina studio sapientiae quae philosophia dicitur contineretur, hoc mihi Latinis litteris inlustrandum putaui, non quia philosophia Graecis et litteris et doctoribus percipi non posset, sed meum semper iudicium fuit omnia nostros aut inuenisse per se sapientius quam Graecos aut accepta ab illis fecisse meliora, quae quidem digna statuissent in quibus elaborarent. 2 Nam mores et instituta uitae resque domesticas ac familiaris nos profecto et melius tuemur et lautius, rem uero publicam nostri maiores certe melioribus temperauerunt et institutis et legibus. Quid loquar de re militari ? in qua cum uirtute nostri multum ualuerunt, tum plus etiam disciplina. Iam illa

1 1 cum —5 eruditum *habet H* || litteris *cet.* : libris V^2.

a fait la force des nôtres, c'est sans nul doute leur valeur, mais plus encore leur discipline ? Et maintenant, lorsqu'on en vient aux avantages que donne le caractère et non l'étude, ni les Grecs, ni d'ailleurs aucun autre peuple ne peut nous être comparé. Où trouver un degré de dignité, un degré de fermeté, de grandeur d'âme, de probité, de loyauté, où trouver, dis-je, chez aucun peuple, une supériorité de mérite à tous les points de vue telle qu'on puisse les mettre en parallèle avec ceux de nos aïeux ? **3** Sous le rapport de la culture générale, il est vrai, et dans tous les genres littéraires, les Grecs l'emportaient sur nous ; mais, sur ce terrain, il leur était facile de remporter une victoire qu'on ne leur disputait pas. Ainsi, tandis qu'en Grèce la poésie est le plus ancien des arts, s'il est vrai qu'Homère et Hésiode vivaient avant la fondation de Rome, Archiloque sous le règne de Romulus, nous n'avons appris, nous autres, qu'assez tard, la technique de la poésie. C'est en effet vers l'an 510 de notre ère, sous le consulat de C. Claudius, fils de Claudius Caecus, et de M. Tuditanus, que Livius fit jouer une pièce (à Rome), et la naissance d'Ennius est d'un an postérieure ; [or Livius était plus âgé que Plaute et Naevius]. II Nos Romains n'ont donc fait connaissance avec la poésie, ou, si l'on veut, ne l'ont accueillie que tardivement. Sans doute on lit dans les *Origines* (1) que c'était l'usage dans les festins que les convives chantassent au son de la flûte les louanges des hommes illustres (2) ; néanmoins la poésie n'était pas en honneur, et ce point ressort avec évidence d'un discours où Caton reproche à Marcus Nobilior, comme une charge infamante, d'avoir emmené des poètes dans

1. Ouvrage historique, en sept livres, de Caton l'ancien. Les quatre derniers livres étaient consacrés à l'histoire contemporaine, à partir de la première guerre Punique, les trois premiers à la période royale et à la fondation des villes d'Italie : d'où le titre de l'ensemble ; cf. Cornelius Nepos, *Cato*, 3, 3.

quae natura, non litteris adsecuti sunt, neque cum Graecia neque ulla cum gente sunt conferenda. Quae enim tanta grauitas, quae tanta constantia, magnitudo animi, probitas, fides, quae tam excellens in omni genere uirtus in ullis fuit, ut sit cum maioribus nostris comparanda ? 3 Doctrina Graecia nos et omni litterarum genere superabat ; in quo erat facile uincere non repugnantes. Nam cum apud Graecos antiquissimum e doctis genus sit poëtarum, siquidem Homerus fuit et Hesiodus ante Romam conditam, Archilochus regnante Romulo, serius poëticam nos accepimus. Annis enim fere DX post Romam conditam Liuius fabulam dedit C. Claudio, Caeci filio, M. Tuditano consulibus anno ante natum Ennium [qui fuit maior natu quam Plautus et Naeuius]. II Sero igitur a nostris poëtae uel cogniti uel recepti. Quamquam est in Originibus solitos esse in epulis canere conuiuas ad tibicinem de clarorum hominum uirtutibus ; honorem tamen huic generi non fuisse declarat oratio Catonis, in qua obiecit ut probrum M. Nobiliori, quod is in prouinciam poëtas duxisset ; duxerat autem consul ille in Aetoliam, ut scimus, Ennium. Quo minus igitur honoris erat poëtis, eo minora studia fuerunt, nec tamen si qui magnis ingeniis in eo genere extiterunt, non satis Graecorum gloriae responderunt. 4 An censemus, si Fabio, nobi-

2 ulla cum gente *cet.* : c. u. g. *K* || magnitudo animi *cel.* : a. m. *K*.

3 Graecia nos *cet.* : n. Gr. *K* || annis enim *V*cφ : enim *om. cet.* || CCCCCX φ : quingentis *in mg.* *V*c CCCCX *X* CCCCX tis *super versum* *G*1 *V*2 || qui... Naeuius *del. edd.* : *def. Po. transp. post* Liuius *Rath* || maior *cet.* : minor Vc || si *B*1 φ : sic *X*.

4 Fabio *cet.* : G F. *V*1.

sa province (1) ; or c'est Ennius, on le sait, que Nobilior, étant consul, emmena en Etolie. Aussi, moins on honorait la poésie et moins on s'y adonnait ; pourtant, malgré ces conditions défavorables, ceux en qui se révélèrent de beaux dons poétiques ne laissèrent pas de faire bonne figure à côté des Grecs.

4 Pense-t-on par hasard que si l'on avait fait honneur de son talent de peintre à Fabius (2), personnage de la plus haute noblesse, nous n'aurions pas eu en nombre des Polyclète et des Parrhasius ? L'honneur est l'aliment des arts ; la gloire enflamme tous les hommes pour les études, et l'on voit partout que ce qui n'a point de considération est toujours négligé. La marque d'une éducation parfaite était chez les Grecs de savoir chanter et jouer des instruments à corde ; aussi dit-on qu'Epaminondas, le plus grand homme, à mon avis, qu'ait eu la Grèce, jouait de la cithare à la perfection, et, à une époque un peu antérieure, Thémistocle fut considéré comme un homme peu cultivé parce que, dans un festin, il s'était dit incapable de jouer de la lyre. De là vient que les Grecs ont brillé dans l'art musical et que tout le monde étudiait la musique ; et, quand on l'ignorait, on passait pour un homme dont l'instruction laissait à désirer. 5 Les Grecs tenaient en très grand honneur la géométrie : c'est pourquoi rien n'a brillé chez eux d'un plus vif éclat que les mathématiques, tandis que nous, nous n'avons pas poussé cette science au delà de ce qu'exige la pratique de l'arpentage et du calcul.

III En revanche, nous nous sommes vite passionnés pour l'éloquence. Au début, nos orateurs, bien que capables de manier la parole, n'étaient point savants, mais ils le devinrent par la suite. C'est un fait que Galba, l'Africain, Laelius furent des gens cultivés, et pour Caton, plus âgé que ces derniers, il avait le goût de l'étude. Puis vinrent Lépidus, Carbon, les Gracques ; à partir de là

lissimo homini, laudi datum esset quod pingeret, non multos etiam apud nos futuros Polyclitos et Parrhasios fuisse ? Honos alit artes, omnesque incenduntur ad studia gloria, iacentque ea semper quae apud quosque improbantur. Summam eruditionem Graeci sitam censebant in neruorum uocumque cantibus; igitur et Epaminondas, princeps meo iudicio Graeciae, fidibus praeclare cecinisse dicitur, Themistoclesque aliquot ante annos cum in epulis recusasset lyram, est habitus indoctior. Ergo in Graecia musici floruerunt, discebantque id omnes, nec qui nesciebat satis excultus doctrina putabatur. **5** In summo apud illos honore geometria fuit, itaque nihil mathematicis inlustrius; at nos metiendi ratiocinandique utilitate huius artis terminauimus modum.

III At contra oratorem celeriter complexi sumus, nec eum primo eruditum, aptum tamen ad dicendum, post autem eruditum. Nam Galbam, Africanum, Laelium doctos fuisse traditum est, studiosum autem eum qui his aetate anteibat, Catonem, post uero Lepidum, Carbonem, Gracchos, inde ita magnos nostram ad aetatem, ut non multum aut nihil omnino Graecis cederetur. Philosophia iacuit usque ad hanc aetatem nec ullum habuit lumen litterarum Latinarum; quae

4 honos — improbantur *habent* Aug. *civ*. 5, 13 *et* Serv. Lup. *ep*. 1 (*sed* accedųntur *uel* accenduntur *pro* inc.) ‖ Graeciae V^1 *aut* V^c φ : graecis *X* ‖ recusasset V^2 φ : recusaret *X* ‖ est habitus indoctior *habet* Quint. *inst*. 1, 10, 19.

5 autem eruditum *cet.* : etiam *ante* erud. *add.* V^c *mg.* ‖ his *X* : hos V^c φ ‖ Carbonem V^c : Catonem *X* ‖ philosophia.—8 narretur *habet H.*

pour arriver à notre époque, il y eut de si grands orateurs que nous ne le cédions guère aux Grecs ou même pas du tout. La philosophie, elle, a été négligée jusqu'ici et n'a pas trouvé chez nous d'écrivain capable de la mettre en lumière ; il nous appartient de lui donner de l'éclat et de la vie, afin que, si dans notre carrière politique nous avons bien servi notre patrie, nous la servions encore, si possible, dans notre retraite. **6** Sur ce terrain nous devrons déployer d'autant plus d'efforts que déjà il existe, à ce qu'on dit, nombre d'ouvrages latins, dont les auteurs, braves gens sans doute, mais d'une instruction insuffisante, n'avaient point consulté leurs forces (1). Or, on peut bien penser avec justesse, tout en étant incapable de rendre sa pensée avec élégance ; mais s'aviser jamais de fixer par écrit ses réflexions, quand on est incapable de leur donner un plan, une expression brillante, un tour agréable qui séduise le lecteur, c'est abuser étourdîment et de son loisir et de la littérature. Aussi leurs ouvrages n'ont-ils d'autres lecteurs qu'eux-mêmes et leurs partisans, et personne n'y touche, à l'exception de ceux qui veulent se faire octroyer la permission d'écrire dans le même goût. C'est pourquoi, si dans la gloire de l'éloquence romaine il est une part qui revient à notre activité, nous apporterons beaucoup plus de zèle encore à faire jaillir les sources de la philosophie, dont notre éloquence même dérivait.

IV **7** Aristote, si éminent par le génie, la science, la richesse du style, impressionné par la gloire qu'Isocrate s'était acquise par la rhétorique, entreprit d'enseigner aussi l'art de la parole aux jeunes gens et d'allier la science à l'éloquence. Inversement, j'entends ne point sacrifier mon goût ancien pour l'éloquence tout en me consacrant à cet art plus grand et plus fécond qu'est la philosophie : j'ai

1. Allusion aux épicuriens Amafinius, Rabirius et Catius ; cf. *Tusculanes*, IV, 3, 6 ; *Ad famil.*, XV, 19, 2.

inlustranda et excitanda nobis est, ut, si occupati profuimus aliquid ciuibus nostris, prosimus etiam si possumus otiosi. **6** In quo eo magis nobis est elaborandum, quod multi iam esse libri Latini dicuntur scripti inconsiderate ab optimis illis quidem uiris, sed non satis eruditis. Fieri autem potest, ut recte quis sentiat et id quod sentit polite eloqui non possit ; sed mandare quemquam litteris cogitationes suas, qui eas nec disponere nec inlustrare possit nec delectatione aliqua allicere lectorem, hominis est intemperanter abutentis et otio et litteris. Itaque suos libros ipsi legunt cum suis, nec quisquam attingit praeter eos qui eandem licentiam scribendi sibi permitti uolunt. Quare si aliquid oratoriae laudis nostra attulimus industria, multo studiosius philosophiae fontis aperiemus, e quibus etiam illa manabant.

IV **7** Sed ut Aristoteles, uir summo ingenio, scientia, copia, cum motus esset Isocratis rhetoris gloria, dicere docere etiam coepit adulescentes et prudentiam cum eloquentia iungere, sic nobis placet nec pristinum dicendi studium deponere et in hac maiore et uberiore arte uersari. Hanc enim perfectam philosophiam semper iudicaui, quae de maximis quaestionibus copiose posset ornateque dicere ; in quam exercitatio-

5 ut si occupati... — otiosi *habet* Non. 355.

6 mandare... — litteris *habet* Einhardt *uita Caroli praef.* || laudis *cet.* : s *eras. sed a. m. rec. iterum scriptum in V* laudi ς.

7 scientia (a *-pro* ae *in r.*) V^2 : scientiae *X* φ || cum motus *H* ς : commotus *cel.* cum *supra* com V^2 || Isocratis V^2 φ : socratis *X* || dicere docere etiam *Vind.* O_8 : dicere etiam *X* d. et. c. adulescentes docere (V^2 decere) ς.

toujours estimé en effet que, en philosophie, l'idéal serait de pouvoir traiter les plus hauts problèmes dans une forme riche et brillante, et je me suis entraîné à cela avec tant d'ardeur que j'en suis venu à oser même faire des cours à la façon des Grecs. Ainsi dernièrement, après ton départ, j'ai profité de la présence, en ma villa de Tusculum, d'un grand nombre d'amis, pour m'essayer sur ce terrain. Auparavant, mes sujets de déclamation étaient des thèmes judiciaires, et c'est un exercice que j'ai pratiqué plus longtemps que personne ; à leur tour, ces conférences sont les déclamations de ma vieillesse. Je demandais de poser le sujet sur lequel on voulait m'entendre ; sur cette donnée je discourais, soit en marchant, soit assis. 8 Ces cours, comme disent les Grecs, ayant pris cinq journées, je les ai rédigés en autant de livres. Voici comment nous procédions : la personne qui voulait m'entendre exprimait son avis. puis je plaidais là contre. C'est là, tu le sais, la vieille méthode socratique qui consiste à combattre l'opinion d'un interlocuteur, Socrate estimant que c'était le meilleur moyen de trouver ce qui est le plus vraisemblable. Mais pour mieux reproduire nos entretiens, je laisserai le dialogue en action, au lieu de le mettre en récit. Voici donc comment nous engagerons le débat.

La mort est-elle un mal ? Les préjugés populaires.

V 9 Je suis d'avis que la mort est un mal.

— Pour ceux qui sont morts ou pour ceux qui doivent mourir ?

— Pour les uns et les autres.

— C'est donc un malheur, puisque c'est un mal.

— Assurément.

— Ainsi ceux pour qui la mort est un fait passé, et ceux pour qui elle est un fait à venir, sont également malheureux.

nem ita nos studiose [operam] dedimus, ut iam etiam scholas Graecorum more habere auderemus. Vt nuper tuum post discessum in Tusculano cum essent complures mecum familiares, temptaui quid in eo genere possem. Vt enim antea declamitabam causas, quod nemo me diutius fecit, sic haec mihi nunc senilis est declamatio. Ponere iubebam de quo quis audire uellet; ad id aut sedens aut ambulans disputabam. **8** Itaque dierum quinque scholas, ut Graeci appellant, in totidem libros contuli. Fiebat autem ita, ut, cum is qui audire uellet dixisset quid sibi uideretur, tum ego contra dicerem. Haec est enim, ut scis, uetus et Socratica ratio contra alterius opinionem disserendi. Nam ita facillime quid ueri simillimum esset inueniri posse Socrates arbitrabatur. Sed quo commodius disputationes nostrae explicentur, sic eas exponam, quasi agatur res, non quasi narretur. Ergo ita nascetur exordium :

Malum mihi uidetur esse mors.

V **9** Iisne qui mortui sunt an iis quibus moriendum est ?

Vtrisque.

Est miserum igitur, quoniam malum.

Certe.

Ergo et ii quibus euenit iam ut morerentur, et ii quibus euenturum est miseri.

7 operam *del.* *Muret* || auderemus *cet.* : audeamus *V* (a *in ras.*) || possem V^2 φ : possim *X*.
8 audire BV^2φ : — ri *cet.* || quid (*ante* sibi) *cet.* : quod K^1 V^2 || ita nascetur *cet.* : ita nasce — *in ras.* V^1 nascatur *corr.* V^c.

— C'est mon avis.

— Il n'y a donc personne qui ne soit malheureux.

— Absolument personne.

— Et même, si tu tiens à la logique, tous les hommes nés et à naître ne sont pas seulement malheureux, ils sont de plus éternellement malheureux. En effet, si tu n'appelais malheureux que ceux qui doivent mourir, tu ne ferais sans doute exception pour aucun des vivants — car il faut que tout le monde meure — du moins le malheur trouverait-il une fin dans la mort ; mais, puisque même les morts sont malheureux, c'est à un malheur éternel que nous destine notre naissance, car il est forcé qu'ils soient malheureux ceux qui périrent il y a cent mille ans, ou mieux tous ceux qui sont jamais nés.

10 — C'est absolument ce que je pense.

— Dis-moi, je te prie : serais-tu effrayé par les fables des Enfers, les trois têtes de Cerbère, le grondement du Cocyte, la traversée de l'Achéron, Tantale

« de qui le menton effleure la surface de l'eau et que la soif dévore » (1) ?

Et puis encore cette apparition :

« suant, arc-bouté, Sisyphe roule son rocher, sans avancer d'un pouce » (2) ?

Peut-être aussi redoutes-tu les juges inexorables, Minos et Rhadamante ? Devant ceux-là, tu n'auras pas l'assistance de Crassus ni d'Antoine (3), et tu ne pourras point, puisque aussi bien ce seront des juges grecs qui connaîtront de ta cause, recourir à Démosthène ; tu devras être toi-même ton avocat devant un auditoire immense. C'est peut-être bien cela que tu crains, et c'est

1. *TRF inc.*, 111 (*inc.* fr. 59).

2. Lucilius, *Sat.*, 1375-1376 Marx = 1378-1379 Terzaghi-Mariotti = *Dubia*, 33 Charpin.

3. L. Licinius Crassus et M. Antonius, les deux grands avocats de la génération antérieure à Cicéron. Ce sont les principaux interlocuteurs du *de Oratore*.

Mihi ita uidetur.

Nemo ergo non miser.

Prorsus nemo.

Et quidem, si tibi constare uis, omnes quicumque nati sunt eruntue, non solum miseri, sed etiam semper miseri. Nam si solos eos diceres miseros quibus moriendum esset, neminem tu quidem eorum qui uiuerent exciperes (moriendum est enim omnibus), esset tamen miseriae finis in morte. Quoniam autem etiam mortui miseri sunt, in miseriam nascimur sempiternam. Necesse est enim miseros esse eos, qui centum milibus annorum ante occiderunt, uel potius omnis quicumque nati sunt.

10 Ita prorsus existimo.

Dic, quaeso : num te illa terrent, triceps apud inferos Cerberus, Cocyti fremitus, trauectio Acherontis,

Mento summam aquam attingens enectus siti

Tantalus ? tum illud, quod

Sisyphus uersat
Saxum sudans nitendo neque proficit hilum ?

fortasse etiam inexorabiles iudices, Minos et Rhadamanthus ? apud quos nec te L. Crassus defendet nec M. Antonius nec, quoniam apud Graecos iudices res agetur, poteris adhibere Demosthenen : tibi ipsi pro te erit maxima corona causa dicenda. Haec fortasse me-

10 trauectio *RVG* : transu. *V*[c] *mg.* φ traiectio *ex* trau. *K*[1]. Cf. *Trag. inc. fr.* 111 ‖ summam... tantalus *habet* Non. 401 ‖ enectus-tantalus *habet* Prisc. *Gl.* 2, 470, 18 ‖ tum — hilum *habet* Non. 121 ; 353 ‖ defendet *cet.* : *om.* *RK*[1] (*add.* *K*[2]) ‖ causa dicenda *cet.* : d. c. *K*.

ce qui te fait penser que la mort est un mal éternel.

VI — Penses-tu que j'extravague au point de croire ce que tu racontes là ?

— Alors, tu n'y crois pas.

— Mais pas du tout.

— C'est, ma foi ! bien dommage.

— Pourquoi, je te prie ?

— Parce que j'aurais pu briller, si j'avais eu à plaider là contre.

11 — Sans doute, mais qui n'en ferait autant dans pareille cause. Belle affaire que réduire à néant les chimères des poètes et des peintres !

— Pourtant, nous avons de gros ouvrages où des philosophes (1) s'appliquent à combattre ce que tu qualifies ainsi.

— C'est du travail bien mal employé, car peut-on trouver idiot que ces fables impressionnent ? (2)

— Nous disions donc que, si dans les Enfers on n'est pas malheureux, c'est que aussi il n'y a personne dans les Enfers.

— C'est absolument ma pensée.

— Où donc se trouvent-ils, ceux que tu appelles malheureux, et quel est leur séjour ? Car, s'ils existent, il faut bien qu'ils soient quelque part.

— Eh bien ! moi, je considère qu'ils ne sont nulle part.

— C'est dire aussi qu'ils n'existent pas.

— Tu l'as dit ; mais cela ne m'empêche pas de les considérer comme malheureux, pour la raison précisément qu'ils sont inexistants.

12 — Pour le coup, j'aurais mieux aimé te voir redouter Cerbère que t'entendre parler aussi inconsidérément.

— Comment cela ?

1. Il s'agit des Epicuriens. Cf. 21, 48 : Quae est anus tam delira quae timeat ista, quae uos uidelicet, si physica non didicissetis, timeretis, « Acherunsia templa alta Orci... pallida leti, obnubila tenebris loca... ? »

tuis et idcirco mortem censes esse sempiternum malum.

VI Adeone me delirare censes, ut ista esse credam ?

An tu haec non credis ?

Minime uero.

Male hercule narras.

Cur ? quaeso.

Quia disertus esse possem, si contra ista dicerem.

11 Quis enim non in eius modi causa ? aut quid negoti est haec poëtarum et pictorum portenta conuincere ?

Atqui pleni libri sunt contra ista ipsa disserentium philosophorum.

Inepte sane. Quis enim est tam excors quem ista moueant ?

Si ergo apud inferos miseri non sunt, ne sunt quidem apud inferos ulli.

Ita prorsus existimo.

Vbi sunt ergo ii quos miseros dicis, aut quem locum incolunt ? Si enim sunt, nusquam esse non possunt.

Ego uero nusquam esse illos puto.

Igitur ne esse quidem ?

Prorsus isto modo, et tamen miseros ob id ipsum quidem, quia nulli sint.

10 an tu haec non credis *cet.* : ain tu an non credis (2. an *in ras.*) *V*.

11 aut. — conuincere *habet* Non. 375 ‖ disserentium *cet.* : disenent. *K* dissenent. G^1 RV^1 dissonant. K^2 ‖ moueant *cet.* : commoueant V^2 ‖ quidem *cet.* : *om.* *K* ‖ nulli sint *X* : n. sunt *M* φ.

— Tu dis du même homme qu'il existe et qu'il n'existe pas. Où as-tu la tête ? En disant qu'il est malheureux, tu affirmes par là même son existence, alors que pour toi il n'existe pas.

— Je ne suis pas borné au point de dire ce que tu me prêtes là.

— Alors que veux-tu dire ?

— Que Crassus (1), par exemple, est malheureux d'avoir abandonné en mourant des richesses fabuleuses, que Pompée est malheureux d'avoir été dépouillé de tant de gloire, enfin que tous ceux là sont malheureux qui se trouvent privés de la lumière du jour.

— Tu retombes dans la même contradiction : il faut exister pour être malheureux ; or, tu viens de dire de ceux qui sont morts qu'ils n'existent pas. Par suite, s'ils n'existent pas, ils ne peuvent rien être ; dans ces conditions, ils ne sont pas malheureux non plus.

— Peut-être n'arrivé-je pas ici encore à dire ce que j'entends ; ma pensée, c'est que c'est justement le fait que tu allègues, de n'exister plus après avoir existé, qui est très malheureux.

13 — Eh quoi ! le malheur est-il plus grand que de n'avoir jamais existé du tout ? C'est admettre que ceux qui ne sont pas nés encore sont déjà malheureux, parce qu'ils n'existent pas, et que nous-mêmes, par le fait que nous devons être malheureux après notre mort, l'avons été avant notre naissance. Or, pour mon compte, je n'ai nul souvenir d'avoir été malheureux avant ma naissance ; si ta mémoire est meilleure, je serais curieux de savoir si tu as à rappeler quelque fait personnel.

VII — C'est plaisanterie que me faire dire qu'on est malheureux de n'être pas né, alors que j'ai appelé malheureux ceux qui sont morts.

1. M. Crassus Dives, le triumvir.

12 Iam mallem Cerberum metueres quam ista tam inconsiderate diceres.

Quid tandem ?

Quem esse negas, eundem esse dicis. Vbi est acumen tuum ? Cum enim miserum esse dicis, tum eum qui non sit dicis esse.

Non sum ita hebes, ut istud dicam.

Quid dicis igitur ?

Miserum esse uerbi causa M. Crassum, qui illas fortunas morte dimiserit, miserum Cn. Pompeium, qui tanta gloria sit orbatus, omnis denique miseros, qui hac luce careant.

Reuolueris eodem. Sint enim oportet, si miseri sunt ; tu autem modo negabas eos esse qui mortui essent. Si igitur non sunt, nihil possunt esse ; ita ne miseri quidem sunt.

Non dico fortasse etiam quod sentio ; nam istuc ipsum, non esse, cum fueris, miserrimum puto.

13 Quid ? miserius quam omnino numquam fuisse ? Ita qui nondum nati sunt miseri iam sunt, quia non sunt, et nos, si post mortem miseri futuri sumus, miseri fuimus ante quam nati. Ego autem non commemini, ante quam sum natus, me miserum ; tu si meliore memoria es, uelim scire ecquid de te recordere.

VII Ita iocaris, quasi ego dicam eos miseros qui nati non sint, et non eos miseros qui mortui sunt.

12 M. Crassum V^2 φ : M. *om.* *X* ‖ tanta gloria *cet.* : t. dignitate t. gloria V^c t. gl. dign. t. φ ‖ fortasse etiam *cet.* : etiam *exp.* V^{uet}.
13 ecquid *cet.* : ^{ec} quid *K* et quid φ ‖ recordere φ : — dare *X* ‖ mortui sunt *cet.* : m. sint V^2.

— Donc tu dis qu'ils existent.

— Non, j'entends dire que n'exister plus quand on a existé, c'est cela qui est malheureux.

— Ne vois-tu pas que ton langage est contradictoire? Peut-il y avoir contradiction plus grande en effet que d'admettre l'existence du malheur ou de quoi que ce soit chez qui n'existe pas ? Quand, au sortir de la porte Capène, tu aperçois les tombeaux des Calatinus, des Scipions (1), des Métellus, des Servilius, penses-tu que ces grands hommes sont malheureux ?

— Puisque tu te fais une arme d'un mot, je ne dirai plus désormais qu'*ils sont malheureux*, mais seulement *les malheureux*, pour la raison précisément qu'ils n'existent plus.

— Tu ne dis donc pas : « Marcus Crassus est malheureux », mais seulement : « malheureux Marcus Crassus. »

— C'est cela exactement.

14 — Tu parles comme si l'idée d'existence ou de non-existence n'était pas impliquée dans tout ce que tu peux formuler comme tu viens de le faire. N'as-tu pas la moindre teinture d'une formation dialectique ? Car c'est dès le début qu'on enseigne ceci : n'importe quelle énonciation — c'est le terme qui me vient à l'esprit sur le moment pour désigner ἀξίωμα ; plus tard, si je trouve mieux, j'en emploierai un autre — je dis donc que l'énonciation est ce qui est vrai ou ce qui est faux ; par suite, en disant : « malheureux Marcus Crassus », ou bien tu dis ceci même : « Crassus est malheureux », en sorte qu'on peut apprécier si la chose est vraie ou fausse, ou tu ne dis absolument rien du tout.

— Eh bien ! puisque tu m'as contraint à reconnaître que ceux qui n'existent plus du tout ne peuvent pas non plus être malheureux, je veux bien que les morts ne soient pas malheureux. Mais quoi ! nous, les vivants, n'est-il pas

1. Le caveau funéraire des Scipions a été découvert en 1780.

Esse ergo eos dicis.

Immo, quia non sint, cum fuerint, eo miseros esse.

Pugnantia te loqui non uides ? Quid enim tam pugnat quam non modo miserum, sed omnino quicquam esse qui non sit ? An tu egressus porta Capena cum Calatini, Scipionum, Seruiliorum, Metellorum sepulcra uides, miseros putas illos ?

Quoniam me uerbo premis, posthac non ita dicam miseros esse, sed tantum miseros ob id ipsum, quia non sint.

Non dicis igitur : « Miser est M. Crassus », sed tantum : « Miser M. Crassus ».

Ita plane.

14 Quasi non necesse sit, quicquid isto modo pronunties, id aut esse aut non esse ! An tu dialecticis ne inbutus quidem es ? In primis enim hoc traditur : omne pronuntiatum (sic enim mihi in praesentia occurrit ut appellarem ἀξίωμα, utar post alio, si inuenero melius) — id ergo est pronuntiatum, quod est uerum aut falsum. Cum igitur dicis : « Miser M. Crassus » aut hoc dicis : « Miser est Crassus » ut possit iudicari uerum id falsumne sit, aut nihil dicis omnino.

Age, iam concedo non esse miseros qui mortui sint, quoniam extorsisti, ut faterer qui omnino non essent eos ne miseros quidem esse posse. Quid ? qui uiuimus,

13 putas *cel.* : uocas K^{rec}. || sint (*ante* non dicis) *cel.* : i *in ras.* *V* sunt φ *edd. rec.*

14 pronuntiatum eqs *habet* Gell. 16, 8, 8 (Hier. *aduer. Ruf.* 1, 486) || alio si V^2 : alios et inuen. *cel.* || non esse *cel.* : eos *s.* non *add.* V^2 || mortui sint *cel.* : m. sunt *V*φ || quid *cel.* : ecce *K*, *ante* ecce *adscr.* m. (= *magister*) K^2 ; *post* esse d (=*discipulus*) K^{rec}.

vrai que nous sommes malheureux, puisqu'il nous faut mourir ? Aussi bien, quel agrément peut offrir la vie, quand nuit et jour il nous faut songer qu'il nous faudra mourir d'un moment à l'autre ?

VIII 15 — T'en rends-tu bien compte ? Tu viens de réduire considérablement le mal qui pèse sur la condition humaine.

— Comment cela ?

— Parce que si la mort était un malheur même pour les morts, nous serions en proie à un mal d'une nature infinie et éternelle ; à présent je vois dans l'existence un terme au delà duquel nous n'aurons plus rien à redouter, quand une fois nous l'aurons atteint. Mais tu adoptes, ce me semble, la maxime d'Épicharme (1) qui, en bon Sicilien, était subtil et fort spirituel.

— Quelle maxime ? Je ne la connais pas.

— Je te la dirai en latin, si je puis, car, tu le sais, je n'aime pas plus à mettre du grec dans mon latin que du latin dans mon grec.

— Et c'est logique. Mais quelle est donc la maxime d'Épicharme à laquelle tu fais allusion ?

— « Je ne tiens pas à mourir, mais être mort m'est bien égal. (2) »

Je reconnais à présent le texte grec. Mais, puisque tu m'as contraint à t'accorder que les morts ne sont pas malheureux, achève, si tu en es capable, fais-moi voir que la nécessité où nous sommes de mourir n'est pas non plus un malheur.

16 — Oh ! cela ne fait pas de difficulté. Mais j'ai en tête de faire mieux.

1. Poète comique (première moitié du ve siècle). Son nom était familier aux Romains, car Ennius avait écrit un *Epicharmus*, dont les rapports avec l'œuvre d'Epicharme sont d'ailleurs obscurs ; peut-être était-ce une traduction d'un περὶ φύσεως.

cum moriendum sit, nonne miseri sumus ? Quae enim potest in uita esse iucunditas, cum dies et noctes cogitandum sit iam iamque esse moriendum ?

VIII 15 Ecquid ergo intellegis quantum mali de humana condicione deieceris ?

Quonam modo ?

Quia, si mors etiam mortuis miserum esset, infinitum quoddam et sempiternum malum haberemus ; in uita nunc uideo calcem, ad quam cum sit decursum, nihil sit praeterea extimescendum. Sed tu mihi uideris Epicharmi, acuti nec insulsi hominis ut Siculi, sententiam sequi.

Quam ? non enim noui.

Dicam, si potero, Latine. Scis enim me Graece loqui in Latino sermone non plus solere quam in Graeco Latine.

Et recte quidem. Sed quae tandem est Epicharmi ista sententia ?

« Emori nolo, sed me esse mortuum nihil aestimo ».

Iam adgnosco Graecum. *Sed* quoniam coëgisti ut concederem qui mortui essent eos miseros non esse, perfice, si potes, ut ne moriendum quidem esse miserum putem.

16 Iam istuc quidem nihil negoti est, sed ego maiora molior.

15 ecquid φ : ecqui *X* || mors V^c (*cf.* § 100 *init.*) : mori *cet.* || malum haberemus ; in uita nunc *distinguendum censent pro uolg.* h. i. uita ; nunc *Bentl. Kueh.* || sed quoniam *Man.* : et quoniam Φ.

16 sed ego maiora molior *add.* V^c : *om.* *X* ; sed m. m. *uel* sed etiam m. m. φ.

— Comment ! pas de difficulté ! Et puis, qu'entends-tu par faire mieux ?

— C'est que, puisqu'après la mort il n'existe pas de mal, la mort n'est pas non plus un mal, car elle précède immédiatement la période d'après mort, où tu m'accordes qu'il n'existe point de mal ; dans ces conditions, la nécessité de mourir n'est pas non plus un mal, car c'est la nécessité de parvenir à un état dont nous reconnaissons qu'il n'est point mauvais.

— Développe davantage ici, je te prie ; aussi bien ces raisonnements trop épineux entraînent-ils mon aveu plutôt que mon assentiment. Mais quand tu dis que tu as en tête de faire mieux, de quoi s'agit-il ?

— De montrer, si possible, que non seulement la mort n'est pas un mal, mais qu'elle est même un bien.

— Je n'en demande pas tant, mais je suis quand même impatient de t'entendre, car, en admettant que tu n'arrives pas au résultat que tu vises, tu arriveras toujours à prouver que la mort n'est pas un mal. Au reste, point d'interruption de ma part ; j'aime mieux entendre un développement suivi.

17 — Eh quoi ! si je te pose une question, tu ne répondras pas ?

— Ce serait suffisance ; tout de même, sauf en cas de nécessité absolue, j'aime mieux que tu ne me poses pas de questions.

— IX Je me plierai à ce désir et ferai mon possible pour élucider le sujet qui t'intéresse. Ce ne sera pas d'ailleurs à la façon d'un Apollon Pythien, de qui les paroles seraient décisives et intangibles ; non, tu entendras un faible mortel, un représentant de l'humanité commune qui s'attachera à découvrir par la conjecture des solutions plausibles. Il n'est pas dans mes moyens en effet d'aller au delà de la vue du vraisemblable ; des réponses décisives, tu les auras de ceux qui se flattent

Quo modo hoc nihil negoti est ? aut quae sunt tandem ista maiora ?

Quia, quoniam post mortem mali nihil est, ne mors quidem est malum, cui proxumum tempus est post mortem, in quo mali nihil esse concedis : ita ne moriendum quidem esse malum est ; id est enim perueniendum esse ad id quod non esse malum confitemur.

Vberius ista, quaeso. Haec enim spinosiora prius ut confitear me cogunt quam ut adsentiar. Sed quae sunt ea quae dicis te maiora moliri ?

Vt doceam, si possim, non modo malum non esse, sed bonum etiam esse mortem.

Non postulo id quidem, aueo tamen audire. Vt enim non efficias quod uis, tamen, mors ut malum non sit, efficies. Sed nihil te interpellabo ; continentem orationem audire malo.

17 Quid, si te rogauero aliquid ? nonne respondebis ?

Superbum id quidem est, sed, nisi quid necesse erit, malo non roges.

IX Geram tibi morem et ea quae uis ut potero explicabo, nec tamen quasi Pythius Apollo, certa ut sint et fixa, quae dixero, sed ut homunculus unus e multis probabilia coniectura sequens. Vltra enim quo progrediar, quam ut ueri similia uideam, non habeo ; certa dicent ii qui et percipi ea posse dicunt et se sapientis esse profitentur.

16 nihil est K^2 V^2 : *om.* *X* || ne mors quidem *cet.* : ne qu. m. *K* || ne moriendum quidem *cet.* : ne qu. m. *K* || id est *BK*^{2} φ : idem *R* idẽ *GKV* || id quidem *cet.* : qu. id *K* || aueo φ : abeo (*superscr.* h) *V* habeo *cet.*

17 sapientis *cet.* : sapientes V^3.

d'une connaissance positive et se proclament des sages.
— A toi de faire comme bon te semble, moi je suis prêt à t'écouter.

Opinions des philosophes sur la mort et sur l'âme.

18 — La première chose à examiner, c'est de savoir ce qu'est en soi la mort, qui paraît une chose si connue. Il y a des gens qui estiment que la mort, c'est la séparation de l'âme d'avec le corps ; il s'en trouve pour soutenir qu'il ne se produit point du tout de séparation, mais que l'âme et le corps périssent ensemble et que l'âme s'éteint dans le corps. Parmi les partisans de la séparation de l'âme, les uns veulent qu'elle se dissipe aussitôt, d'autres qu'elle subsiste longtemps, d'autres qu'elle subsiste toujours. Qu'est-ce d'ailleurs que l'âme même, quel est son siège, son origine ? On ne s'accorde guère là-dessus : pour les uns, l'âme n'est autre chose que le *cor* (cœur), et de là viennent les qualificatifs d'*excors* (sans *cor* = idiot), de *uecors* (sans *cor* = extravagant), de *concors* (qui a le même *cor* = qui est d'accord) ; de là le nom de Corculum, donné à l'homme avisé que fut le fameux Nasica (1), consul à deux reprises, et c'est pourquoi l'on a écrit :

Egregie cordatus homo, catus Aelius Sextus
(l'homme au cœur puissant, le subtil Aelius Sextus) (2).

19 Empédocle veut que l'âme soit le sang qui baigne le cœur ; pour d'autres, une partie déterminée du cerveau est l'élément dirigeant de l'âme ; d'autres, sans être d'avis que l'âme soit le cœur même ou une partie déterminée du cerveau, font, les uns du cœur, les autres du cerveau, l'endroit où siège l'âme. Et cette âme *(animus)*, pour les uns est un souffle *(anima)*, comme on le pense généralement chez nous (3) — le mot le fait bien voir, car nous disons *agere, efflare animam* (rendre l'âme, expirer) et aussi *animosos, bene animatos, ex animi sententia* (courageux, bien inten-

Tu, ut uidetur; nos ad audiendum parati sumus.

18 Mors igitur ipsa, quae uidetur notissima res esse, quid sit, primum est uidendum. Sunt enim qui discessum animi a corpore putant esse mortem ; sunt qui nullum censeant fieri discessum, sed una animum et corpus occidere animumque in corpore extingui. Qui discedere animum censent, alii statim dissipari, alii diu permanere, alii semper. Quid sit porro ipse animus aut ubi aut unde, magna dissensio est. Aliis cor ipsum animus uidetur, ex quo excordes, uecordes concordesque dicuntur et Nasica ille prudens bis consul Corculum et

Egregie cordatus homo, catus Aelius Sextus.

19 Empedocles animum esse censet cordi suffusum sanguinem ; aliis pars quaedam cerebri uisa est animi principatum tenere ; aliis nec cor ipsum placet nec cerebri quandam partem esse animum, sed alii in corde, alii in cerebro dixerunt animi esse sedem et locum : animum autem alii animam, ut fere nostri — declarat nomen : nam et agere animam et efflare dicimus et animosos et bene animatos et ex animi sententia ; ipse autem animus ab anima dictus est — ; X
Zenoni Stoico animus ignis uidetur. Sed haec quidem, quae dixi, cor, cerebrum, animam, ignem uolgo ; reliqua fere singuli, ut multo ante ueteres, proxime autem

18 putant *X* (*def. Gaffiot, Le subj. de subord. en latin*, p. 52) : — ent φ || quid igitur sit animus — est. Nam animus ab anima dictus est (§ 19). Aliis — dicuntur *habet H* || aut unde — dicuntur *habet* Non. 66.

19 uisa est animi *cet.* : animi *om. K*[1] *post* princip. *add. K*[c] || declarat nomen *Dav.* : declarant nomen Φ d. nomina *Sey.* || multo *Bentl* : — i Φ.

tionnés, en mon âme et conscience), et d'autre part *animus* dérive précisément de *anima* — ; X pour le stoïcien Zénon, c'est du feu (1). Mais les définitions que j'ai dites, cœur, cerveau, souffle, feu, sont courantes ; les autres sont généralement particulières à tel ou tel philosophe. L'une, fort ancienne, représentée en dernier lieu par Aristoxène (2), philosophe en même temps que musicien, fait de l'âme une sorte de tension du corps même, comparable à ce qui dans le chant et sur la lyre s'appelle harmonie : de l'ensemble du corps, en raison de sa nature et de sa disposition, se dégagerait une gamme de mouvements analogue aux tons dans le chant. **20** Aristoxène s'inspirait de son art, mais Platon n'en avait pas moins, longtemps auparavant, dit (3) et précisé exactement ce que valait cette définition. Xénocrate (4) soutint que l'âme n'avait point de forme et était pour ainsi dire incorporelle ; il dit qu'elle était un nombre, car l'influence du nombre, ainsi que Pythagore déjà l'avait pensé, serait souveraine dans la nature. Son maître Platon imagina que l'âme était triple ; l'élément dirigeant, c'est-à-dire la raison, il le plaça dans la tête comme dans une citadelle et lui soumit les deux autres parties, la colère et le désir, qu'il logea à part, la colère dans la poitrine, le désir au-dessous du diaphragme. **21** Quant à Dicéarque (5), exposant en trois livres un entretien tenu à Corinthe, il donne bien la parole dans le premier livre à nombre des hommes savants qui prennent part à la discussion, mais les deux derniers sont occupés par un certain Phérécrate, vieillard de Phthie, et, affirme Dicéarque, descendant de Deucalion, qui paraît pour développer la thèse suivante : il n'existe pas d'âme du tout et ce n'est qu'un mot vide de sens ; les termes d'*animalia* et d'*animantes* ne répondent à rien ; ni dans l'homme il n'y a d'âme *(animus)* ou même

1. Fr. 134 dans *SVF* 1, p. 38,2.

Aristoxenus, musicus idemque philosophus, ipsius corporis intentionem quandam, uelut in cantu et fidibus quae ἁρμονία dicitur; sic ex corporis totius natura et figura uarios motus cieri tamquam in cantu sonos. **20** Hic ab artificio suo non recessit et tamen dixit aliquid, quod ipsum quale esset, erat multo ante et dictum et explanatum a Platone. Xenocrates animi figuram et quasi corpus negauit esse ullum, numerum dixit esse, cuius uis, ut iam ante Pythagorae uisum erat, in natura maxuma esset. Eius doctor Plato triplicem finxit animum, cuius principatum, id est rationem, in capite sicut in arce posuit, et duas partes parere uoluit, iram et cupiditatem, quas locis disclusit : iram in pectore, cupiditatem supter praecordia locauit. **21** Dicaearchus autem in eo sermone quem Corinthi habitum tribus libris exponit, doctorum hominum disputantium primo libro multos loquentis facit; duobus Pherecraten quendam Phthiotam senem, quem ait a Deucalione ortum, disserentem inducit nihil esse omnino animum, et hoc esse nomen totum inane, frustraque animalia et animantis appellari, neque in homine inesse animum uel animam nec in bestia, uimque omnem eam, qua uel agamus quid uel sentiamus, in omnibus corporibus uiuis

19 ἁρμονία *edd.* : armonia Φ.

20 ullum φ ull *in r.* V^c : uerum *X* ‖ animum φ V^2 : — am *X* ‖ Plato — locauit *habet H* ‖ parere V^c : separare *X* ‖ disclusit V^2R^{rec} φ : *om.* *X* ‖ locis *X* : l. suis φ ‖ quas-cupiditatem *om.* *H* ‖ locauit *cet.* : collocauit V^2.

21 doctorum *cet.* : dictorum *RG* ‖ omnino animum *cet.* : a. om. *K* ‖ animantis *cet.* : — es V^2.

de souffle vital *(anima)*, ni dans la bête ; toute la force qui nous fait agir et sentir est répandue uniformément dans tous les corps vivants et n'est point séparable du corps, pour la bonne raison qu'elle est inexistante et qu'il n'existe pas autre chose que le corps, lequel est un, homogène et disposé en telle figure que l'organisation naturelle lui donne vitalité et sentiment. 22 Aristote, qui l'emporte de beaucoup sur tous les philosophes — j'excepte toujours Platon — et par l'esprit d'invention et par l'esprit de méthode, estime, après avoir étendu ses recherches à ces quatre catégories bien connues d'éléments d'où tous les êtres procéderaient, qu'il existe une cinquième essence spéciale d'où procède la pensée : imaginer, prévoir, apprendre, enseigner, inventer, se rappeler tant de choses, aimer et haïr, désirer et craindre, s'affliger et se réjouir et les fonctions analogues ne peuvent relever d'aucune de ces quatre catégories. Il a donc recours à une cinquième catégorie qui n'a pas de nom et est conduit, en ce qui concerne l'âme même, à la désigner par un terme nouveau, ἐνδελέχεια, ce qui revient à dire une espèce de mouvement ininterrompu et perpétuel (1).

XI Voilà à peu près, sauf erreur, les opinions des philosophes touchant l'âme ; pour Démocrite, grand homme sans doute, mais qui réalise l'âme au moyen de corpuscules lisses et arrondis et par l'effet d'une espèce de concours fortuit, laissons le de côté ; il n'est rien en effet chez les gens de cette école dont le grouillement des atomes ne vienne à bout. 23 Parmi ces opinions, quelle est la vraie, c'est affaire à un dieu ; quelle est la plus vraisemblable,

1. Aristote avait écrit ἐντελέχεια, d'où le mot français entéléchie. L'interprétation que donne Cicéron (une espèce de mouvement) est fondée sur une mauvaise lecture, ἐνδελέχεια. Il s'agit d'un principe qui a sa fin (τέλος) en soi.

aequabiliter esse fusam nec separabilem a corpore esse, quippe quae nulla sit nec sit quicquam nisi corpus unum et simplex, ita figuratum, ut temperatione naturae uigeat et sentiat. **22** Aristoteles, longe omnibus (Platonem semper excipio) praestans et ingenio et diligentia, cum quattuor nota illa genera principiorum esset complexus, e quibus omnia orerentur, quintam quandam naturam censet esse, e qua sit mens. Cogitare enim et prouidere et discere et docere et inuenire aliquid et tam multa [alia] meminisse, amare odisse, cupere timere, angi laetari, haec et similia eorum in horum quattuor generum inesse nullo putat; quintum genus adhibet uacans nomine et sic ipsum animum ἐνδελέχειαν appellat nouo nomine quasi quandam continuatam motionem et perennem.

XI Nisi quae me forte fugiunt, haec sunt fere de animo sententiae. Democritum enim, magnum illum quidem uirum, sed leuibus et rotundis corpusculis efficientem animum concursu quodam fortuito, omittamus; nihil est enim apud istos quod non atomorum turba conficiat. **23** Harum sententiarum quae uera sit, deus aliqui uiderit; quae ueri simillima, magna

21 aequabiliter *cet.* : aequaliter V φ.

22 Aristoteles cum quattuor... — de animo sentia *habet* *H* ‖ orerentur *cet.* : oririentur *RK*[3] *H*φ ‖ e qua φ : equa *G*[1] (*in mg.* de) *K*[1] (equae *K*[2]) *R* esse *ras.* qua *V* (quae *V*[2]) ‖ alia *exp.* *V*[2] sic ipsum *cet.* : sic *exp.* *V*[uet] ‖ ἐνδελέχειαν *edd.* : endelecheian *X* ‖ haec *cet.* : hae *PB*[2] V[rec] φ ‖ fere de *cet.* : f. omnium de *V*[2] ‖ animum *cet.* : animos *V* ‖ nihil est. — eorum turba conficiat *habet* Non 269.

23 harum... — uiderit *habet* Lact. *inst.* 7, 8, 9 ‖ aliqui *cet.* : aliquis *V*[rec] *P* φ.

c'est une grosse question. Que préfères-tu donc, que nous prononcions entre ces opinions ou revenions à notre sujet ?

— Pour mon compte, je désirerais l'un et l'autre, s'il se pouvait, mais il est difficile de mener de front les deux débats. C'est pourquoi, s'il n'est pas indispensable de développer les points dont tu parles pour nous affranchir de la crainte de la mort, tenons-nous en là ; si, au contraire, on ne peut le faire sans avoir débrouillé la question de l'âme, commençons par cette dernière ; le tour de l'autre viendra.

— Le procédé pour lequel je devine ta préférence est aussi le plus avantageux, car, quelle que soit d'ailleurs parmi les opinions que j'ai exposées celle qui est la vraie, nous aboutirons logiquement à conclure ou que la mort n'est pas un mal ou plutôt qu'elle est un bien. **24** En effet, si l'âme est cœur, sang ou cerveau, assurément, puisqu'elle est corps, elle périra avec le reste du corps ; si elle est souffle, elle se dissipera sans doute ; feu, elle s'éteindra ; harmonie d'Aristoxène (1), elle se désaccordera. Pour Dicéarque (2), que pourrais-je en dire, puisqu'il dit que l'âme n'existe pas du tout ? D'après toutes ces opinions, il n'est rien après la mort qui puisse intéresser qui que ce soit ; en effet le sentiment nous quitte en même temps que la vie ; or, si l'on n'a plus le sentiment, il n'y a plus rien qui intéresse en aucun sens. Quant aux opinions des autres philosophes, elles apportent l'espoir, dont tu seras peut-être charmé, que l'âme peut après sa sortie du corps gagner ce qui est pour ainsi dire son véritable domicile, le ciel.

— Assurément, j'en suis charmé, et d'abord je voudrais que la réalité fût telle ; ensuite, même si cela n'est pas, je n'en voudrais pas moins qu'on me le persuadât.

— Pourquoi donc recourir à nous pour cela ? Est-ce

quaestio est. Vtrum igitur inter has sententias diiudicare malumus an ad propositum redire ?

Cuperem equidem utrumque, si posset, sed est difficile confundere. Quare si, ut ista non disserantur, liberari mortis metu possumus, id agamus ; sin id non potest nisi hac quaestione animorum explicata, nunc, si uidetur, hoc, illud alias.

Quod malle te intellego, id puto esse commodius. Efficiet enim ratio ut, quaecumque uera sit earum sententiarum quas exposui, mors aut malum non sit aut sit bonum potius. **24** Nam si cor aut sanguis aut cerebrum est animus, certe, quoniam est corpus, interibit cum reliquo corpore ; si anima est, fortasse dissipabitur ; si ignis, extinguetur ; si est Aristoxeni harmonia, dissoluetur. Quid de Dicaearcho dicam, qui nihil omnino animum dicat esse ? His sententiis omnibus nihil post mortem pertinere ad quemquam potest ; pariter enim cum uita sensus amittitur ; non sentientis autem nihil est ullam in partem quod intersit. Reliquorum sententiae spem adferunt, si te hoc forte delectat, posse animos, cum e corporibus excesserint, in caelum quasi in domicilium suum peruenire.

Me uero delectat, idque primum ita esse uelim, deinde, etiamsi non sit, mihi persuaderi tamen uelim.

Quid tibi ergo opera nostra opus est ? num elo-

23 harum... quaestio est *habet H* || mortis metu *X* : metu m. *K* φ || possumus *cet.* : possimus *K*[2] || efficiet enim ratio... — 24 dicit esse *habet H.*

24 corpore *V*[c] φ : tempore *cet.* || dicat esse *X* : dicit e. *H*φ || hoc forte *X* : f. h. φ.

que nous pouvons l'emporter sur Platon en éloquence ? Lis attentivement celui de ses ouvrages qui est consacré à l'âme (1), tu seras pleinement satisfait.

— Je l'ai fait, par Hercule ! et même bien souvent ; mais, je ne sais comment, si durant ma lecture je suis convaincu, lorsque j'ai mis de côté le livre et me suis pris à songer en moi-même à l'immortalité de l'âme, voilà toute ma conviction qui s'envole.

25 — Voyons : accordes-tu que l'âme ou subsiste après la mort ou périt au moment précis de la mort ?

— Oui, je l'accorde.

— Eh bien ! dans l'hypothèse où elle subsisterait... ?

— Je conviens qu'elle serait heureuse.

— Mais si elle périssait ?

— Qu'elle ne serait pas malheureuse, puisqu'elle n'aurait pas même d'existence ; ce point là, tu m'as déjà obligé tout à l'heure à en convenir.

— Comment dès lors et pourquoi dis-tu que la mort te paraît un mal ? Car elle aura pour effet ou que nous serons heureux si l'âme subsiste, ou ne serons point malheureux, si nous perdons le sentiment.

Première alternative : L'âme est immortelle.

XII 26 — Expose-moi donc, si cela ne t'ennuie pas, d'abord, si cela t'est possible, que l'âme subsiste après la mort ; puis, si tu ne peux l'établir — car ce n'est pas aisé — tu montreras que la mort est exempte de tout mal. Je me demande en effet si justement ce que tu alléguais n'est pas un mal, je veux dire non point la perte du sentiment, mais la nécessité où nous sommes de le perdre.

— A l'appui de l'opinion que tu désires voir établir, nous pouvons en tout cas recourir aux autorités les meilleures, et c'est là une preuve qui en droit et en fait a la plus grande force dans toutes les causes. Qui plus

quentia Platonem superare possumus ? Euolue diligenter eius eum librum, qui est de animo ; amplius quod desideres nihil erit.

Feci mehercule, et quidem saepius ; sed nescio quo modo, dum lego, adsentior, cum posui librum et mecum ipse de inmortalitate animorum coepi cogitare, adsensio omnis illa elabitur.

25 Quid hoc ? dasne aut manere animos port mortem aut morte ipsa interire ?

Do uero.

Quid, si maneant ?

Beatos esse concedo.

Sin intereant ?

Non esse miseros, quoniam ne sint quidem ; iam istuc coacti a te paulo ante concessimus.

Quo modo igitur aut cur mortem malum tibi uideri dicis ? quae aut beatos nos efficiet animis manentibus aut non miseros sensu carentis.

XII **26** Expone igitur, nisi molestum est, primum, si potes, animos remanere post mortem, tum, si minus id obtinebis (est enim arduum), docebis carere omni malo mortem. Ego enim istuc ipsum uereor ne malum sit, non dico carere sensu, sed carendum esse.

Auctoribus quidem ad istam sententiam, quam uis obtineri, uti optimis possumus, quod in omnibus causis et debet et solet ualere plurimum, et primum quidem omni antiquitate, quae quo propius aberat ab

24 de animo *cel.* : anima *ex* — o *V* ‖ quid si *cel.* : quodsi *K*[1] *(corr.*[1]*) R* ‖ beatos *cel.* : beatas *V* (*cf.* 24 de anima) ‖ carentis *cel.* : — tes *V*[2].

est, c'est à l'antiquité tout entière que nous ferons appel en premier lieu, l'antiquité, moins éloignée que nous de l'apparition de l'homme et de notre origine divine, et par cela même plus capable peut-être de discerner la vérité.

27 Or c'était une notion profondément gravée dans l'esprit de ces hommes des anciens âges qu'Ennius (1) appelle *casci* (2), que le sentiment existait dans la mort et que, au sortir de la vie, l'homme n'était point détruit au point d'être anéanti complètement. Ce point ressort de nombre de faits et tout spécialement du droit pontifical et des cérémonies funéraires, car des personnages d'une haute intelligence n'en auraient pas observé si scrupuleusement les rites, ils n'auraient point jeté sur ceux qui les violent de si terribles anathèmes, s'ils n'avaient eu ancrée dans l'esprit cette idée que la mort n'est pas un anéantissement qui supprime et détruit tout, mais pour ainsi dire une sorte de migration, de transformation de la vie, celle-ci devant conduire au ciel les hommes et les femmes illustres, tandis que chez tous les autres elle était retenue au sol où elle subsistait néanmoins. **28** De là vient que, dans l'opinion romaine,

« Romulus est au ciel, il passe sa vie avec les Dieux ; » (3)

ainsi s'exprime Ennius, d'accord avec la tradition populaire ; par suite encore, et chez les Grecs d'où son culte gagna notre pays, et jusqu'aux rives de l'Océan, Hercule est tenu pour un Dieu si grand et si secourable. De là la divinité de Liber, fils de Sémélé, celle des frères Tyndarides (4), dont la renommée est aussi étendue et qui, d'après la légende, non seulement aidèrent aux victoires du peuple romain, mais en furent les annonciateurs (5). Eh quoi ! N'est-il pas vrai

1. *Annales* (1 fr. 19, v. 24 Vahlen).
2. Mot sabin d'après Varron, *De lingua latina*, VII, 28.
3. *Annales* (1 fr. 62, v. 115 Vahlen).

ortu et diuina progenie, hoc melius ea fortasse quae erant uera cernebat.

27 Itaque unum illud erat insitum priscis illis quos cascos appellat Ennius, esse in morte sensum, neque excessu uitae sic deleri hominem, ut funditus interiret; idque cum multis aliis rebus, tum e pontificio iure et e caerimoniis sepulcrorum intellegi licet, quas maxumis ingeniis praediti nec tanta cura coluissent nec uiolatas tam inexpiabili religione sanxissent, nisi haereret in eorum mentibus mortem non interitum esse omnia tollentem atque delentem, sed quandam quasi migrationem commutationemque uitae, quae in claris uiris et feminis dux in caelum soleret esse, in ceteris humi retineretur et permaneret tamen. **28** Ex hoc et nostrorum opinione

Romulus in caelo cum diis agit aeuum,

ut famae adsentiens dixit Ennius, et apud Graecos indeque perlapsus ad nos et usque ad Oceanum Hercules tantus et tam praesens habetur deus; hinc Liber Semela natus eademque famae celebritate Tyndaridae fratres, qui non modo adiutores in proeliis uictoriae populi Romani, sed etiam nuntii fuisse perhibentur. Quid? Ino Cadmi filia nonne Λευκοθέα nominata a Graecis Matuta habetur a nostris? quid? totum prope caelum, ne pluris persequar, nonne

26 cernebat φ *et littera post* a *erasa VPB* : cernebant *KG* cercebant *R*.

27 cascos *cet.* : cassos *R* cassus *K*[1] *cf. ann.* 24 || inexpiabili φ : —i *in r. V* —e *cet.* || haereret *X* : hesisset φ || retineretur *cet.* : et ret. *V*[c].

28 quid... — nostris *habet* Non. 66 || pluris persequar *cet.* : p. pl. *K*.

que Ino, la fille de Cadmus, porte chez les Grecs le nom de Leucothéa (la blanche déesse), et pour nous est Matuta ? Enfin, pour couper court à cette énumération, le ciel presque tout entier, n'est-il pas vrai, s'est recruté dans le genre humain. XIII **29** Mais si j'entreprenais de fouiller les temps anciens et de tirer au clair ce que nous en ont transmis les historiens de la Grèce, on constaterait que ces dieux là même qui constituent à nos yeux le patriciat céleste sont partis du monde des hommes pour gagner le ciel (1). Demande qui sont ceux dont en Grèce on fait voir les tombeaux ; remets-toi en mémoire, puisque tu es initié, ce qu'on peut apprendre dans les Mystères ; alors seulement tu verras combien cela va loin. Au reste, comme il est naturel chez des hommes qui n'avaient point encore étudié la physique, dont les débuts sont bien postérieurs, ils n'avaient pas d'autres idées que celles qu'ils tenaient des suggestions de la nature ; ils ignoraient les causes et les raisons des choses, et certaines apparences, la nuit surtout, leur donnaient fréquemment l'impression que les défunts continuaient à vivre.

30 Toutefois il en est ici comme dans la question de l'existence des dieux. L'argument le plus solide que l'on puisse invoquer, semble-t-il, pour établir cette existence, est qu'il n'y a pas de nation si barbare, pas d'individu au monde si sauvage qu'il n'y ait dans leur pensée quelque trace de la croyance aux dieux. Bien des gens se font des dieux une idée fausse, car c'est là un effet général du préjugé ; mais néanmoins tous croient qu'il existe une puissance et une essence divines, et ce n'est pas là le résultat d'une entente, d'une décision prise en commun ; il ne s'agit point d'une croyance

1. C'est la doctrine d'Evhémère (IVe siècle). Ennius l'avait fait connaître à Rome, en traduisant *l'Histoire sacrée* de ce philosophe ; cf. *De natura deorum*, I, 42, 119.

humano genere completum est? XIII 29 Si uero scrutari uetera et ex iis ea quae scriptores Graeciae prodiderunt eruere coner, ipsi illi maiorum gentium di qui habentur, hinc a nobis profecti in caelum reperientur. Quaere, quorum demonstrantur sepulcra in Graecia, reminiscere, quoniam es initiatus, quae tradantur mysteriis; tum denique quam hoc late pateat intelleges.

Sed qui nondum ea quae multis post annis tractare coepissent, physica didicissent, tantum sibi persuaserant quantum natura admonente cognouerant, rationes et causas rerum non tenebant, uisis quibusdam saepe mouebantur, iisque maxime nocturnis, ut uiderentur ii qui uita excesserant uiuere. 30 Vt porro firmissimum hoc adferri uidetur cur deos esse credamus, quod nulla gens tam fera, nemo omnium tam sit inmanis, cuius mentem non imbuerit deorum opinio (multi de dis praua sentiunt; id enim uitioso more effici solet; omnes tamen esse uim et naturam diuinam arbitrantur, nec uero id conlocutio hominum aut consessus effecit, non institutis opinio est confirmata,

29 si uero... intelleges *habet* Lact. *inst.* 1, 15, 24, Aug. *cons. euang.* 1, 23, 32 ‖ iis *cet.* : illis *Lact.* ‖ ipsi etiam maiorum gentium dii *habet* Aug. *civ.* 8, 5 ‖ qui habentur *om. Aug.* ‖ a nobis $B^2V^2P^2$φ *Lact. Aug.* : nobis *X* ‖ quaere quorum Φ : quare quoniam demonstrantur *Lact.* ‖ demonstrantur *X* : a *in* e *corr. G* demonstran — *in ras.* V^1 demonstrentur *Aug.*, *cf. Gaffiot, Pour le vrai latin*, p. 11 ‖ tractare coepissent *X* : tractari coepissent φ tractari coepta sunt *Keil* homines tractare coepissent *Po.* ‖ cognouerant V^cφ : —uerunt *X*.

30 porro infirmissimum-putanda est *habet H* ‖ uidetur *cet.* : — eretur V^c ‖ quod *cet* : quia K^2 ‖ sit K^2V^2BHφ : fit *GR* ‖ id enim *VPGK*^{2} φ : idem K^1RH ‖ consessus effecit *Bouhier* : consensus efficit Φ.

accréditée par les institutions ou par les lois. Or, en toutes choses, l'accord unanime des peuples doit être interprété comme une loi naturelle. Eh bien ! qui donc ne porte pas le deuil des siens, dans la pensée avant tout qu'ils sont dépouillés des avantages de la vie ? Supprimez cette croyance, vous supprimerez le deuil. Car la désolation ne vient pas de la perte que personnellement l'on a faite ; on peut en souffrir, avoir le cœur serré, mais les lamentations de deuil, mais les gémissements désolés sont provoqués par la pensée que l'être que nous aimions est privé des avantages de la vie et en ressent la perte. Et ces sentiments-là, c'est l'instinct qui nous les suggère, sans que ni raisonnement ni théorie intervienne.

XIV 31 Mais la meilleure preuve que de lui-même l'instinct prononce secrètement en faveur de l'immortalité de l'âme, c'est que tous les hommes ont le souci, et même un vif souci, de ce qui doit arriver après leur mort. « Il plante des arbres au profit de la seconde génération », dit un personnage bien connu des *Synéphèbes* (1). A quelle intention, s'il n'avait l'idée que les générations à venir l'intéressent ? Mais si le paysan scrupuleux plante des arbres dont jamais lui-même il ne verra un fruit, l'homme éminent ne plantera-t-il pas des lois, des institutions, un gouvernement ? Et la création d'une famille, la perpétuation de notre nom, l'adoption d'enfants, le soin apporté aux testaments, les monuments mêmes des tombeaux avec leurs inscriptions, que nous font-ils entendre, sinon que notre pensée s'étend jusque dans l'avenir ? 32 Eh quoi ! Peut-on douter qu'il ne convienne d'établir le type normal d'une espèce d'après l'exemplaire le plus parfait ? Or

1. Comédie de Caecilius (*Synephebi*, fr. 2, *CRF* 210).

non legibus; omni autem in re consensio omnium gentium lex naturae putanda est) — quis est igitur, qui suorum mortem primum non eo lugeat, quod eos orbatos uitae commodis arbitretur? Tolle hanc opinionem, luctum sustuleris. Nemo enim maeret suo incommodo; dolent fortasse et anguntur; sed illa lugubris lamentatio fletusque maerens ex eo est, quod eum quem dileximus uitae commodis priuatum arbitramur idque sentire. Atque haec ita sentimus natura duce, nulla ratione nullaque doctrina.

XIV **31** Maxumum uero argumentum est naturam ipsam de inmortalitate animorum tacitam iudicare, quod omnibus curae sunt, et maxumae quidem, quae post mortem futura sint. « Serit arbores quae alteri saeclo prosint », ut ait ⟨ille⟩ in Synephebis, quid spectans nisi etiam postera saecula ad se pertinere? Ergo arbores seret diligens agricola, quarum aspiciet bacam ipse numquam; uir magnus leges, instituta, rem publicam non seret? Quid procreatio liberorum, quid propagatio nominis, quid adoptationes filiorum, quid testamentorum diligentia, quid ipsa sepulcrorum monumenta elogia significant nisi nos futura etiam cogitare? **32** Quid? illud num dubitas, quin specimen naturae capi deceat ex optima quaque natura? Quae

30 suo incommodo *cet.* : alieno *super* suo *K* ‖ idque sentire *cet.* : *eras. in V.*

31 sint *cet.* : sunt K^2 ‖ alteri *cet.* : altero K^1 ‖ saeclo *RVG* : saeculo K^1V^2 ‖ ille *Havet* : *om. X* Statius *uel* Ennius φ ‖ spectans *cet.* : expectans *V* ‖ non seret V^c (*at* n *ante* o *in ras.*) φ : conseret *cet.* ‖ propagatio *cet.* : progatio *R* prorogatio V^1.

y a-t-il dans l'espèce humaine exemplaires plus parfaits que ces hommes qui se croient nés pour être utile aux hommes, les défendre, les garder sains et saufs ? Hercule est parti chez les Dieux. Jamais il n'y serait parti, si, tandis qu'il était parmi les hommes, il ne s'était ouvert ce chemin-là. XV Vous avez là un exemple antique et que partout la religion a consacré ; mais ici, dans notre patrie, à quoi songeaient, croyons-nous, tant et de si grands hommes qui se sacrifièrent pour elle ? Était-ce à un terme où leur nom finirait en même temps que leur vie ? Personne jamais, sans un puissant espoir de l'immortalité, n'aurait affronté la mort pour la patrie. **33** Thémistocle pouvait vivre loin de la politique, et aussi Epaminondas, et, sans recourir à l'antiquité non plus qu'à l'étranger, je le pouvais moi-même. Mais, je ne sais comment, il y a, fixée dans notre esprit, comme une sorte de pressentiment des siècles à venir, et c'est dans les intelligences les plus puissantes, dans les âmes les plus nobles, qu'il se produit avec le plus de force et se manifeste le plus aisément. Sans cela vraiment qui serait assez fou pour vivre continuellement dans des fatigues et des dangers ? **34** Je parle d'hommes d'État ; mais, les poètes ? Ne veulent-ils pas qu'on parle d'eux après leur mort ? A quoi rime ceci ?

« Regardez, citoyens, l'image qui représente le vieil Ennius ; c'est lui qui a chanté les exploits de vos ancêtres. » (1)

C'est sous forme de gloire qu'il réclame son salaire à ceux dont il a rendu les ancêtres glorieux. Et aussi :

« Point de larmes à mon sujet !... A quoi bon ? Je suis vivant et je vole de bouche en bouche. (2) »

1. Ennius, *Epigrammata* (fr. 1, *uar.* 15-16 Vahlen).
2. Ennius, *Epigrammata* (fr. 2, *uar.* 17-18 Vahlen). Probablement épitaphe d'Ennius par lui-même. Pour la partie manquante, voir plus bas, 49, 117.

est melior igitur in hominum genere natura quam eorum qui se natos ad homines iuuandos, tutandos, conseruandos arbitrantur ? Abiit ad deos Hercules ; numquam abisset, nisi, cum inter homines esset, eam sibi uiam muniuisset. XV Vetera iam ista et religione omnium consecrata. Quid in hac re publica tot tantosque uiros ob rem publicam interfectos cogitasse arbitramur ? iisdemne ut finibus nomen suum quibus uita terminaretur ? Nemo umquam sine magna spe inmortalitatis se pro patria offerret ad mortem. **33** Licuit esse otioso Themistocli, licuit Epaminondae, licuit, ne et uetera et externa quaeram, mihi, sed nescio quo modo inhaeret in mentibus quasi saeclorum quoddam augurium futurorum, idque in maximis ingeniis altissimisque animis et exsistit maxime et apparet facillime. Quo quidem dempto quis tam esset amens qui semper in laboribus et periculis uiueret ? **34** Loquor de principibus ; quid ? poëtae nonne post mortem nobilitari uolunt ? Vnde ergo illud ?

Aspicite, o ciues, senis Enni imaginis formam.
Hic uestrum panxit maxima facta patrum.

Mercedem gloriae flagitat ab iis, quorum patres adfecerat gloria, idemque :

Nemo me lacrumis...
Cur ? uolito uiuos per ora uirum.

32 melior igitur *X* : ig. m. φ.
33 quo quidem *BPφ G* (d *expuncto*) : quod *RVK*.
34 unde ergo illud *cet.* : unde ergo *in* ut est de ennio *corr.* *K* ‖ Enni *RG* : ennii *K*[a]*BPφ* ‖ formam *cet.* : urnam *Vrec in mg.* φ ‖ panxit *edd.* : pinxit Φ ‖ lacrumis *cet.* : — et pro -is *in ras.* *V*[rec] ‖ *add.* decoret nec funera fletu faxit φ *ex Tusc.* 1, 49, 117 *et Cat. mai.* 20,73.

Pourquoi d'ailleurs alléguer les poètes ? Les sculpteurs veulent qu'on parle d'eux après leur mort. N'est-ce pas pour cela que Phidias grava son effigie sur le bouclier de Minerve, alors qu'il était interdit d'inscrire son nom sur la statue. Et nos philosophes ! n'inscrivent-ils pas leurs noms en tête des livres mêmes qu'ils écrivent sur le mépris de la gloire ?

35 Que si le consentement universel est la voix de la nature, et si les hommes, où qu'ils soient et quels qu'ils soient, conviennent de l'existence de quelque chose qui intéresse les défunts, nous devons partager cet avis, et si nous jugeons que ceux dont l'âme se distingue par l'intelligence ou la vertu discernent le mieux les tendances de la nature, parce que en eux la nature réalise sa perfection, il est vraisemblable, les individus les meilleurs étant ceux-là qui s'intéressent le plus à la postérité, qu'il existe quelque chose dont ils doivent avoir le sentiment après leur mort.

La survie de l'âme.

XVI **36** Mais il en est ici comme pour les dieux. L'instinct nous suggère qu'ils sont, et c'est par le raisonnement que nous nous rendons compte de ce qu'ils sont : de même le consentement de toutes les nations nous fait juger que l'âme subsiste, mais c'est le raisonnement qui doit nous apprendre ce qu'elle devient et où elle réside. C'est l'ignorance où l'on était de l'art de raisonner qui a forgé les Enfers et ces épouvantails dont tu me paraissais avoir un juste mépris. Parce que les corps étaient déposés dans le sol et couverts de terre *(humus)*, d'où vient le mot enterrer *(humare)*, on s'imaginait que les morts passaient sous le sol le reste de leur existence, et cette opinion engendra d'énormes préjugés que la poésie développa. **37** Au théâtre, des auditoires nombreux,

Sed quid poëtas ? opifices post mortem nobilitari uolunt. Quid enim Phidias sui similem speciem inclusit in clupeo Mineruae, cum inscribere ⟨nomen⟩ non liceret ? Quid nostri philosophi ? nonne in iis libris ipsis quos scribunt de contemnenda gloria sua nomina inscribunt ? **35** Quodsi omnium consensus naturae uox est, omnesque qui ubique sunt consentiunt esse aliquid, quod ad eos pertineat qui uita cesserint, nobis quoque idem existimandum est, et si, quorum aut ingenio aut uirtute animus excellit, eos arbitrabimur, quia natura optima sint, cernere naturae uim maxume, ueri simile est, cum optumus quisque maxume posteritati seruiat, esse aliquid, cuius is post mortem sensum sit habiturus.

XVI **36** Sed ut deos esse natura opinamur, qualesque sint ratione cognoscimus, sic permanere animos arbitramur consensu nationum omnium, qua in sede maneant qualesque sint ratione discendum est. Cuius ignoratio finxit inferos easque formidines, quas tu contemnere non sine causa uidebare. In terram enim cadentibus corporibus hisque humo tectis, e quo dictum est humari, sub terra censebant reliquam uitam agi mortuorum. Quam eorum opinionem magni errores consecuti sunt, quos auxerunt poëtae. **37** Frequens

34 poetas φ : putas *X* ‖ nomen *add. Ernesti* ‖ libris ipsis *X* : ip. l. φ.

35 quodsi... **36** cognoscimus (*omissis* maxume... — habiturus) *habet H libere* ‖ excellit *cet.* : excellet V^2 ‖ arbitrabimur *X* : arbitramur *duab. litt. eras. V.*

où figurent femmelettes et enfants, sont impréssionnés, lorsqu'on récite ces vers si sublimes :

« Me voici ; j'arrive de l'Achéron à grand peine, par un chemin profond et ardu, à travers des cavernes formées de rocs âpres, menaçants, immenses, et où s'épaississent les lourdes et glaciales, ténèbres des Enfers. » (1)

Ce préjugé, qui aujourd'hui à mon avis, s'est dissipé, avait tant de force que l'on se représentait dans les Enfers des actions qui ne peuvent ni se faire ni se concevoir en l'absence de corps, et cela quand on savait que les corps avaient été incinérés. Que l'âme vécût d'une vie indépendante, voilà ce qu'on était incapable de concevoir : on ne pouvait s'empêcher de lui prêter une forme sensible. De là toute la νέκυια (2) d'Homère ; de là les évocations des morts auxquelles procédait mon ami Appius (3) ; de là, dans notre voisinage, la légende du lac Averne :

« Porte profonde de l'Achéron, par où sortent les âmes enveloppées de sombres ténèbres, les fantômes des morts qu'évoque le sang salé des victimes. » (4)

On n'en prête pas moins la parole à pareils fantômes, comme s'il était possible de parler sans langue, sans palais, sans que fonctionnent les organes de la gorge, de la poitrine, des poumons. C'est qu'on était incapable de rien voir par la pensée et qu'on ne prenait avis que de ses yeux. **38** Or il faut une intelligence puissante pour détacher son esprit des sens et dégager sa pensée de la routine. Aussi, bien qu'à mon avis d'autres aient pu le faire, au cours de tant de siècles, si l'on s'en tient à la tradition littéraire, le premier qui ait dit que l'âme humaine était éternelle fut Phérécyde de Syros (5), dont

1. *TRF inc.*, 73-75 (*inc.* fr. 38).
2. La descente d'Ulysse aux Enfers, livre XI de *l'Odyssée.*
3. Appius Claudius Pulcher, consul en 54.

enim consessus theatri, in quo sunt mulierculae et pueri, mouetur audiens tam grande carmen :

Adsum atque aduenio Acherunte uix uia alta atque ardua
Per speluncas saxis structas asperis pendentibus
Maxumis, ubi rigida constat crassa caligo inferum,

tantumque ualuit error, qui mihi quidem iam sublatus uidetur, ut, corpora cremata cum scirent, tamen ea fieri apud inferos fingerent, quae sine corporibus nec fieri possent nec intellegi. Animos enim per se ipsos uiuentis non poterant mente complecti, formam aliquam figuramque quaerebant. Inde Homeri tota νέκυια, inde ea quae meus amicus Appius νεκυομαντεῖα faciebat, inde in uicinia nostra Auerni lacus,

Vnde animae excitantur obscura umbra opertae, imagines
mortuorum, alto ostio Acheruntis, salso sanguine,

Has tamen imagines loqui uolunt, quod fieri nec sine lingua nec sine palato nec sine faucium, laterum, pulmonum ui et figura potest. Nihil enim animo uidere poterant, ad oculos omnia referebant. **38** Magni autem est ingeni seuocare mentem a sensibus et cogitationem ab consuetudine abducere. Itaque credo

37 consessus φ : consensu *X* — s *in fine add. V* || ubi. — inferum *habet Non.* 272 || possent *cet.* : *possunt* V^c || νεκυομαντεῖα φ : *NEPCYO* mantia *RKP* nepsyomantia *G* psichomantia *V* (*sed* psicho *in ras.*) || uicinia φ P^1V^1 : uitia *KRB* uicia *G* || *uersus restituit Leo Progr. Goett.* 1910, 21 : apertae (opertae V^1K^2) hostio (ostio φ) altae (alto K^2V^2Bφ) acheruntis salso sang. imagines mortuorum *uulgo ordo uersuum traditur* || quidam enim nihil animo... — 38 abducere *habet H.*

38 magni... — abducere *habet* Aug. *epist.* 137, 5 || seuocare *Aug.* (*cf. De nat. deor.* 3,21 *De diuin.* 1,63 *etc.*) : reu. Φ.

l'époque est ancienne assurément, car il vécut sous le règne de mon parent (1). Pythagore son disciple accrédita grandement cette opinion. Arrivé en Italie sous le règne de Tarquin le Superbe, il exerça dans le pays qui était alors la Grande-Grèce une influence prépondérante, grâce à son enseignement philosophique et plus encore à son prestige personnel (2), et, bien des siècles après, le nom de pythagoricien gardait tant de crédit qu'il ne semblait pas qu'il y eût d'autres savants. XVII Mais je reviens aux anciens. Ceux-là ne rendaient généralement pas compte de leurs opinions, sauf lorsqu'il s'agissait de démonstrations d'arithmétique ou de géométrie. 39 A ce qu'on rapporte, c'est Platon, qui s'étant rendu en Italie pour faire connaissance avec les Pythagoriciens et ayant étudié toute la doctrine de l'école, ne se contenta plus d'adopter sur l'éternité de l'âme la thèse de Pythagore, mais en fournit le premier une démonstration. Cette démonstration, nous la négligerons, si tu n'y tiens pas, et nous laisserons là toute cette espérance dont nous nous flattions, que l'âme est immortelle.

— Fallait-il exciter si vivement mon attente pour m'abandonner ensuite ? Par Hercule ! j'aime mieux me tromper avec Platon, pour qui je connais ton estime et que j'admire quand il parle par ta bouche, que d'être dans le vrai en compagnie de ces gens-là (les Epicuriens).

— **40** Bravo ! moi aussi, en vérité, si je me trompais en compagnie du seul Platon, cela ne me déplairait pas. Nous ne doutons point, n'est-ce pas, — bien que nous prati-

1. Le roi Servius Tullius : il est clair que Cicéron plaisante.
2. Il ne s'agit pas de l'autorité du maître (αὐτὸς ἔφα), mais de l'ascendant qui explique l'influence politique de Pythagore ; dans ses éloges, Cicéron associe toujours l'homme d'État au philosophe ; cf. *Tusculanes*, IV, 1, 3 et V, 4, 10.

equidem etiam alios tot saeculis, sed, quod litteris exstet, Pherecydes Syrius primus dixit animos esse hominum sempiternos, antiquus sane; fuit enim meo regnante gentili. Hanc opinionem discipulus eius Pythagoras maxime confirmauit; qui cum Superbo regnante in Italiam uenisset, tenuit Magnam illam Graeciam cum [honore] disciplina, tum etiam auctoritate, multaque saecula postea sic uiguit Pythagoreorum nomen, ut nulli alii docti uiderentur.

XVII Sed redeo ad antiquos. Rationem illi sententiae suae non fere reddebant, nisi quid erat numeris aut descriptionibus explicandum. **39** Platonem ferunt, ut Pythagoreos cognosceret, in Italiam uenisse et didicisse Pythagorea omnia primumque de animorum aeternitate non solum sensisse idem quod Pythagoram, sed rationem etiam attulisse. Quam, nisi quid dicis, praetermittamus et hanc totam spem inmortalitatis relinquamus.

An tu cum me in summam exspectationem adduxeris, deseris? Errare mehercule malo cum Platone, quem tu quanti facias scio et quem ex tuo ore admiror, quam cum istis uera sentire.

38 Syrius *Aug.* (*epist.* 137, 12) φ : syrus *X* ‖ primus *Lb. Bentl. fortasse Aug.* (*epist.* 137, 12) : primum Φ ‖ honore *del.* V^2 : honore et disc. φ ‖ uiderentur *cet.* : putarentur V^2 ‖ descriptionibus *MB*φ : discript. *cet.*

39 didicisse *cet.* : dedic. *GR* ‖ *post* uenisse *inserunt in mg.* et in ea (ita *P*) cum alios multos tum architam (ut crithitam *P*) timeumque cognouit (et timeum inuenisse *R*) *PRV alii, unde* V^c *post* ferunt *add.* qui, *tum corr.* uenit eddicisse ‖ rationem *X* : —es V^2φ ‖ quam *X* : quas V^c φ ‖ deseris *X* : — es V^2φ ‖ errare mehercule *cet.* : me errare hercule *K* mehercules V^2.

quions généralement le doute, mais ici ce n'est pas le cas, puisque notre certitude est fondée sur les mathématiques — nous savons, dis-je, que la terre est située au milieu du monde où elle occupe, par rapport à la totalité de la sphère, un espace équivalent pour ainsi dire à un point, espace que les mathématiciens appellent κέντρον. Nous savons encore que la nature des quatre éléments, principes de toutes choses, est telle que les lois du mouvement auxquels ils sont soumis leur assignent pour ainsi dire deux directions opposées ; les éléments de terre et d'eau sont entraînés vers la terre et vers la mer par leur tendance propre et leur poids, selon la verticale ; les deux éléments qui restent, l'un qui est de feu, l'autre qui est de souffle, au lieu d'être comme les deux précédents entraînés vers le milieu du monde par la pesanteur et par leur poids, gagnent en ligne droite la région du ciel en sens inverse, soit qu'il soit dans leur nature même de tendre vers les régions plus élevées, soit que les éléments plus lourds repoussent naturellement ceux qui sont plus légers. Cela établi, on doit considérer comme évident que l'âme, à sa sortie du corps, et qu'elle soit formée de souffle, c'est-à-dire d'air, ou qu'elle soit formée de feu, s'élève vers le ciel. **41** Quant aux hypothèses où l'âme serait une espèce de nombre, ce qui est une définition plus subtile que claire, ou bien ce fameux cinquième élément naturel (1) qui est plus difficile à désigner qu'à saisir, il s'agit là de choses beaucoup plus incorruptibles et plus pures encore, en sorte qu'elles s'élèveraient à une très grande distance de la terre. C'est quelqu'un de ces principes qui est celui de l'âme, si l'on ne veut pas que l'esprit, qui est si actif, gise étouffé dans le cœur, le cerveau, ou le sang dont parle Empédocle. XVIII

1. Cf. plus haut, 10, 22.

40 Macte uirtute! ego enim ipse cum eodem ipso non inuitus errauerim. Num igitur dubitamus? an sicut pleraque? quamquam hoc quidem minime; persuadent enim mathematici terram in medio mundo sitam ad uniuersi caeli complexum quasi puncti instar obtinere, quod κέντρον illi uocant; eam porro naturam esse quattuor omnia gignentium corporum, ut, quasi partita habeant inter se ac diuisa momenta, terrena et umida suopte nutu et suo pondere ad paris angulos in terram et in mare ferantur, reliquae duae partes, una ignea, altera animalis, ut illae superiores in medium locum mundi grauitate ferantur et pondere, sic hae rursum rectis lineis in caelestem locum subuolent, siue ipsa natura superiora adpetente, siue quod a grauioribus leuiora natura repellantur. Quae cum constent, perspicuum debet esse animos, cum e corpore excesserint, siue illi sint animales, id est spirabiles, siue ignei, sublime ferri. **41** Si uero aut numerus quidam sit animus, quod subtiliter magis quam dilucide dicitur, aut quinta illa non nominata magis quam non intellecta natura, multo etiam integriora ac puriora sunt, ut a terra longissime se ecferant. Horum igitur aliquid est animus, ne tam uegeta mens aut in corde cerebroue aut in Empedocleo sanguine demersa iaceat.

40 macte uirtute *habet* NON. 341 ‖ κέντρον *edd.* : centron *X* centrum φ ‖ mare *BφK*² : mari *cet.* ‖ superiores *BP* : — is *cet.* ‖ siue quod... constent *habet* NON. 273 ‖ spirabiles *KV*² : spiritabiles *RV*¹ spiritales *G* ‖ sublime *X* : in s. φ.

41 si uero... — ecferant *om.* se *habet H* ‖ est animus *Bφ* : animus *cet.* sit a. *Wesenberg* ‖ ne *cet.* : nec *K* ‖ uegeta *BV*¹*K*²φ : ueta *RG* ‖ armonian — non uideo *habet H.*

Pour Dicéarque (1) ainsi que pour son contemporain et condisciple Aristoxène (2), nous n'en dirons rien ; je veux bien que ç'ait été des gens savants, mais l'un paraît n'avoir même jamais souffert de ne pas s'apercevoir qu'il avait une âme, l'autre s'applaudit si fort de sa musique qu'il tente de conclure de la musique aux problèmes dont nous nous occupons. Or nous pouvons bien reconnaître une harmonie aux intervalles des sons, dont la combinaison variée produit même plusieurs harmonies ; mais pour l'agencement des membres et leur assemblage en une forme corporelle où il n'y aurait pas d'âme, je ne vois pas quelle harmonie peut en résulter. A vrai dire, notre homme, si cultivé qu'il soit, et il l'est, ferait bien de s'en remettre pour ces choses à son maître Aristote, et pour son compte d'enseigner la musique, car il y a une bonne leçon dans ce proverbe grec : « que chacun exerce le métier qu'il connaît » (3). **42** Quant à la fameuse théorie qui explique l'âme par le concours fortuit d'atomes lisses et arrondis, éliminons-la radicalement, en dépit du fait que Démocrite prête à ces atomes une nature qui recèle de la chaleur et est respirable, c'est-à-dire formée d'air. Or si l'âme relève des quatre éléments dont l'on dit qu'ils constituent toutes choses, c'est d'air enflammé qu'elle est constituée, explication que je vois représentée en particulier par Panétius (4), et il est forcé que l'âme tende à s'élever. En effet, les deux éléments dont il s'agit n'ont rien qui les porte à descendre et cherchent toujours à monter. Ainsi, s'ils se désagrègent, cela se produit à une certaine distance de la terre, et s'ils subsistent en conservant leur état, c'est une raison de plus pour qu'ils s'enlèvent vers le ciel, traversent tout droit l'atmosphère épaisse et composée qui est la nôtre et se trouve au voisinage immédiat de la terre. Car l'âme est plus chaude ou mieux plus ardente que ne l'est notre atmosphère, dont je viens de dire

XVIII Dicaearchum uero cum Aristoxeno, aequali et condiscipulo suo, doctos sane homines, omittamus ; quorum alter ne condoluisse quidem umquam uidetur, qui animum se habere non sentiat, alter ita delectatur suis cantibus, ut eos etiam ad haec transferre conetur. Harmonian autem ex interuallis sonorum nosse possumus, quorum uaria compositio etiam harmonias efficit pluris ; membrorum uero situs et figura corporis uacans animo quam possit harmoniam efficere, non uideo. Sed hic quidem, quamuis eruditus sit, sicut est, haec magistro concedat Aristoteli, canere ipse doceat. Bene enim illo Graecorum prouerbio praecipitur :

Quam quisque norit artem, in hac se exerceat.

42 Illam uero funditus eiciamus indiuiduorum corporum leuium et rutundorum concursionem fortuitam, quam tamen Democritus concalefactam et spirabilem, id est animalem, esse uolt. Is autem animus, qui si est horum quattuor generum, ex quibus omnia constare dicuntur, ex inflammata anima constat, ut potissimum uideri uideo Panaetio, superiora capessat necesse est. Nihil enim habent haec duo genera proni et supera semper petunt. Ita, siue dissipantur, procul a terris id euenit, siue permanent et conseruant habitum suum, hoc etiam magis necesse est ferantur ad caelum et ab his perrumpatur et diuidatur crassus hic et concretus aër, qui est terrae proximus. Calidior est

42 illam... —uult *habet H* ‖ animus... dicuntur *habet* NON. 272 ‖ horum quattuor Φ : qu. h. *Non.* ‖ ex quibus *cet.* : unde V^2 *Non.* ‖ uideri uideo $B\varphi K^2$ P^2: uideri *om. cet.* uidet' *pro* uideo *V*, *sed* t' V^c *in ras.*

qu'elle est épaisse et composée, et l'on peut s'en rendre compte en constatant que nos corps, lesquels sont constitués d'éléments terrestres, tirent leur chaleur de l'ardeur de l'âme. XIX **43** Ajoutons que l'âme se dégage de notre atmosphère — c'est un terme que j'ai déjà employé à plusieurs reprises — et s'y fraye un chemin d'autant plus aisément qu'il n'y a rien de plus rapide qu'elle, nulle vitesse qui puisse rivaliser avec la vitesse de l'âme. Et si l'âme échappe à la décomposition et à toute altération, nécessairement elle s'enlève avec tant de force qu'elle traverse tout droit tout notre ciel, où se forment les nuées, les pluies, les vents, et qui est humide et brumeux en raison des exhalaisons de la terre.

La vie de l'âme dans le ciel.

Quand l'âme a dépassé cette région, abordé et reconnu une nature analogue à la sienne, elle cesse de s'enlever en hauteur et s'arrête sur des feux formés de la combinaison d'un souffle subtil et d'une ardeur modérée du soleil. En effet, au moment précis où elle a trouvé une légèreté aussi bien qu'une chaleur analogues à la sienne, elle ne se meut plus dans aucun sens, étant comme suspendue en équilibre, et c'est alors, quand elle a rejoint une nature analogue à la sienne, qu'elle se trouve enfin dans son milieu naturel. Là, sans que rien lui manque, elle sera nourrie et entretenue par les mêmes substances qui entretiennent et nourrissent les astres. **44** Et puisque c'est dans le corps que se trouvent les désirs ardents qui allument en nous presque toutes les passions, et des passions d'autant plus dévorantes que nous jalousons ceux qui possèdent ce que nous voudrions posséder, assurément nous serons heureux quand nous aurons abandonné nos corps et ne connaîtrons plus ni passions ni jalousies ; et si à pré-

enim uel potius ardentior animus, quam est hic aër, quem modo dixi crassum atque concretum, quod ex eo sciri potest, quia corpora nostra terreno principiorum genere confecta ardore animi concalescunt. XIX 43 Accedit ut eo facilius animus euadat ex hoc aëre, quem saepe iam appello, eumque perrumpat, quod nihil est animo uelocius ; nulla est celeritas quae possit cum animi celeritate contendere. Qui si permanet incorruptus suique similis, necesse est ita feratur, ut penetret et diuidat omne caelum hoc, in quo nubes, imbres uentique coguntur, quod et umidum et caliginosum est propter exhalationes terrae.

Quam regionem cum superauit animus naturamque sui similem contigit et adgnouit, iunctis ex anima tenui et ex ardore solis temperato ignibus insistit et finem altius se ecferendi facit. Cum enim sui similem et leuitatem et calorem adeptus est, tanquam paribus examinatus ponderibus nullam in partem mouetur, eaque ei demum naturalis est sedes, cum ad sui simile penetrauit ; in quo nulla re egens aletur et sustentabitur isdem rebus, quibus astra sustentantur et aluntur. 44 Cumque corporis facibus inflammari soleamus ad omnis fere cupiditates eoque magis incendi, quod iis aemulemur qui ea habeant quae nos habere cupiamus, profecto beati erimus, cum corporibus re-

42 est hic aer *cel.* : est *exp.* V[c].

43 accedit *BVrec* φ : accidit *cel.* ‖ nulla uero est celeritas... — 45 excitauit *habet H* ‖ caelum... —coguntur *habet* NON. 264 ‖ iunctis *R sed* u *ss.* : iunctus *cel.* ‖ insistit *cel.* : consistit *V e corr.* ‖ adeptus est φ : est *om. X* ‖ sustentabitur *cel.* : sustentatur *G*[1] sustentur *K*[1] sustantur *V*[1].

sent, quand nous sommes dégagés de soucis, nous sommes portés à regarder et à examiner quelque objet, alors il nous sera beaucoup plus loisible de le faire et de nous consacrer tout entiers à la contemplation et à la recherche, parce qu'une curiosité vraiment insatiable du vrai nous est naturelle, et que les confins mêmes où nous serons parvenus, en nous facilitant la connaissance des choses du ciel, accroîtront encore notre désir de les connaître. **45** La beauté en est telle en effet que jusque sur la terre elle a fait jaillir en larges flammes cette philosophie « vieille comme le monde » (1), au dire de Théophraste, à laquelle le désir de la connaissance avait donné l'étincelle. Mais ceux-là en jouiront principalement qui dès leur séjour sur la terre et tout plongés qu'ils étaient dans les ténèbres, ne désiraient pas moins, par la pénétration de la pensée, d'y voir clair.

XX Oui, si à présent l'on est fier d'avoir vu le Bosphore et les détroits franchis par le navire qui fut appelé

> « Argo, parce que des Argiens, des guerriers d'élite, le montaient pour aller conquérir la Toison d'or d'un bélier » (2) ;

si l'on est fier encore d'avoir vu le fameux détroit de l'Océan,

> « là où l'onde dévorante sépare l'Europe de l'Afrique » (3),

comment donc faut-il s'imaginer le spectacle que nous offrira la terre entière que nous pourrons contempler, avec sa position, sa forme, son contour, d'autre part ses régions habitables et inversement celles que la violence de la chaleur ou du froid rend désertes ? **46**

1. Littéralement : qui vient de nos pères et de nos grands-pères.
2. Vers de la *Médée* d'Ennius (*Medea exsul*, fr. 1, *scaen.* 250-251 Vahlen = *Medea*, fr. 103, v. 212-213 Jocelyn).
3. Vers des *Annales* d'Ennius (9 fr. 3, v. 302 Vahlen).

lictis et cupiditatum et aemulationum erimus expertes ; quodque nunc facimus, cum laxati curis sumus, ut spectare aliquid uelimus et uisere, id multo tum faciemus liberius totosque nos in contemplandis rebus perspiciendisque ponemus, propterea quod et natura inest in mentibus nostris insatiabilis quaedam cupiditas ueri uidendi et orae ipsae locorum illorum quo peruenerimus, quo faciliorem nobis cognitionem rerum caelestium, eo maiorem cognoscendi cupiditatem dabunt. 45 Haec enim pulchritudo etiam in terris « patritam » illam « et auitam », ut ait Theophrastus, philosophiam cognitionis cupiditate incensam excitauit. Praecipue uero fruentur ea qui tum etiam, cum has terras incolentes circumfusi erant caligine, tamen acie mentis dispicere cupiebant.

XX Etenim si nunc aliquid adsequi se putant qui ostium Ponti uiderunt et eas angustias per quas penetrauit ea, quae est nominata

Argo, quia Argiui in ea delecti uiri
Vecti petebant pellem inauratam arietis,

aut ii qui Oceani freta illa uiderunt,

Europam Libyamque rapax ubi diuidit unda,

quod tandem spectaculum fore putamus, cum totam terram contueri licebit eiusque cum situm, formam, circumscriptionem, tum et habitabiles regiones et

45 patritam... — philosophiam *habet* Non. 161 || patritam *Non.* φ : patriam *X* || dispicere cupiebant *cet.* : disp. illa V^a || se putant *cet.* : se *om.* *G* || delecti $KBPV^2$φ : dil. RGV^1 || quod tandem... — 46 peruenerit *habet* *H.*

Il faut dire en effet que maintenant même ce n'est pas avec les yeux que nous percevons ce que nous voyons, car il n'y a nul sens dans le corps, mais, ainsi que l'enseignent non seulement les physiciens, mais encore les médecins qui ont dégagé et mis à jour ces organes, nous avons pour ainsi dire des espèces de conduits qui font communiquer le siège de l'âme avec les yeux, les oreilles, les narines. C'est pourquoi souvent, quand l'on est préoccupé par une idée ou sous le coup d'une maladie, il arrive qu'on ne voie ni n'entende, bien que les yeux et les oreilles soient ouverts et en bon état, en sorte qu'il est facile de se rendre compte que c'est l'âme qui voit et entend (1), et non ces organes dont l'on peut bien dire qu'ils sont les fenêtres de l'âme, mais à l'aide desquels l'esprit ne pourrait rien sentir, s'il n'y mettait de l'attention. De plus, le même esprit ne recueille-t-il pas des perceptions aussi différentes que la couleur, la saveur, la chaleur, l'odeur, le son ? Or jamais l'âme n'en prendrait connaissance par ses cinq messagers (2) si toutes choses ne lui étaient pas rapportées et si elle seule n'en était juge. Eh bien ! assurément ces perceptions seront beaucoup plus pures et plus claires, quand l'âme affranchie aura atteint l'endroit que sa nature lui assigne ; **47** car à présent, certes, bien que la nature ait façonné en artiste très habile les conduits qui vont de l'âme au corps, ces conduits n'en sont pas moins en quelque sorte obstrués dans une certaine mesure par des éléments terrestres composés, tandis que, quand l'âme existera seule, nul obstacle ne l'empêchera de percevoir la qualité de toutes choses.

XXI Avec quelle abondance ne traiterions-nous pas

1. Epicharme (pseudo-), fr. 12, *FdV* 23 B = fr. 249, *CGF*, p. 147).
2. Cf. *De legibus*, I, 9, 26 : Ipsum autem hominem eadem natura non solum celeritate mentis ornavit, sed et sensus tanquam satellites attribuit ac nuntios.

rursum omni cultu propter uim frigoris aut caloris uacantis ? **46** Nos enim ne nunc quidem oculis cernimus ea quae uidemus ; neque est enim ullus sensus in corpore, sed, ut non physici solum docent, uerum etiam medici qui ista aperta et patefacta uiderunt, uiae quasi quaedam sunt ad oculos, ad auris, ad naris a sede animi perforatae. Itaque saepe aut cogitatione aut aliqua ui morbi impediti apertis atque integris et oculis et auribus nec uidemus nec audimus, ut facile intellegi possit animum et uidere et audire, non eas partis quae quasi fenestrae sint animi, quibus tamen sentire nihil queat mens, nisi id agat et adsit. Quid quod eadem mente res dissimillimas comprendimus, ut colorem, saporem, calorem, odorem, sonum ? quae numquam quinque nuntiis animus cognosceret, nisi ad eum omnia referrentur et is omnium iudex solus esset. Atque ea profecto tum multo puriora et dilucidiora cernentur, cum quo natura fert liber animus peruenerit. **47** Nam nunc quidem, quamquam foramina illa quae patent ad animum a corpore, callidissimo artificio natura fabricata est, tamen terrenis concretisque corporibus sunt intersaepta quodam modo ; cum autem nihil erit praeter animum, nulla res objecta impediet quo minus percipiat quale quidque sit. XXI Quamuis copiose haec diceremus, si res

45 rursum *cet.* — us V^2.

46 est enim *cet.* : enim est BPV^2 ‖ ut fac. *cet.* : quo *ss.* V^2 ‖ non... sunt *(sic)* animi *habet* Non. 36 ‖ quid quod *V* (*sed* quod *corr. in* cum V^1) φ : qui quod *cet.* ‖ fert *cet.* : fertur K^2.

47 nam... natura fabricata est (*uel* fabricatur) *habet* Non. 35 ‖ animum *codd.* : — os *Non.*

ce sujet, si nous avions à montrer le nombre, la variété, la grandeur des spectacles qui attendent l'âme dans les régions du ciel ! **48** Certes, quand j'y songe, je m'étonne bien des fois de l'effronterie de quelques philosophes. Ils sont en extase devant une théorie de la nature, ils rendent des actions de grâces enthousiastes à celui qui en est le créateur et le maître, ils l'adorent comme un dieu (1), car, disent-ils, ils sont affranchis grâce à lui de tyrans insupportables, un effroi qui s'étend à l'éternité, une peur qui occupe les jours et les nuits. Quel effroi, quelle crainte ? Car y a-t-il vieille femme assez folle pour craindre ce que vous voulez dire et que vous craindriez, n'est-ce pas, si vous n'aviez pas étudié la physique : « aux bords de l'Achéron, les profondes demeures d'Orcus, régions blêmes de la mort, enveloppées de ténèbres ? (2) » N'a-t-on pas honte, étant philosophe, de se faire honneur de ne pas craindre cela et de le reconnaître comme chimérique ? Et ceci montre bien quelle est leur finesse naturelle, puisque, s'ils n'avaient pas reçu un enseignement philosophique, ils allaient croire cela. **49** Mais ils ont fait je ne sais quelle merveilleuse découverte, en apprenant que, le temps de mourir venu, ils allaient périr tout entiers. Et quand même cela serait — je ne veux pas leur chercher chicane — qu'y a-t-il là dedans de réjouissant ou de glorieux ? Je ne vois d'ailleurs pas du tout, pour mon compte, ce que l'on pourrait objecter à la thèse de Pythagore et de Platon. Du reste, à supposer que Platon n'apportât aucun argument — tu vois quel cas je fais de sa personne — sa seule autorité triompherait de mes doutes. Mais les arguments qu'il apporte sont si nombreux qu'on voit bien qu'il voulait inspirer aux autres une conviction qu'il avait sûrement lui-même.

postularet, quam multa, quam uaria, quanta spectacula animus in locis caelestibus esset habiturus! **48** Quae quidem cogitans soleo saepe mirari non nullorum insolentiam philosophorum, qui naturae cognitionem admirantur eiusque inuentori et principi gratias exultantes agunt eumque uenerantur ut deum; liberatos enim se per eum dicunt grauissimis dominis, terrore sempiterno et diurno ac nocturno metu. Quo terrore? quo metu? quae est anus tam delira quae timeat ista quae uos uidelicet, si physica non didicissetis, timeretis,

Acherunsia templa alta Orci...
Pallida leti, obnubila tenebris loca...?

Non pudet philosophum in eo gloriari, quod haec non timeat et quod falsa esse cognouerit? E quo intellegi potest quam acuti natura sint, quoniam haec sine doctrina credituri fuerunt. **49** Praeclarum autem nescio quid adepti sunt, quod didicerunt se, cum tempus mortis uenisset, totos esse perituros. Quod ut ita sit (nihil enim pugno), quid habet ista res aut laetabile aut gloriosum? Nec tamen mihi sane quicquam occurrit, cur non Pythagorae sit et Platonis uera sententia. Vt enim rationem Plato nullam adferret (uide quid homini tribuam), ipsa auctoritate me frangeret; tot autem rationes attulit, ut uelle ceteris, sibi certe persuasisse uideatur.

XXII **50** Sed plurimi contra nituntur animosque

48 ‖ leti obnubila φ : letio nub. *RG* (b *inter* o *et* n *super uersum* K^c*P*) leto nub. *VB*.
49 quod (*ante* didicerunt) *cet.* : qui V^2 φ.

Nature divine de l'âme.

XXII **50** Mais une foule de gens s'acharnent contre cette thèse et, comme s'il s'agissait de condamnés pour crime capital, infligent aux âmes la peine de mort. Ils disent qu'on ne saurait croire à leur éternité, sans donner d'autre raison que celle-ci, à savoir qu'ils sont incapables de comprendre et de saisir par la pensée ce que pourrait être l'âme séparée du corps. Comme si l'on comprenait ce qu'est l'âme dans le corps même, quelle est sa forme, sa dimension, sa place ! Admettons même que l'on puisse distinguer dans un homme vivant tout ce qui est à présent caché : s'ensuit-il que l'âme s'étalerait à nos yeux ? Ou plutôt n'est-elle pas si déliée qu'elle échapperait au regard ? **51** Qu'ils se mettent bien cela dans la tête, ceux qui disent qu'ils ne peuvent se représenter l'âme sans le corps : ils verront comment ils se la représentent dans le corps même. Pour moi du moins, à considérer la nature de l'âme, il saute aux yeux que la question de savoir ce que peut être l'âme, placée dans le corps comme dans une maison étrangère, est beaucoup plus difficile, beaucoup plus obscure que celle de savoir ce qu'elle peut être une fois sortie du corps et parvenue dans le libre ciel comme dans sa propre demeure. En effet, à moins d'admettre que nous sommes incapables de comprendre ce que nous n'avons jamais vu, il va de soi que nous pouvons nous représenter par la pensée et Dieu même et l'âme divine affranchie du corps. Si Décéarque (1) et Aristoxène (2) ont dit que l'âme n'existait pas du tout, c'est parce que la compréhension de l'essence et des propriétés de l'âme était pour eux difficile. **52** Oui, il n'est peut-être rien de si grand que de voir l'âme avec l'âme même, et c'est bien là le sens du précepte d'Apollon qui nous invite à nous connaître nous-mêmes ; car, ce qu'il nous recommande, ce n'est pas, j'imagine, de connaître nos mem-

quasi capite damnatos morte multant, neque aliud est quicquam, cur incredibilis his animorum uideatur aeternitas, nisi quod nequeunt qualis animus sit uacans corpore intellegere et cogitatione comprehendere. Quasi uero intellegant qualis sit in ipso corpore, quae conformatio, quae magnitudo, qui locus ; ut si iam possent in homine *uiuo* cerni omnia quae nunc tecta sunt, casurusne in conspectum uideatur animus, an tanta sit eius tenuitas, ut fugiat aciem ! **51** Haec reputent isti qui negant animum sine corpore se intellegere posse ; uidebunt, quem in ipso corpore intellegant. Mihi quidem naturam animi intuenti multo difficilior occurrit cogitatio, multo obscurior, qualis animus in corpore sit tanquam alienae domui, quam qualis, cum exierit et in liberum caelum quasi domum suam uenerit. Nisi enim, quod numquam uidimus, id quale sit, intellegere non possumus, certe et deum ipsum et diuinum animum corpore liberatum cogitatione complecti possumus. Dicaearchus quidem et Aristoxenus, quia difficilis erat animi quid aut qualis esset intellegentia, nullum omnino animum esse dixerunt. **52** Est illud quidem uel maxumum animo ipso animum uidere, et nimirum hanc habet uim praeceptum Apollinis, quo monet ut se quisque noscat. Non enim, credo, id praecipit, ut membra nostra aut staturam figuramue noscamus ; neque nos corpora sumus, nec

50 neque aliud... — compraehendere *habet H* ‖ uiuo *Bentl.* : uno Φ.

51 mihi... — 52 noscat (*om.* Dicaearchus... — dixerunt) *habet H* ‖ alienae domui Φ (*cf. Sommer, Handbuch*, p. 422, *Neue, Formenlehre* 1, 519) : domi *edd.*

bres, notre stature ou notre forme ; nous, ce n'est pas nos corps, et ce que je te dis là ne s'adresse pas à ton corps. Lors donc qu'il dit : « connais toi », ce qu'il dit, c'est : « connais ton âme » ; pour le corps, ce n'est qu'une sorte de vase, comme un récipient qui renferme l'âme, mais tout ce que fait ton âme, c'est toi qui le fais (1). Si donc connaître l'âme n'était digne d'un dieu, on n'aurait point attribué à un dieu ce précepte où se révèle l'âme de quelque profond penseur (2).

53 Mais si l'âme même ne sait pas ce qu'est l'âme, dis-moi, je te prie, ne saura-t-elle pas du moins qu'elle existe, qu'elle se meut ? Et c'est de là que procède cette fameuse démonstration de Platon que Socrate développe dans le *Phèdre* (3) et que j'ai reproduite au sixième livre de ma *République* (4) XXIII : « ce qui se meut toujours est éternel ; mais ce qui procure le mouvement à quelque chose en tirant lui-même son impulsion d'ailleurs a une vie qui comporte nécessairement une fin, du moment que son mouvement comporte une fin ; cela donc seulement qui se meut de soi-même, n'étant jamais abandonné par soi-même, ne cesse jamais non plus de se mouvoir ; bien plus, pour toutes les autres choses qui se meuvent, c'est cela qui est la source, le principe du mouvement. **54** Or le principe n'a pas d'origine, car c'est du principe que naissent toutes choses, tandis que lui-même ne peut naître d'aucune autre chose, puisque ce qui procéderait d'autre chose ne saurait être un principe.

1. *Cf. De re publica*, VI, 26 : nec enim tu is es, quem forma ista declarat, sed mens cuiusque is est quisque, non ea figura, quae digito demonstrari potest.
2. Dans le *De Finibus*, III, 22, 73, Cicéron range cette maxime parmi les *vetera praecepta sapientium*, de même que les maximes « suivre Dieu », « rien de trop », « se plier aux circonstances ».
3. *Phèdre*, p. 245 C-E.
4. *De re publica*, VI, 27-28.

ego tibi haec dicens corpori tuo dico. Cum igitur, « Nosce te » dicit, hoc dicit : « Nosce animum tuum. » Nam corpus quidem quasi uas est aut aliquod animi receptaculum ; ab animo tuo quicquid agitur, id agitur a te. Hunc igitur nosse nisi diuinum esset, non esset hoc acrioris cuiusdam animi praeceptum tributum deo [sc. hoc se ipsum posse cognoscere].

53 Sed si qualis sit animus ipse animus nesciet, dic, quaeso, ne esse quidem se sciet, ne moueri quidem se ? Ex quo illa ratio nata est Platonis, quae a Socrate est in Phaedro explicata, a me autem posita est in sexto libro de re publica. XXIII « Quod semper mouetur, aeternum est ; quod autem motum adfert alicui, quodque ipsum agitatur aliunde, quando finem habet motus, uiuendi finem habeat necesse est. Solum igitur quod se ipsum mouet, quia numquam deseritur a se, numquam ne moueri quidem desinit ; quin etiam ceteris quae mouentur, hic fons, hoc principium est mouendi. **54** Principi autem nulla est origo ; nam e principio oriuntur omnia, ipsum autem nulla ex re alia nasci potest ; nec enim esset id principium quod

52 deo [sc. hoc se ipsum posse cognoscere] *Wesenberg qui glossema latere,* sit *ex* sc. *natum esse censet* : adeo sit hoc s. i. p. c. *cet.*, esset hoc praeceptum a deo, sit hoc acrioris cuiusdam animi s. i. p. c. *V*, *at uerbum* praeceptum *et omnia quae seq. in ras.*, sic ut tributum a deo sit φ.

53 nesciet *cet.* : — at *K*(e *ss.*) φ ‖ quod semper mouetur eqs. *cf. Phaedrus* 245c, *Cic. de Rep.* 6, 27. *Ciceronem sequitur* LACT. *inst.* 7, 8, 4, SERV. *Aen.* 6, 727 ‖ semper enim mouetur... 54 aeterna est (*sine* uel... neget) *habet H* ‖ aeternum *Somnium* : et aet *X*. (et *exp.* V^{vet} K^{e} *B* ‖ aliunde H^{c}Mφ *pars codd. Somnii* : alicunde *cet.*

Que s'il n'a pas d'origine, il ne peut avoir non plus de fin, car le principe une fois anéanti ne renaîtra pas lui-même d'autre chose non plus qu'il n'engendrera autre chose, puisque c'est du principe que toutes choses tirent nécessairement leur origine. Il s'ensuit que le mouvement a son principe dans l'être qui se meut de lui-même ; mais ce principe ne peut ni naître ni mourir, autrement il faudrait que tout le monde et toute la création s'effondrassent et s'arrêtassent, pour ne plus trouver jamais une force dont l'impulsion initiale les mettrait en mouvement. Donc, étant donné que ce qui est capable de se mouvoir est évidemment éternel, qui oserait dire que cette faculté n'est pas un attribut de l'âme ? Est inanimé en effet tout être qui se meut par une impulsion venue du dehors ; or ce qui est animé est mû par un mouvement qui vient du dedans et lui est propre, et c'est bien là la nature et le caractère propres de l'âme. Et s'il n'y a que l'âme seule à se mouvoir d'elle-même, l'âme, assurément, d'une part n'a point d'origine et d'autre part n'aura point de fin. »

55 Ils peuvent se mettre tous en ligne, les philosophes plébéiens — c'est le nom qui convient à ceux qui sont en désaccord avec l'école des Platon et des Socrate — non seulement ils n'arriveront jamais à donner une explication aussi serrée, mais jamais même ils ne saisiront la finesse de ce raisonnement (1). Oui, l'âme sent qu'elle se meut, et en le sentant elle sent du même coup que c'est sa force propre, non une force étrangère qui la meut, et qu'il est impossible qu'elle s'abandonne jamais elle-même. Ainsi est démontrée son éternité, à moins que tu n'aies quelque remarque à faire là-dessus ?

1. Cicéron se plaît à répéter que les épicuriens et Epicure même écrivent mal ; cf. I, 3, 6 et II, 3, 8. Du reste, l'épithète méprisante de « plébéiens » ne vise pas seulement la forme des ouvrages, mais aussi le fond de la doctrine, qui ne serait que trop facile à comprendre et aurait les sympathies des ignorants ; cf. IV, 3, 7.

gigneretur aliunde; quod si numquam oritur, ne occidit quidem umquam; nam principium extinctum nec ipsum ab alio renascetur nec ex se aliud creabit, siquidem necesse est a principio oriri omnia. Ita fit ut motus principium ex eo sit quod ipsum a se moueatur; id autem nec nasci potest nec mori, uel concidat omne caelum omnisque natura ⟨et⟩ consistat necesse est nec uim ullam nanciscatur, qua a primo inpulsa moueatur. Cum pateat igitur aeternum id esse quod se ipsum moueat, quis est qui hanc naturam animis esse tributam neget? Inanimum est enim omne quod pulsu agitatur externo; quod autem est animal, id motu cietur interiore et suo. Nam haec est propria natura animi atque uis; quae si est una ex omnibus, quae se ipsa [semper] moueat, neque nata certe est et aeterna est ». **55** Licet concurrant omnes plebeii philosophi (sic enim ii qui a Platone et Socrate et ab ea familia dissident appellandi uidentur), non modo nihil umquam tam eleganter explicabunt, sed ne hoc quidem ipsum quam subtiliter conclusum sit intellegent. Sentit igitur animus se moueri; quod cum sentit, illud una sentit se ui sua, non aliena moueri, nec accidere posse ut ipse umquam a se deseratur. Ex quo efficitur aeternitas, nisi quid habes ad haec.

54 ne occidit quidem *cet.* : ne *in ras.* *G* nec φ *Somnium* ‖ ex se V^2 φ *Somnium* : ex *om.* *X* a se φ ‖ et consistat *Somnium* : c. et *P* et *om.* *cet.* ‖ a primo V^2 φ *Somnium* : a *om.* *X* ‖ cietur φ *Somnium* : citetur *X* ‖ quae se ipsa moueat (τὸ αὐτὸ ἑαυτὸ κινοῦν) *Somnium* : se ipsam semper m. *X*φ (*sed* semper *del.* V^{uet}).
55 illud *cet.* : illum *RG* ‖ ad haec *cet.* : dicere *add.* V^2.

— Moi, mais j'ai été bien aise qu'il ne se soit pas élevé dans mon esprit la moindre objection, tant j'ai de sympathie pour la doctrine que tu soutiens là.

XXIV **56** — Eh bien ! estimeras-tu plus faibles les preuves suivantes, d'où il ressort avec évidence que l'âme humaine renferme des éléments de nature divine ? Si je discernais comment ceux-ci peuvent naître, je verrais aussi comment ils périssent. Car pour le sang, la bile, la pituite, les os, les nerfs, les veines, enfin pour toutes les parties des membres et de l'ensemble du corps, je crois pouvoir dire de quels éléments ils sont constitués et comment ils ont été façonnés ; pour l'âme elle-même, si elle consistait seulement dans le principe qui nous fait vivre, j'estimerais que la vie est entretenue dans l'homme par la nature tout comme dans le ceps de vigne, dans l'arbre, car on dit aussi de ces choses qu'elles vivent ; de même, si l'âme humaine n'avait pas d'autre faculté que le désir ou l'aversion, cela aussi elle le partagerait avec les bêtes. **57** Ce qui n'appartient qu'à elle, c'est d'abord la mémoire, et une mémoire sans limite, d'objets sans nombre, dont Platon du reste veut faire le ressouvenir d'une vie antérieure (1). Ainsi, dans le célèbre ouvrage qui est intitulé *Ménon* (2), Socrate pose à certain petit bonhomme des questions de géométrie sur la mesure du carré. Sur ce sujet, celui-ci répond en enfant, et cependant les questions sont posées de façon si adroite que de réponse en réponse il finit par arriver au même résultat que s'il avait étudié la géométrie. Cette expérience, Socrate

1. C'est bien la mémoire normale qui constitue la preuve de l'immortalité de l'âme ; cf. 24, 59 : de communi hominum memoria loquor. Mais, par un procédé d'orateur qui invoque des autorités, Cicéron fait état subsidiairement de la thèse platonicienne de la réminiscence *(recordatio* = ἀνάμνησις).

2. *Ménon*, p. 81 E.

Ego uero facile sum passus ne in mentem quidem mihi aliquid contra uenire; ita isti faueo sententiae.

XXIV **56** Quid? illa tandem num leuiora censes, quae declarant inesse in animis hominum diuina quaedam? quae si cernerem quem ad modum nasci possent, etiam quem ad modum interirent uiderem. Nam sanguinem, bilem, pituitam, ossa, neruos, uenas, omnem denique membrorum et totius corporis figuram uideor posse dicere unde concreta et quo modo facta sint; animum ipsum —, si nihil esset in eo nisi id, ut per eum uiueremus, tam natura putarem hominis uitam sustentari quam uitis, quam arboris; haec enim etiam dicimus uiuere. Item si nihil haberet animus hominis nisi ut appeteret aut fugeret, id quoque esset ei commune cum bestiis. **57** Habet primum memoriam, et eam infinitam rerum innumerabilium, quam quidem Plato recordationem esse uolt uitae superioris. Nam in illo libro qui inscribitur Menon, pusionem quendam Socrates interrogat quaedam geometrica de dimensione quadrati. Ad ea sic ille respondet ut puer, et tamen ita faciles interrogationes sunt, ut gradatim respondens eodem perueniat, quo si geometrica didi-

55 sum passus φ : sim p. *X*.

56 ipsum denique si nihil esse et... bestiis *habet H* ‖ natura *VP*φ : naturam *cet.* natura eius V^c (*sed* eius *exp.*) ‖ haec enim etiam *cet.* : etiam *om. H*.

57 in illo libro... — e uita *et* aiunt enim nullo modo fieri posse... — 58 reminiscendo (*om.* cumque... tollitur) *libere reddit Boethius in Cic. Top.* 76 p. 391, 7 (*cf. Stangl, Jahrb. f. Klass. Phil.* p. 290, 299) ‖ respondet *B*φ : — it *cet. Boeth.* ‖ quo si RK^cV^cG : quasi *PB*φ *Boeth.*

veut qu'elle démontre que apprendre n'est pas autre chose que se souvenir. Il revient encore sur ce point et le développe de façon beaucoup plus précise dans la conversation (1) qu'il tint le jour même où il sortit de la vie ; il y enseigne en effet que le premier venu, un homme qui passe pour n'être au courant de rien, fait voir par ses réponses, si les questions sont bien posées, qu'il n'apprend pas sur le moment les choses dont il s'agit, mais qu'il en retrouve la notion dans sa mémoire ; il serait d'ailleurs impossible, ajoute-t-il, que dès l'enfance nous possédions, sur tant et de si grandes choses, des concepts — les Grecs disent ἔννοιαι — fixés et pour ainsi dire scellés dans nos âmes, si l'âme, avant son entrée dans le corps, n'avait possédé à fond toutes les connaissances. 58 Et, étant donné que rien n'existe — c'est la thèse que l'on retrouve partout chez Platon, Platon estimant que ce qui a une origine et une fin n'existe pas et que cela seul existe qui est immuable (idée est le nom qu'il emploie, nous, nous disons *species*) — l'âme n'a pas pu acquérir ces notions tandis qu'elle était enfermée dans le corps ; elle les lui a apportées déjà acquises, et dès lors il n'y a plus lieu d'être surpris que nous connaissions tant de choses. D'ailleurs l'âme ne voit pas les choses de façon très nette, lorsque brusquement elle vient de s'installer dans un domicile qui lui est si peu familier et se trouve dans un tel désordre ; c'est seulement quand elle s'est recueillie et remise qu'elle les reconnaît par le fait qu'elle se rappelle ces notions. Ainsi apprendre n'est pas autre chose que se ressouvenir.

59 Pour mon compte personnel, j'éprouve pour la mémoire une admiration encore plus grande. Qu'est-ce en effet que cette faculté de se souvenir, quelle est son essence et d'où procède-t-elle ? Je n'allègue point les mémoires prodigieuses, Simonide, dit-on, et Théodecte,

1. *Phédon*, p. 72 E.

cisset. Ex quo effici uolt Socrates ut discere nihil aliud sit nisi recordari. Quem locum multo etiam accuratius explicat in eo sermone quem habuit eo ipso die quo excessit e uita ; docet enim quemuis qui omnium rerum rudis esse uideatur, bene interroganti respondentem declarare se non tum illa discere, sed reminiscendo recognoscere, nec uero fieri ullo modo posse, ut a pueris tot rerum atque tantarum insitas et quasi consignatas in animis notiones quas ἐννοίας uocant haberemus, nisi animus, ante quam in corpus intrauisset, in rerum cognitione uiguisset. **58** Cumque nihil esset, ut omnibus locis a Platone disseritur (nihil enim ille putat esse quod oriatur et intereat, idque solum esse quod semper tale sit quale *est* ; ἰδέαν appellat ille, nos speciem), non potuit animus haec in corpore inclusus adgnoscere, cognita attulit ; ex quo tam multarum rerum cognitionis admiratio tollitur. Neque ea plane uidet animus, cum repente in tam insolitum tamque perturbatum domicilium inmigrauit, sed cum se collegit atque recreauit, tum adgnoscit illa reminiscendo. Ita nihil est aliud discere nisi recordari. **59** Ego autem maiore etiam quodam modo memoriam admiror. Quid est enim illud quo meminimus aut quam habet uim aut unde nat*am* ? Non quaero quanta memoria Simonides fuisse dica-

57 ἐννοίας *edd.* : ennoias *X*.

58 nihil enim ille *VBPφ* : *om.* ille *KRG* ‖ solum esse φ : s. esset *X* ‖ quale est ; ἰδέαν *corr. Sey.* : quale εἰδέαν (*uel* eidean) *X* idean φ ‖ multarum rerum *cet.* : rerum *om.* *V* ‖ in tam Φ : in *om. Boeth.* ‖ collegit φ : colligit *X* recollegit *Boeth.*

59 quo φ : quod *X* ‖ unde : *hic incipit Gryphi liber manuscriptus* ‖ natam *Lb.* (*cf.* § 60) : naturam Φ.

et Cinéas, l'envoyé de Pyrrhus auprès du sénat, et, récemment, Charmondas, et Métrodore de Scepsis (1), mort depuis peu, notre compatriote Hortensius enfin ; c'est de la mémoire normale que je parle, et spécialement chez ceux qui s'adonnent à des études et à des arts de quelque importance ; chez ces derniers, il est difficile d'évaluer l'étendue de la pensée, tant est riche leur mémoire. XXV **60** Mais, qu'est-ce que nous nous proposons d'établir ? Ce qu'est l'essence de la mémoire, d'où la mémoire procède, voilà, je pense, ce que nous devons essayer de comprendre. Elle ne relève pas assurément ni du cœur, ni du sang, ni du cerveau, ni des atomes ; est-ce du souffle, du feu ? je l'ignore, et je n'ai pas honte, comme ces philosophes là, de reconnaître ignorer ce que j'ignore ; mais s'il y avait une question obscure où je pusse prendre parti, ce serait celle-là, et, que l'âme soit souffle ou feu, je jurerais qu'elle est divine. Eh quoi ! je te prie, est-ce la terre, sous notre ciel obscurci de nuées et de vapeurs, qui te paraît avoir produit l'essence si puissante de la mémoire ou fourni ses éléments ? Si tu n'en vois pas la nature, du moins en vois-tu les propriétés ; n'en serais-tu pas capable, du moins vois-tu assurément combien c'est une grande chose. **61** Dirons-nous dès lors qu'il existe dans l'âme un réservoir où seraient versées comme dans une espèce de vase les choses que nous nous rappelons ? Il s'agit là, il est vrai, d'une explication absurde, car qu'est-ce qui forme le fond du réservoir et peut-on se figurer une âme bâtie sur le modèle d'un réservoir ou même un réservoir assez grand ? Pensons-nous plutôt que l'âme se modèle comme

1. Le poète Simonide de Céos (556-467) passait pour l'inventeur de la mnémotechnie. Théodecte, poète tragique et orateur, était un élève d'Aristote. Cinéas, venu à Rome en 280 pour négocier avec le Sénat au nom de Pyrrhus, salua par leurs noms tous les sénateurs, dès le lendemain de son arrivée. Charmadas et Métrodore de Scepsis, tous deux disciples de Carnéade, vivaient vers la fin du IIe siècle.

tur, quanta Theodectes, quanta is qui a Pyrrho legatus ad senatum est missus, Cineas, quanta nuper Charmadas, quanta, qui modo fuit, Scepsius Metrodorus, quanta noster Hortensius; de communi hominum memoria loquor, et eorum maxume qui in aliquo maiore studio et arte uersantur; quorum quanta mens sit difficile est existimare; ita multa meminerunt.

XXV **60** Quorsus igitur haec spectat oratio? Quae sit illa uis et unde sit intellegendum puto. Non est certe nec cordis nec sanguinis nec cerebri nec atomorum; anima*e* sit ignisne nescio, nec me pudet ut istos fateri nescire quod nesciam; illud, si ulla alia de re obscura adfirmare possem, siue anima siue ignis sit animus, eum iurarem esse diuinum. Quid enim? obsecro te, terrane tibi hoc nebuloso et caliginoso caelo aut sata aut concreta uidetur tanta uis memoriae? Si quid sit hoc, non uides, at quale sit uides; si ne id quidem, at quantum sit profecto uides. **61** Quid igitur? utrum capacitatem aliquam in animo putamus esse quo tamquam in aliquod uas ea quae meminimus infundantur? Absurdum id quidem. Qui enim fundus aut quae talis animi figura intellegi potest aut quae tanta omnino capacitas? An inprimi quasi

59 de communi itaque omnium... 60 nesciam (*om.* ita... — meminerunt) *habet H* ‖ hominum φ : omnium *X*.

60 animae *Bentl.* : anima Φ (aer *ss.* *V*[2]) ‖ ignisne φ : ignisue *X* ‖ eum iurarem esse *cet.* : putarem *V*[2] iur. eum *K* ‖ hoc *cet.* : aut *ss.* *V*[2] et hoc φ.

61 quid igitur — 62 uidetur *habet H* ‖ animum *cet.* : ita in an. *V*[2].

la cire et que la mémoire est la trace des objets empreinte dans l'esprit ? Qu'est-ce que peuvent être des empreintes de mots, des empreintes d'objets même, et puis quelle étendue démesurée ne faudrait-il pas à la tablette de cire pour qu'elle puisse reproduire tant d'images ?

Qu'est-ce enfin que cette force qui découvre l'invisible et s'appelle invention et imagination ? **62** Est-ce un composé de nos éléments de terre, de fragilité et de mort ? Est-ce dans la terre qu'ont puisé leur génie les initiateurs, celui qui donna des noms à tous les objets — c'était, d'après Pythagore, faire acte de suprême sagesse —, celui qui groupa les hommes disséminés et les appela à la vie sociale, celui qui, au moyen de quelques signes, les lettres, fixa les sons de la voix, dont le nombre paraissait sans limite, celui-là enfin qui reconnut les orbites des planètes, leurs dépassements, leurs stations ? Tous furent grands, et leurs devanciers aussi, ceux qui procurèrent aux hommes les céréales, le vêtement, le logement, les objets indispensables à la vie civilisée, les moyens de se défendre des fauves ; ce sont ces précurseurs qui nous adoucirent, nous dégrossirent, déterminant un courant qui nous porta des arts indispensables aux arts raffinés. Ainsi trouva-t-on le moyen de charmer nos oreilles, en découvrant la nature des sons et l'art d'en mettre en harmonie la diversité ; ainsi nos regards s'élevèrent-ils vers les astres, et ceux qui sont fixés en des points déterminés, et ceux-là dont le nom signifie errants, bien qu'ils n'errent pas en fait ; or l'homme qui a vu par le regard de l'âme les révolutions et tous les mouvements de ces astres errants, celui-là a fait la preuve que son âme était semblable à celle de celui qui les a façonnés dans le ciel. **63** Oui, quand Archimède fixa dans une sphère le mouvement de la lune, du soleil,

ceram animum putamus, et esse memoriam signatarum rerum in mente uestigia ? Quae possunt uerborum, quae rerum ipsarum esse uestigia, quae porro tam inmensa magnitudo, quae illa tam multa possit effingere ? Quid ? illa uis quae tandem est, quae inuestigat occulta, quae inuentio atque excogitatio dicitur ? **62** Ex hacne tibi terrena mortalique natura et caduca concreta ea uidetur, aut qui primus, quod summae sapientiae Pythagorae uisum est, omnibus rebus imposuit nomina, aut qui dissipatos homines congregauit et ad societatem uitae conuocauit, aut qui sonos uocis, qui infiniti uidebantur, paucis litterarum notis terminauit, aut qui errantium stellarum cursus, praegressiones, insti*t*iones notauit ? Omnes magni, etiam superiores, qui fruges, qui uestitum, qui tecta, qui cultum uitae, qui praesidia contra feras inuenerunt, a quibus mansuefacti et exculti a necessariis artificiis ad elegantiora defluximus. Nam et auribus oblectatio magna parta est inuenta et temperata uarietate et natura sonorum, et astra suspeximus cum ea quae sunt infixa certis locis, tum illa non re, sed uocabulo errantia ; quorum conuersiones omnisque motus qui animo uidit, is docuit similem animum suum eius esse, qui ea fabricatus esset in caelo. **63** Nam cum Archimedes lunae, solis, quinque errantium motus in

61 et esse *cel.* : et *del.* *V* || quae possunt... uestigia *om.* K^1 (add.c) *H Marb. Rehd.*

62 quis igitur (*pro* aut qui) — 65 meminisse *habet* *H* || uocis *cet.* : uocum V^3 || institiones *Man.* : institutiones Φ || parta *cet.* : parata *ss.* K^3 || inuenta *cet.* : inuentaque V^2 || cum ea *V* (*at* c *in ras.*) : tum *cet.* || animo φ : — us *X*.

des cinq planètes (1), il réalisa la même chose que le dieu de Platon, l'être qui, dans le *Timée*, est l'architecte du monde : il réalisa le prodige d'une révolution unique où sont réglés les mouvements les plus dissemblables par la lenteur et la vitesse. Et s'il est vrai que dans notre univers cela ne se peut faire sans un dieu, il fallait à Archimède, rien que pour en reproduire les mouvements sur sa sphère, une intelligence divine.

XXVI 64 Pour mon compte, je ne pense pas qu'une force divine fasse non plus défaut dans des arts plus connus et plus en vue, et je ne saurais croire qu'un poète épanche un flot de vers puissants et pleins sans avoir dans l'esprit une sorte d'enthousiasme céleste, ni que, sans une espèce de force supérieure, les phrases sonores, les pensées fécondes coulent à pleins bords de la bouche de l'orateur. Quant à la philosophie, la mère de toutes les sciences, que peut-on en dire, sinon qu'elle est, d'après Platon un présent (2), d'après moi une création des Dieux ? C'est elle qui nous a initiés d'abord à leur culte, ensuite à la justice qui repose sur la solidarité de l'espèce, puis à la sagesse et à la magnanimité ; c'est encore elle qui dissipa les ténèbres qui aveuglaient pour ainsi dire les yeux de notre âme, nous permettant ainsi de tout voir, le haut et le bas, le commencement, le milieu et la fin de toutes choses. 65 Vraiment, elle me paraît divine, la force capable de réaliser tant de merveilles. Oui, qu'est-ce que la mémoire des mots et des choses, qu'est-ce encore que l'invention ? Des facultés telles assurément que même dans la Divinité on ne peut concevoir rien de plus grand. Car ce n'est point, j'imagine, l'ambroisie, ou le nectar, ou le plaisir de boire dans des coupes servies par Juventas qui font la félicité des dieux ; je suis sourd aux dires

1. Allusion au planétaire construit par Archimède ; cf. *De republica*, I, 22. Les anciens ne connaissaient pas les planètes Neptune et Uranus.

sphaeram inligauit, effecit idem, quod ille qui in Timaeo mundum aedificauit, Platonis deus, ut tarditate et celeritate dissimillimos motus una regeret conuersio. Quod si in hoc mundo fieri sine deo non potest, ne in sphaera quidem eosdem motus Archimedes sine diuino ingenio potuisset imitari.

XXVI **64** Mihi uero ne haec quidem notiora et inlustriora carere ui diuina uidentur, ut ego aut poëtam graue plenumque carmen sine caelesti aliquo mentis instinctu putem fundere, aut eloquentiam sine maiore quadam ui fluere abundantem sonantibus uerbis uberibusque sententiis. Philosophia uero, omnium mater artium, quid est aliud nisi, ut Plato, donum, ut ego, inuentum deorum ? Haec nos primum ad illorum cultum, deinde ad ius hominum quod situm est in generis humani societate, tum ad modestiam magnitudinemque animi erudiuit, eademque ab animo tamquam ab oculis caliginem dispulit, ut omnia supera infera, prima ultima media uideremus. **65** Prorsus haec diuina mihi uidetur uis, quae tot res efficiat et tantas. Quid est enim memoria rerum et uerborum ? quid porro inuentio ? Profecto id, quo ne in deo quidem quicquam maius intellegi potest. Non enim ambrosia deos aut nectare aut Iuuentate pocula ministrante laetari arbitror, nec Homerum audio, qui Ganymeden ab dis raptum ait propter formam, ut Ioui

64 ut ego *cet.* : aut e. K^c ‖ graue *cet.* : grauem *H*.
65 quidem V^2 φ : *om. cet.* ne^c i. d. *B* ‖ iuuentate *cet.* : — tute *Vrec P* ‖ laetari *cet.* : laetare GR^1 (*corr*^{2}) V^1 (*corr*^{2}) ‖ ut... — ministraret *habet* ARUSIANI *Gloss.* VII, 458, 16.

d'Homère, lequel affirme que Ganymède fut ravi par les dieux, en raison de sa beauté, pour servir à boire à Jupiter : il n'y avait pas là de quoi infliger à Laomédon un tel outrage ; c'est une fiction d'Homère qui prêtait aux dieux les attributs des hommes. Je préférerais qu'il eût prêté aux hommes les attributs des dieux. Or, quels sont ces attributs ? La force vitale, la sagesse, l'invention, la mémoire. Donc l'âme aussi, selon moi, est divine, Euripide ose dire : est un dieu (1) ; et, pour préciser, si la divinité est souffle ou feu, telle est aussi l'âme de l'homme, car, de même que l'élément céleste dont nous avons parlé ne renferme ni terre ni liquide, ainsi dans l'âme humaine n'entre ni l'une ni l'autre de ces matières ; d'autre part, s'il existe une espèce d'élément qui serait le cinquième, cet élément dont Aristote a introduit la notion dans la philosophie est commun aux dieux et aux âmes. C'est cette dernière opinion que nous avons suivie dans notre *Consolation* (2), et voici exactement les termes dans lesquels elle y est formulée : « XXVII 66 rien sur la terre ne saurait rendre compte de l'origine de l'âme, car l'âme est pure de tout mélange, de toute composition, et ne renferme rien qui paraisse être né ou formé de la terre, rien non plus qui appartienne à l'élément liquide, à l'élément de souffle ou à l'élément de feu. Ces éléments en effet ne renferment rien qui comporte l'essence de la mémoire, de l'intelligence, de la réflexion, rien qui à la fois conserve le passé, prévoie l'avenir et soit capable de saisir le présent. Il s'agit là d'attributs exclusivement divins, et jamais on ne trouvera d'où ils peuvent venir aux hommes d'ailleurs que de la divinité. Ils existe donc pour l'âme un élément et une essence qui sont d'un ordre exceptionnel et sans rapport avec les éléments

1. Allusion probable à Euripide, *Inc.*, fr. 1018, *TGF* p. 685.

bibere ministraret, non iusta causa, cur Laomedonti tanta fieret iniuria. Fingebat haec Homerus et humana ad deos transferebat; diuina mallem ad nos. Quae autem diuina? Vigere, sapere, inuenire, meminisse. Ergo animus q ⟨ uoque ⟩, ut ego dico, diuinus est, ut Euripides dicere audet, deus, et quidem, si deus aut anima aut ignis est, idem est animus hominis. Nam ut illa natura caelestis et terra uacat et umore, sic utriusque harum rerum humanus animus est expers. Sin autem est quinta quaedam natura, ab Aristotele inducta primum, haec et deorum est et animorum. Hanc nos sententiam secuti his ipsis uerbis in Consolatione [hoc] expressimus :

XXVII **66** « Animorum nulla in terris origo inueniri potest. Nihil enim est in animis mixtum atque concretum, aut quod ex terra natum atque fictum esse uideatur, nihil ne aut umidum quidem aut flabile aut igneum. His enim in naturis nihil inest, quod uim memoriae, mentis, cogitationis habeat, quod et praeterita teneat et futura prouideat et complecti possit praesentia, quae sola diuina sunt nec inuenietur umquam unde ad hominem uenire possint nisi a deo. Singularis est igitur quaedam natura atque uis animi seiuncta ab his

65 fieret *BV*[2]*φ* : fierit *cet.* || fingebat... — nos *habet* Aug. *ciu.* 4, 26 ; *conf.* 1, 16, 25 || transferebat *cet.* : — ebat *in r.* *V*[c] transferret *ad* nos *ss.* *K*[2] || animus quoque *Philippson* (*B. ph. W.* 1919, 841) : animus qui *cet.* animusq *K* (ui *ss.*[2]) qui *del.* *Lb.* quidem *Sey.* || sin... — 66 a deo *habet* *H* || hoc *del.*φ : hoc *X* (h[oc] *K* *al. m.*)

66 animorum... — a deo *habet* Lact. *ira* 10, 45 (*inst.* 7, 8, 6) || nihil enim est *cet.* : quid e. *H* est e. *Lact.* || prouideat *cet.* : praeuident *V* *Lactantii* *B*[2] || nec Φ : n. enim *Lact.*

ordinaires et connus. Ainsi, quelle que soit la nature de cet être qui a sentiment et raison, vie et activité, il est nécessairement céleste et divin, et par cela même éternel. Au reste, la divinité même, telle que nous la concevons, ne peut être conçue autrement que comme un esprit de nature indépendante et libre, exclusive de toute composition mortelle, qui connaît tout, qui meut tout et lui-même est doué d'un mouvement éternel. **67** L'esprit humain est du même ordre et c'est du même élément qu'il procède. »

— Où donc est l'esprit dont tu parles et comment est-il fait ? — Où est le tien et comment est-il fait ? Peux-tu le dire ? Est-ce que, parce que je ne dispose pas de tous les éléments que je voudrais pour comprendre, tu feras opposition à ce que j'utilise ceux-là du moins dont je dispose ? La force de l'âme ne va pas jusqu'à se voir directement ; mais c'est la même chose que pour l'œil : l'âme, qui ne se voit pas, distingue les autres objets. D'autre part, ce qu'elle ne voit pas, c'est ce qui a le moins d'importance, à savoir sa forme (et cela même n'est d'ailleurs pas impossible, mais passons) ; en tout cas elle voit sa force, sa sagacité, sa mémoire, son mouvement, sa rapidité. C'est cela qui est grand, qui est divin, qui est éternel ; pour ce qui est de savoir quelle est sa physionomie ou sa demeure, la question ne mérite même pas d'être posée. **XXVIII 68** Ainsi quand nous voyons la beauté resplendissante du ciel, ensuite la rapidité, si grande qu'elle dépasse notre entendement, de ses révolutions, puis l'alternance des jours et des nuits, le partage du temps en quatre saisons, dont le changement est combiné de façon à mener à maturité les récoltes et à maintenir l'équilibre des organismes, le soleil, régulateur et guide de tous ces mouvements, la lune dont la lumière s'accroît et décroît comme pour marquer et signaler les jours du calendrier, puis les cinq planètes qui se déplacent avec rapidité sur un même

usitatis notisque naturis. Ita, quicquid est illud quod sentit, quod sapit, quod uiuit, quod uiget, caeleste et diuinum ob eamque rem aeternum sit necesse est. Nec uero deus ipse qui intellegitur a nobis, alio modo intellegi potest nisi mens soluta quaedam et libera, segregata ab omni concretione mortali, omnia sentiens et mouens ipsaque praedita motu sempiterno. **67** Hoc e genere atque eadem e natura est humana mens ». — Vbi igitur aut qualis est ista mens ? — Vbi tua aut qualis ? potesne dicere ? an, si omnia ad intellegendum non habeo, quae habere uellem, ne iis quidem quae habeo mihi per te uti licebit ? Non ualet tantum animus, ut se ipse uideat. — At ut oculus, sic animus se non uidens alia cernit. Non uidet autem, quod minimum est, formam suam (quamquam fortasse id quoque, sed relinquamus) ; uim certe, sagacitatem, memoriam, motum, celeritatem uidet. Haec magna, haec diuina, haec sempiterna sunt. Qua facie quidem sit, aut ubi habitet, ne quaerendum quidem est.

XXVIII **68** Vt cum uidemus speciem primum candoremque caeli, dein conuersionis celeritatem tantam quantam cogitare non possumus, tum uicissitudines dierum ac noctium commutationesque temporum quadruperti-

66 nec uero... — mouens *habet* Lact. *inst.* 1, 5, 25 (7, 3, 4) ; Salu. *gub. dei* 1, 1, 4 || mens quaedam est soluta et libera, secreta ab... sempiterno *habet* Aug. *ciu.* 22, 20 || nec... — sempiterno *habet* *H*.

67 per te *cet.* : certe *V* || se ipse *HV*uet : se ipsum ipse *cet.* || non ualet tantum... — 71 tenebantur *habet* *H* || quamquam fortasse *Wolf* : f. quamquam Φ || id quoque *cet.* : forte *ss.* *V*² || certe *cet.* : quoque *H*.

68 tum *cet.* : tunc *K* || commutationesque *cet.* : commotionesque *H*.

cercle réparti en douze compartiments et fournissent invariablement la même carrière, bien que leurs mouvement soient inégaux, le cadre du ciel des nuits paré d'astres de toutes parts ; quand nous voyons le globe de la terre dressé au-dessus de la mer, fixe au point central du monde entier, habitable et cultivé dans deux zones éloignées l'une de l'autre et dont la première, celle que nous habitons,

« Est située sous le pôle, auprès des sept étoiles, d'où l'Aquilon, avec un sifflement porteur de frissons, charrie les neiges glacées » (1),

tandis que la seconde, la zone australe que les Grecs appellent la Contre-Terre, est inconnue de nous **69** et que toutes les autres sont incultes parce qu'on y trouve ou bien un froid rigoureux ou bien des chaleurs torrides ; et ici, où nous habitons, on voit invariablement, quand la saison en est venue :

« Le ciel briller, les arbres se couvrir de feuillage, la vigne enchanteresse épandre ses pampres, les branches se courber sous l'abondance des fruits, les guérets prodiguer les céréales, tout fleurir, les sources jaillir, les prés se tapisser de gazon » (2).

Quand nous voyons une multitude d'animaux, les uns faits pour nous nourrir, les autres pour cultiver nos champs, d'autres pour nous traîner, d'autres pour nous vêtir, et enfin l'homme lui-même dont la fonction, pour ainsi dire, est de contempler le ciel et d'honorer les dieux, tandis que les terres et les mers sont au service de ses besoins ; **70** quand, dis-je, on voit de ses yeux ces merveilles et mille autres spectacles semblables, peut-on douter de l'existence d'un être dont la direction s'étend à toutes ces choses et qui est, si elles ont eu un com-

1. Vers du *Philoctète* d'Accius (fr. 20 *TRF* 566-567 = fr. 20, v. 242-243 Dangel).
2. *TRF inc.*, 133-137 (*inc.*, fr. 72) = Ennius *Eumenides*, fr. 7, *scaen.* 151-155 Vahlen).

tas ad maturitatem frugum et ad temperationem corporum aptas eorumque omnium moderatorem et ducem solem lunamque adcretione et deminutione luminis quasi fastorum notantem et significantem dies, tum in eodem orbe in duodecim partes distributo quinque stellas ferri eosdem cursus constantissime seruantis disparibus inter se motibus nocturnamque caeli formam undique sideribus ornatam, tum globum terrae eminentem e mari, fixum in medio mundi uniuersi loco, duabus oris distantibus habitabilem et cultum, quarum altera quam nos incolimus,

Sub axe posita ad stellas septem, unde horrifer
Aquilonis stridor gelidas molitur niues,

altera australis, ignota nobis, quam uocant Graeci ἀντίχθονα, 69 ceteras partis incultas, quod aut frigore rigeant aut urantur calore ; hic autem, ubi habitamus, non intermittit suo tempore

Caelum nitescere, arbores frondescere,
Vites laetificae pampinis pubescere,
Rami bacarum ubertate incuruescere,
Segetes largiri fruges, florere omnia,
Fontes scatere, herbis prata conuestirier,

tum multitudinem pecudum partim ad uescendum, partim ad cultus agrorum, partim ad uehendum, partim ad corpora uestienda, hominemque ipsum quasi contem-

68 cultum φ : cultam *X* || ubi *(sic)* horrifer... — niues *habet* NON. 346.
69 laetificae *cet.* : — care *RKH* || bacarum... — incuruiscere *(sic) habet* NON. 122 || scatere *cet.* : scatescere *K*.

mencement, comme le croit Platon, le créateur, si elles ont toujours existé, comme le veut Aristote, l'administrateur de ce bâtiment, de ce monument grandiose ? Il en est de même de l'esprit de l'homme : tu as beau ne pas le voir, de même que tu ne vois pas Dieu, cependant et de même que tu reconnais Dieu à ses œuvres, ainsi, à la mémoire, à l'invention, à la rapidité de son mouvement, à toutes les splendeurs de la vertu il te faut reconnaître l'essence divine de l'esprit humain.

XXIX Où donc l'esprit est-il placé (1) ? Je crois pour mon compte qu'il est dans la tête et je suis à même d'appuyer cette opinion. Mais, la place de l'âme, ce sera pour une autre fois ; il est sûr du moins qu'elle est en toi. Quelle nature a-t-elle ? Une nature particulière, je pense, et qui n'est qu'à elle. Au reste, admettons qu'elle soit de feu, admettons qu'elle soit de souffle, cela n'a rien à voir avec notre sujet. Il suffira que tu te rendes compte de ceci : de même qu'on connaît Dieu tout en ignorant sa place et sa figure, de même il faut que tu connaisses ton âme, bien que tu ignores et sa place et sa forme.
71 Or, quand il s'agit de l'étude de l'âme, on ne peut douter, à moins d'être tout à fait fermé aux sciences de la nature, qu'il n'y a en elle nul mélange, nulle composition, nul assemblage, nul agégat, rien qui soit de double nature ; cela étant, l'âme ne peut être assurément ni dissociée, ni décomposée, ni désunie, ni désagrégée : donc elle ne peut pas non plus mourir. En effet la mort est pour ainsi dire la séparation, la dissociation violente des parties qui, avant la mort, étaient maintenues ensemble par quelque attache.

Conclusions morales et réponses à quelques objections.

Ce sont ces arguments et d'autres analogues qui déterminèrent l'attitude de Socrate dans un procès où il y allait de sa vie.

platorem caeli ac deorum cultorem atque hominis utilitati agros omnis et maria parentia — **70** haec igitur et alia innumerabilia cum cernimus, possumusne dubitare, quin iis praesit aliquis uel effector, si haec nata sunt, ut Platoni uidetur, uel, si semper fuerunt, ut Aristoteli placet, moderator tanti operis et muneris ? Sic mentem hominis, quamuis eam non uideas, ut deum non uides, tamen, ut deum adgnoscis ex operibus eius, sic ex memoria rerum et inuentione et celeritate motus omnique pulchritudine uirtutis uim diuinam mentis adgnoscito.

XXIX In quo igitur loco est ? Credo equidem in capite et cur credam, adferre possum. Sed alias, ubi sit animus ; certe quidem in te est. Quae est eius natura ? Propria, puto, et sua. Sed fac igneam, fac spirabilem ; nihil ad id de quo agimus. Illud modo uideto, ut deum noris, etsi eius ignores et locum et faciem, sic animum tibi tuum notum esse oportere, etiamsi ignores et locum et formam. **71** In animi autem cognitione dubitare non possumus, nisi plane in physicis plumbei sumus, quin nihil sit animis admixtum, nihil concretum, nihil copulatum, nihil coagmentatum, nihil duplex. Quod cum ita sit, certe nec secerni nec diuidi nec discerpi nec distrahi potest, ne interire

69 deorum cultorem *Bouhier* : d. eorum cult. *RG* eorumque cult. *V*[2]*K*[2]*PB*φ || ac dei utilitatibusque hominis agros *H*.

70 omnique *VB* (*in ras.*) φ : omniaque *GK*[1] (omni atque *K*c) *R* || ubi sit *cet.* : nunc *ante* ubi *add.* *V*c || eius *V*c *(in ras.)* : ei *V*rec φ et *cet.* || spirabilem *cet.* : spiritab. *V* || faciem... — locum et *om.* *H Rehd. Marb.*

71 animi autem *cet.* : autem *om.* *H* || ne *cet.* : nec *K* *(puncto al. m. sub.* c *subscripto)* *PH*φ.

Il ne se mit point en quête d'un avocat, il ne supplia point les juges, mais le prit sur un ton libre et assuré qu'inspirait la grandeur d'âme et non l'orgueil. Le dernier jour de sa vie, il développa longuement le point qui justement nous occupe ; déjà quelques jours auparavant, alors que la chose eût été facile, il n'avait pas voulu qu'on le fît évader de sa prison, et, au moment où il allait prendre en mains la coupe fatale, à cet instant décisif, il parla, non point comme un homme que l'on traîne à la mort, mais comme s'il allait monter au ciel. XXX 72 Telle était en effet sa pensée et voici comment il l'exposa (1) : deux routes, deux directions s'offraient aux âmes à leur sortie du corps ; pour celles qu'avaient souillées les vices de notre nature et qui s'étaient livrées sans réserve aux passions, qui, aveuglées par elles, s'étaient dans la vie privée salies de vices et de turpitudes, ou attentant à l'État avaient commis des crimes sans pardon, pour celles-là il y avait certain chemin qui éloignait de la grande route et ne communiquait pas avec l'assemblée des dieux. Quant aux âmes qui avaient gardé leur innocence et leur pureté, celles sur qui l'influence pernicieuse du corps avait été la moindre et qui avaient toujours cherché à s'en dégager, prenant dans un corps humain modèle sur la vie divine, à celles-là s'ouvrait facile la route du retour vers leur point de départ, vers les dieux. 73 C'est pourquoi, rappelant que les cygnes n'ont pas été consacrés à Apollon sans motif (2), mais parce qu'ils paraissent tenir de lui le sens prophétique, ce qui fait qu'ils meurent avec des chants d'allégresse, parce qu'ils prévoient le bien que comporte la mort, Socrate dit que tous les honnêtes gens et tous les sages doivent en faire autant. Au reste, ajoute-t-il, ce bien ne serait douteux pour personne s'il ne nous arrivait, quand nous approfondissons le problème de

1. Cf. Platon, *Phédon*, p. 80 E - 82 B.

⟨ quidem ⟩ igitur. Est enim interitus quasi discessus et secretio ac diremptus earum partium quae ante interitum iunctione aliqua tenebantur.

His et talibus rationibus adductus Socrates nec patronum quaesiuit ad iudicium capitis nec iudicibus supplex fuit adhibuitque liberam contumaciam a magnitudine animi ductam, non a superbia, et supremo uitae die de hoc ipso multa disseruit et paucis ante diebus, cum facile posset educi e custodia, noluit, et tum paene in manu iam mortiferum illud tenens poculum locutus ita est, ut non ad mortem trudi, uerum in caelum uideretur escendere. XXX **72** Ita enim censebat itaque disseruit, duas esse uias duplicesque cursus animorum e corpore excedentium. Nam qui se humanis uitiis contaminauissent et se totos libidinibus dedissent, quibus caecati uel domesticis uitiis atque flagitiis se inquinauissent uel re publica uiolanda fraudes inexpiabiles concepissent, iis deuium quoddam iter esse, seclusum a concilio deorum ; qui autem se integros castosque seruauissent, quibusque fuisset minima cum corporibus contagio seseque ab iis semper seuocauissent essentque in corporibus humanis uitam imitati deorum, iis ad illos a quibus essent profecti reditum facilem patere. **73** Itaque commemorat, ut cygni, qui non sine causa Apollini dicati sint, sed quod ab eo diuinationem habere uideantur,

71 quidem *add.* *Madvig* ‖ diremptus *V^rec^ B*ꝭ : direptus *cet.* ‖ escendere *RG* : aesc. *V* asc. *cet.*
72 uel dom. *V^uet^* : uelut dom. *X* ‖ re publica uiolanda *cet.* : rei — ae — ae *V*².
73 ut cycni... uideantur *habet* SERV. *Aen.* 1, 393 ‖ sint *cet.* : sunt *V*²*P*φ *Seruius*.

l'âme, ce que l'on constate souvent chez ceux qui regardent fixement le soleil couchant, à savoir qu'ils perdent complètement la vue : ainsi parfois le regard perçant de l'esprit qui se contemple lui-même s'émousse, et c'est la raison pour laquelle nous perdons la précision de la vue intellectuelle. C'est pourquoi notre raison, hésitante, désorientée, indécise et redoutant mille obstacles, vogue pour ainsi dire sur un radeau au milieu d'une mer sans limite (1). **74** Mais il s'agit là d'exemples anciens et empruntés aux Grecs : or Caton quitta la vie comme s'il était heureux d'avoir trouvé une raison de mourir (2). C'est que la divinité qui règne en nous interdit qu'on s'en aille d'ici bas sans son ordre ; mais quand elle-même nous aura fourni un motif légitime, comme ce fut le cas de Socrate, comme c'est celui de Caton et souvent de bien d'autres, oui, par Dius Fidius, le sage quittera joyeusement les ténèbres d'ici pour la lumière de là-bas ; il ne brisera point pour autant les chaînes de sa prison, — car la loi l'interdit — mais il s'en ira, libéré en bonne et due forme par la divinité, comme par un magistrat ou quelque autorité légitime. En effet la vie entière du philosophe, comme le dit encore Platon, est une préparation à la mort. XXXI **75** Ainsi, que faisons-nous, quand nous cherchons à dégager notre âme du plaisir, c'est-à-dire du corps, de nos biens personnels qui sont au service et dans la dépendance du corps, de la politique, de n'importe quelle occupation, que faisons-nous, dis-je, sinon de rappeler l'âme à elle-même, de la contraindre à s'isoler et précisément de la détacher du corps ? Or dissocier l'âme du corps, ce n'est pas autre chose qu'apprendre à mourir. Entraînons nous donc à cela, crois-moi, désunissons-nous d'avec nos corps, c'est-à-dire accoutumons-nous à mourir. Ainsi, dès notre séjour sur la terre, nous nous conformerons à la vie céleste, et quand, libérés des liens d'ici-bas, nous prendrons la route de là-haut, l'élan de nos âmes sera moins

qua prouidentes quid in morte boni sit, cum cantu et uoluptate moriantur, sic omnibus bonis et doctis esse faciendum. Nec uero de hoc quisquam dubitare posset, nisi idem nobis accideret diligenter de animo cogitantibus, quod iis saepe usu uenit qui cum acriter oculis deficientem solem intuerentur, [ut] aspectum omnino amitterent : sic mentis acies se ipsa intuens non numquam hebescit, ob eamque causam contemplandi diligentiam amittimus. Itaque dubitans, circumspectans, haesitans, multa aduersa reuerens tamquam in rate in mari inmenso nostra uehitur ratio. 74 Sed haec et uetera et a Graecis. Cato autem sic abiit e uita, ut causam moriendi nactum se esse gauderet. Vetat enim dominans ille in nobis deus iniussu hinc nos suo demigrare ; cum uero causam iustam deus ipse dederit ut tunc Socrati, nunc Catoni, saepe multis, ne ille me Dius Fidius uir sapiens laetus ex his tenebris in lucem illam excesserit, nec tamen illa uincla carceris ruperit (leges enim uetant), sed tamquam a magistratu aut ab aliqua potestate legitima, sic a deo euocatus atque emissus exierit. Tota enim philosophorum uita, ut ait idem, commentatio mortis est. XXXI 75 Nam quid aliud agimus, cum a uoluptate, id est a corpore, cum a re familiari, quae est ministra et famula corporis, cum a re publica, cum a negotio omni seuocamus animum, quid, inquam, tum

73 posset *cet.* : possit K^2 ‖ quod $V^c B^2$: quo *cet.* ‖ qui cum Φ : cum *del. Man.* ‖ ut *del. Bentl.* ‖ reuerens *V (e corr.)* : reuertens *X* uerens φ ‖ in rate *cet.* : ratis V^2φ ‖ ratio *Camerarius* : oratio Φ.
74 uetera *cet.* : sunt *post* u. *add.* K^2V ‖ in nobis *cet.* : in *om.* *V* ‖ tunc *cet.* : tum *GVB* ‖ tota enim... 75 animorum *habet H*.
75 nam quid *cet.* : quid enim V^2.

ralenti ; ceux en effet qui ont toujours été dans les entraves du corps, même après qu'on les a déliés, marchent difficilement, semblables aux gens qui ont été de longues années dans les fers. Une fois arrivés là, alors nous commencerons à vivre, car c'est à dire vrai la vie d'à présent qui est la mort, et je pourrais en chanter la complainte s'il m'en prenait envie.

— 76 Tu l'as fait assez pour ton compte dans ta *Consolation* (1). Quand je lis cet ouvrage, je ne demande pas mieux que de quitter le monde d'ici-bas, et ce que je viens d'entendre renforce de beaucoup ce désir.

— Le moment viendra et même il viendra rapidement, soit que tu marches à contre-cœur, soit que tu forces l'allure, car le temps vole. Mais, loin que la mort soit un mal, ainsi qu'il te paraissait tout à l'heure, je me demande si pour l'homme il est rien d'autre qui soit un non-mal plus assuré et plutôt soit un bien, si du moins nous devons être des dieux ou vivre dans la compagnie des dieux.

— Quel est l'intérêt de cette question ?

— C'est qu'il se trouve ici des gens à n'approuver point ce que nous disions. Or jamais je ne permettrai que tu sortes de cet entretien sans être prémuni contre tout raisonnement d'après lequel la mort pourrait te paraître un mal.

77 — Est-ce possible après ce que tu viens de m'apprendre ?

— Possible, dis-tu : mais les contradicteurs nous arrivent par bandes. Passe encore pour les Épicuriens, que je ne méprise pas du reste ; mais, chose étrange, ce sont les gens les plus savants qui combattent notre thèse de l'immortalité de l'âme le plus vivement, et Dicéarque (2), mon auteur favori, s'y distingue par son acharnement. En effet, il a écrit trois livres, intitulés *Lesbiaques*, parce qu'il s'agit d'une conversation tenue à Mytilène, où il s'attache à démontrer que l'âme est mortelle. Quand aux Stoïciens,

agimus nisi animum ad se ipsum aduocamus, secum esse cogimus maximeque a corpore abducimus ? Secernere autem a corpore animum, nec quicquam aliud, *est* mori discere. Quare hoc commentemur, mihi crede, disiungamusque nos a corporibus, id est consuescamus mori. Hoc, et dum erimus in terris, erit illi caelesti uitae simile, et cum illuc ex his uinclis emissi feremur, minus tardabitur cursus animorum. Nam qui in compedibus corporis semper fuerunt, etiam cum soluti sunt, tardius ingrediuntur, ut ii, qui ferro uincti multos annos fuerunt. Quo cum uenerimus, tum denique uiuemus. Nam haec quidem uita mors est, quam lamentari possem, si liberet.

76 Satis tu quidem in Consolatione es lamentatus ; quam cum lego, nihil malo quam has res relinquere, his uero modo auditis multo magis.

Veniet tempus, et quidem celeriter, siue retractabis siue properabis ; uolat enim aetas. Tantum autem abest ab eo, ut malum mors sit, quod tibi dudum uidebatur, ut uerear, ne homini nihil sit non malum aliud cert*ius*, nihil bonum aliud potius, si quidem uel di ipsi uel cum dis futuri sumus.

Quid refert ?

Adsunt enim qui haec non probent. Ego autem num-

75 aduocamus M^1 φ : auoc. *X* (uoc. K^1 a *add.* K^c) || animum *cet.* : id est se ipsum *add.* V^2 || nec quicquam aliud *cet.* : aliud quam $R^{ant.\ m.}$ φ aliud nisi $V^{rec.}$ || est mori *Bentl.* : emori Φ *sed super* e *linea ducta in K* || etiam... fuerunt *om. B* || nam haec... liberet *habet* Aug. *epist.* 155, 4 || liberet *Aug.* R^1V^1 (ur *eras.*) P^2M^1 : liberetur *cet.*

76 siue retr. V^1φ : et siue *X* || certius *Jeep* : certe sed Φ (sed *exp.* V^{uet} || refert *cet.* : refers K^c.

c'est un prêt qu'ils nous consentent, libéralement d'ailleurs, comme si nous étions des corneilles : ils accordent que l'âme subsiste longtemps, mais non pas qu'elle subsiste toujours (1). XXXII Dans ces conditions, ne tiens-tu pas à apprendre pourquoi, même à supposer que cela soit, la mort n'est pas cependant au nombre des maux ?

— Comme il te plaira, mais la conviction que j'ai de l'immortalité de l'âme, personne n'en viendra à bout.

78 — Je t'en félicite, bien qu'il ne faille pas avoir trop de confiance en soi. Souvent en effet une argumentation subtile nous touche, nous ébranle et nous fait changer d'avis même dans des questions relativement claires ; or celle-ci n'est pas sans présenter quelque obscurité. Tenons-nous donc sous les armes, pour le cas où la chose arriverait.

— C'est juste, mais cela n'arrivera pas, car je veillerai.

— Eh bien ! vois-tu un inconvénient à ce que nous prenions congé de nos amis les Stoïciens, j'entends ceux qui affirment que l'âme subsiste après sa sortie du corps, mais qu'elle ne subsiste pas toujours ?

— Pour ceux dont tu parles, parfaitement ; voilà des gens qui vont prendre sur eux le point le plus difficile de tout le débat, à savoir que l'âme peut subsister sans le support du corps ; et puis, alors que ce second point-ci est aisé à croire et de plus, une fois admis ce qu'ils veulent, s'en déduit logiquement, eh bien ! ils n'accordent pas que l'âme, bien que pouvant subsister longtemps, puisse échapper à l'anéantissement.

— Bonne critique : il en est bien ainsi. **79** Faut-il dès lors croire Panétius, qui ici se sépare de son cher Platon ? Car c'est uniquement sur l'immortalité de l'âme qu'il rejette l'opinion de celui que, en tous sujets, il qualifie de divin, de très savant, de très saint, d'Homère des philosophes. Il veut en effet, et personne ne le conteste, que tout ce qui est né périsse ; or, dit-il, l'âme naît, et ce

quam ita te in hoc sermone dimittam, ulla uti ratione mors tibi uideri malum possit.

77 Qui potest, cum ista cognouerim ?

Qui possit, rogas ? Cateruae ueniunt contra dicentium, nec solum Epicureorum, quos equidem non despicio, sed nescio quo modo doctissimus quisque [contemnit], acerrume autem deliciae meae Dicaearchus contra hanc inmortalitatem disseruit. Is enim tris libros scripsit qui Lesbiaci uocantur, quod Mytilenis sermo habetur, in quibus uolt efficere animos esse mortalis. Stoici autem usuram nobis largiuntur tamquam cornicibus ; diu mansuros aiunt animos, semper negant. XXXII Num non uis igitur audire, cur, etiamsi ita sit, mors tamen non sit in malis ?

Vt uidetur ; sed me nemo de inmortalitate depellet.

78 Laudo id quidem, etsi nihil nimis oportet confidere. Mouemur enim saepe aliquo acute concluso, labamus mutamusque sententiam clarioribus etiam in rebus ; in his est enim aliqua obscuritas. Id igitur si acciderit, simus armati.

Sane quidem, sed ne accidat, prouidebo.

Num quid igitur est causae quin amicos nostros Stoicos dimittamus ? eos dico, qui aiunt manere animos, cum e corpore excesserint, sed non semper.

Istos uero qui, quod tota in hac causa difficillimum est, suscipiant, posse animum manere corpore uacantem,

76 ratione mors *V* : ratione ut m. *cet.*
77 contemnit *del. Man.* || mansuros *cel.* : m. esse *V*[2] || ita sit φ : ista sit *X* (sint *V*[rec]).
78 nimis *V*[2] : animis *cet.* || aliquo *cet.* : ab al. *B.*

qui le ferait voir, c'est la ressemblance des enfants aux parents, ressemblance qui serait manifeste aussi bien dans l'esprit que dans le corps. Un second argument qu'il invoque d'autre part est que rien n'est sujet à souffrir sans être aussi sujet à la maladie ; mais ce qui est exposé à la maladie doit aussi périr ; or l'âme souffre, donc elle périt aussi. XXXIII 80 Ce dernier argument peut être écarté : Panétius ne tient pas compte de ce fait que, lorsqu'on parle de l'immortalité de l'âme, on parle de l'intellect, toujours exempt de n'importe quel mouvement désordonné, et non point des parties de l'âme où évoluent les chagrins, les colères et les désirs ; or Platon, contre qui est dirigée l'argumentation de Panétius, estime que ces parties de l'âme sont logées loin de l'intellect, et sans communication avec lui. Pour en venir à la ressemblance, notons d'abord qu'elle est plus manifeste chez les bêtes, dont l'âme est dépourvue de raison ; d'autre part, chez les hommes la ressemblance est plus sensible dans la forme du corps, et, en ce qui concerne l'âme même, il faut compter grandement avec la qualité du corps dans lequel elle est logée. Car le corps exerce nombre d'influences propres à aiguiser comme aussi à émousser l'intellect. Aristote dit même (1) qu'il n'y a pas de génie sans folie — et c'est pourquoi je ne suis pas fâché pour mon compte d'être un peu lent d'esprit — ; il cite nombre de cas et, comme s'il s'agissait d'un fait acquis, en apporte l'explication. Que si l'état de l'intellect dépend à ce point des éléments que la génération développe dans le corps, si d'autre part ces éléments, quels qu'ils soient, ont la propriété de créer la ressemblance, la ressemblance ne permet pas de conclure nécessairement à la naissance de l'âme. 81 Je ne dis rien des dissemblances. Je voudrais que nous ayons ici Panétius : c'était le familier de Scipion l'Africain (2). Je lui demanderais à qui des siens ressemblait le petit-fils du frère de l'Africain ; de figure, il se peut qu'il ait

illud autem, quod non modo facile ad credendum est, sed, eo concesso quod uolunt, consequens, id *uero* non dant, ut, cum diu permanserit, ne intereat.

Bene reprehendis et se isto modo res habet. **79** Credamus igitur Panaetio a Platone suo dissentienti ? Quem enim omnibus locis diuinum, quem sapientissimum, quem sanctissimum, quem Homerum philosophorum appellat, huius hanc unam sententiam de immortalitate animorum non probat. Volt enim, quod nemo negat, quicquid natum sit interire ; nasci autem animos, quod declaret eorum similitudo qui procreentur, quae etiam in ingeniis, non solum in corporibus appareat. Alteram autem adfert rationem, nihil esse quod doleat, quin id aegrum esse quoque possit ; quod autem in morbum cadat, id etiam interiturum ; dolere autem animos, ergo etiam interire. XXXIII **80** Haec refelli possunt ; sunt enim ignorantis, cum de aeternitate animorum dicatur, de mente dici, quae omni turbido motu semper uacet, non de partibus iis in quibus aegritudines, irae libidinesque uersentur, quas is, contra quem haec dicuntur, semotas a mente et disclusas putat. Iam similitudo magis apparet in bestiis quarum animi sunt rationis expertes ; hominum autem similitudo in corporum figura magis exstat, et ipsi animi magni refert quali in corpore locati sint. Multa enim e corpore exsistunt quae acuant mentem, multa quae obtundant.

78 id uero *Klotz* : idcirco Φ id non concedant *Madvig*.
79 igitur *cet.* : etiam *K*.
80 dicatur φ : dicantur *X* || dicuntur φ $B^c V^2$: dicantur *cet.* || locati sint *cet.* : sint *e corr.* (*fuerat* sunt) *V* sunt *B*φ.

ressemblé à son père, mais dans sa conduite il ressemblait si fort à tous les gredins qu'il en était sans difficulté le plus pervers. A qui donc encore ressemblait le petit-fils de Publius Crassus, qui fut un homme savant, un homme éloquent, un homme de premier plan, à qui ressemblaient les petits-fils et les fils de bien d'autres grands hommes qu'il est inutile de nommer ?

Mais où en sommes-nous ? Oublions-nous que notre sujet, pour le moment et après que nous avions parlé suffisamment de l'éternité de l'âme, était de montrer que, même au cas où l'âme périrait, la mort ne renferme point de mal ?

— Pour mon compte, je n'avais pas perdu cela de vue, mais tant que tu parlais de l'éternité de l'âme, j'étais bien aise que tu t'écartes du sujet.

Deuxième alternative : si l'âme meurt, la mort est une délivrance.

— XXXIV **82** Je le vois, tu as des ambitions élevées et désires partir pour le ciel. J'espère que nous aurons ce bonheur. Mais admettons, comme le veulent ces philosophes-là, que l'âme ne subsiste pas après la mort : dans cette hypothèse, je vois bien que nous sommes frustrés de l'espérance d'une vie plus heureuse, mais qu'en résulte-t-il en fait de mal ? Oui, admettons que l'âme périsse comme le corps ; s'ensuit-il qu'après la mort il subsiste dans le corps de la souffrance ou même simplement de la sensibilité ? On ne l'a jamais dit, bien qu'Épicure (1) en fasse grief à Démocrite (2), dont les disciples protestent. Ce n'est pas non plus dans l'âme que la sensibilité subsiste, car l'âme elle-même n'est nulle part. Dès lors, où le mal trouve-t-il place, puisqu'il n'y a pas d'autre alternative ? Veut-on dire que précisément la séparation de l'âme et du corps ne se fait pas sans souffrance ? A supposer que je partage cette opinion, combien

Aristoteles quidem ait omnis ingeniosos melancholicos esse, ut ego me tardiorem esse non moleste feram. Enumerat multos, idque quasi constet, rationem cur ita fiat adfert. Quodsi tanta uis est ad habitum mentis in iis quae gignuntur in corpore, ea sunt autem quaecumque sunt quae similitudinem faciant, nihil necessitatis adfert, cur nascantur animi, similitudo. **81** Omitto dissimilitudines. Vellem adesse posset Panaetius (uixit cum Africano) ; quaererem ex eo cuius suorum similis fuisset Africani fratris nepos, facie uel patris, uita omnium perditorum ita similis, ut esset facile deterrimus ; cuius etiam similis P. Crassi, et sapientis et eloquentis et primi hominis, nepos multorumque aliorum clarorum uirorum, quos nihil attinet nominare, nepotes et filii.

Sed quid agimus ? oblitine sumus hoc nunc nobis esse propositum, cum satis de aeternitate dixissemus, ne si interirent quidem animi, quicquam mali esse in morte ?

Ego uero memineram, sed te de aeternitate dicentem aberrare a proposito facile patiebar.

XXXIV **82** Video te alte spectare et uelle in caelum migrare. Spero fore ut contingat id nobis. Sed fac, ut isti uolunt, animos non remanere post mortem ; uideo nos, si ita sit, priuari spe beatioris uitae ; mali uero quid adfert ista sententia ? Fac enim sic animum interire ut corpus ; num igitur aliquis dolor aut omnino post mortem sensus in corpore est ? Nemo id quidem dicit,

80 nascantur ς : nascatur *X*.
81 dissimilitudines V^2 : similitudines *cet.* || nepotes *cet.* : et *ante* nepotes *add.* V^1 *aut* V^2.
82 fore *cet.* : forte *K*.

cela dure-t-il ? Mais je n'en crois rien, et généralement la chose se passe sans qu'on en ait le sentiment, quelquefois même avec un sentiment de plaisir ; bref, toute cette affaire est insignifiante, qu'elles qu'en soient les circonstances, car elle se passe en un rien de temps. **83** Mais il y a une chose qui nous serre le cœur ou même qui nous désespère, c'est de quitter tous les biens que comporte la vie. Prenez garde, on pourrait dire plus justement que vous quittez des maux. Pourquoi d'ailleurs gémir ici sur la vie humaine ? Je serais en droit de le faire en toute sincérité, mais puisqu'ici je m'attache à bannir l'idée que nous serons malheureux après la mort, est-ce le moment de m'attacher aussi à faire ressortir les misères de la vie en m'apitoyant sur elle ? Je l'ai fait dans l'ouvrage où, dans la mesure du possible, je me suis consolé moi-même (1). Je disais donc que la mort nous arrache à des maux et non à des biens, si l'on va au fond des choses. C'est là un point sur lequel Hégésias de Cyrène (2) apporte tant de preuves que le roi Ptolémée l'empêcha, dit-on, de le traiter dans ses cours, parce que nombre de gens, après l'avoir entendu, se donnaient la mort. **84** De Callimaque nous avons une épigramme en l'honneur de Théombrote d'Ambracie lequel, dit-il, sans qu'il lui fût arrivé nulle contrariété, se jeta dans la mer du haut du rempart, après avoir lu l'ouvrage de Platon (3). Hégésias, lui, a écrit tout un ouvrage intitulé l' 'Αποκαρτερῶν (4), parce que le héros en est un individu qui se prive de nourriture pour en finir avec la vie ; des amis l'invitent à renoncer à ce projet ; il leur répond en détaillant les maux de l'existence humaine. J'aurais pu en faire autant, dans une moindre mesure que lui toutefois, car il estime que personne n'a intérêt à vivre. Sans parler des autres, y ai-je encore intérêt moi-même ? Et si, privé comme je le suis des joies à la fois de la famille et des honneurs du Forum, j'étais mort auparavant, assurément

etsi Democritum insimulat Epicurus, Democrit*ii* negant. Ne in animo quidem igitur sensus remanet; ipse enim nusquam est. Vbi igitur malum est, quoniam nihil tertium est? an quod ipse animi discessus a corpore non fit sine dolore? Vt credam ita esse, quam est id exiguum! *sed* falsum esse arbitror, et fit plerumque sine sensu, non numquam etiam cum uoluptate, totumque hoc leue est, qualecumque est; fit enim ad punctum temporis. **83** Illud angit uel potius excruciat: discessus ab omnibus iis quae sunt bona in uita. Vide, ne ‹a malis› dici uerius possit. Quid ego nunc lugeam uitam hominum? Vere et iure possum; sed quid necesse est, cum id agam, ne post mortem miseros nos putemus fore, etiam uitam efficere deplorando miseriorem? Fecimus hoc in eo libro, in quo nosmet ipsos, quantum potuimus, consolati sumus. A malis igitur mors abducit, non a bonis, uerum si quaerimus. Et quidem hoc a Cyrenaico Hegesia sic copiose disputatur, ut is a rege Ptolomaeo prohibitus esse dicatur illa in scholis dicere, quod multi iis auditis mortem sibi ipsi consciscerent. **84** Callimachi quidem epigramma in Ambraciotam Theombrotum est, quem ait, cum ei nihil accidisset aduersi, e muro se in mare abiecisse lecto Platonis libro. Eius autem quem dixi Hegesiae liber est Ἀποκαρτερῶν, quod a uita quidam per inediam discedens reuocatur

82 Democritii *Bentl.* : democritici *X* democriti φ || an quod V² (*postea iterum* quoniam *restitutum*) : an quoniam *cet.* || sed falsum *Wesenberg* : et falsum Φ at falsum *Bouhier*.

83 et quidem φ : ecquidem *cet.* haec quidem *K*¹ (hoc quidem *ss.* *K*²) hoc quidem *P* || quod *V*ᶜ φ : quo *X*.

84 Theombrotum Φ : Cleombrotum *pro Scauro* §4 *Callimachus epigr.* 23 || quod Φ : quo *Sey.*, in quo *Bentl.*

la mort m'aurait arraché à des maux et non à des biens.

XXXV **85** Représentons-nous donc une personne telle qu'aucun mal ne pèse sur elle, qu'elle n'ait reçu de la Fortune aucune atteinte : le fameux Métellus (1) dont les quatre fils étaient passés par les grandes charges. De son côté, Priam en avait cinquante, dont dix-sept nés en légitime mariage. Sur ces deux hommes, la Fortune disposait d'un même pouvoir, mais elle ne frappa que le second. Métellus en effet fut porté au bûcher par nombre de fils, de filles, de petits-fils, de petites-filles ; Priam avait perdu sa postérité si nombreuse, il était réfugié au pied de l'autel, quand une main ennemie trancha ses jours. S'il était mort, lui, du vivant de ses fils, dans la plénitude de sa puissance royale,

« Au milieu de sa splendeur barbare, sous les plafonds ciselés et lambrissés » (2)

est-ce donc de biens ou de maux qu'il se fût séparé ? Sur le moment certes il eût paru que c'était de biens, mais sans nul doute c'eût été une chance pour lui, et on ne chanterait pas cette tirade si dolente :

« Tous ces trésors, je les ai vus devenir la proie des flammes ; j'ai vu des assassins assassiner Priam, et l'autel de Jupiter souillé de sang. » (3)

Comme si d'être assassiné n'était pas ce qui pouvait lui arriver de mieux alors. Mort plus tôt, sans doute, il eût échappé complètement à une fin si triste ; du moins, dans ces circonstances terribles, échappa-t-il au sentiment de ses maux. **86** Pompée, mon ami intime, se trouvait à Naples gravement malade, quand un mieux se fit sentir. Voilà les Napolitains portant des couronnes, et naturellement aussi ceux de Pouzzoles ; les adresses de félicitations publiques arrivaient en masse des bourgades. Assurément il s'agit là de manifestations qui ne riment à rien et sont bonnes pour des Grecs, mais c'est pourtant un signe de prospérité. Eh bien ! dis-moi, si à cette date Pompée

ab amicis, quibus respondens uitae humanae enumerat incommoda. Possem id*em* facere, etsi minus quam ille, qui omnino uiuere expedire nemini putat. Mitto alios; etiamne nobis expedit ? qui et domesticis et forensibus solaciis ornamentisque priuati certe si ante occidissemus, mors nos a malis, non a bonis abstraxisset.

XXXV 85 Sit igitur aliquis, qui nihil mali habeat, nullum a fortuna uolnus acceperit : Metellus ille honoratis quattuor filiis, at quinquaginta Priamus, e quibus septemdecim iusta uxore natis. In utroque eandem habuit fortuna potestatem, sed usa in altero est. Metellum enim multi filii filiae, nepotes neptes in rogum inposuerunt, Priamum tanta progenie orbatum, cum in aram confugisset, hostilis manus interemit. Hic si uiuis filiis incolumi regno occidisset

> ... astante ope barbarica
> Tectis caelatis, laqueatis,

utrum tandem a bonis an a malis discessisset ? Tum profecto uideretur a bonis. At certe ei melius euenisset, nec tam flebiliter illa canerentur :

> Haec omnia uidi inflammari,
> Priamo *ui* uitam euitari,
> Iouis aram sanguine turpari.

Quasi uero ista ui quicquam tum potuerit ei melius accidere ! Quodsi ante occidisset, ta*lem* euentum om-

84 idem *Ernesti* : id Φ.
85 honoratis *V (e corr.)* : honoratus *cet.* || at *GRV* : aut *K* et *B* || e quibus V^2 : quibus *X* || ui *e libro* 3, 19, 45 *Petrus Crassus* : uel Φ (*in V* el *a m. rec. in ras., sed non fuit* ui) || occidisset φ V^2 : accidisset *X* || talem *Dav.* : tamen Φ.

avait succombé à la maladie, est-ce une situation bonne ou mauvaise qu'il eût quittée ? Sans nul doute, une situation misérable ; oui, il n'eût point fait la guerre à son beau-père (1), il n'eût point pris les armes sans préparation, il n'eût point abandonné son foyer, quitté l'Italie en fugitif, perdu son armée pour tomber nu aux mains d'esclaves qui le poignardèrent, *(texte altéré)* le sort de ses enfants n'eût point fait couler nos larmes (2), la totalité de ses biens ne serait pas aux mains des vainqueurs. Décédé à ce moment là, il mourait en pleine prospérité, et, pour avoir vu prolonger sa vie, de combien de calamités, combien grandes et inouïes, n'a-t-il pas été la victime ? XXXVI. Voilà les maux auxquels on échappe par la mort, et si ce n'est point à leur réalité, c'est du moins à leur menace. Mais on n'envisage guère la possibilité du malheur, et chacun espère pour son compte la chance de Métellus, tout comme s'il y avait plus de gens chanceux que d'infortunés, ou qu'il y eût quelque stabilité dans les choses humaines, ou plus de sagesse à espérer qu'à craindre.

87 Mais accordons même que la mort nous prive d'une belle situation. S'ensuit-il aussi que les morts manquent des agréments de la vie et que là est leur misère ? C'est sans aucun doute ce que logiquement nos adversaires doivent dire. Mais est-il possible que celui qui n'existe pas manque de quoi que ce soit ? Il est vrai que de lui-même le mot manquer produit une impression fâcheuse, parce qu'on lui prête la signification suivante : on a eu, on n'a plus, on regrette, on réclame, on sent le besoin. Voici, j'imagine, des désagréments où il y a manque : la vue manque, c'est l'effroyable cécité ; on manque d'enfants, c'est être sans famille. Cela s'entend s'il s'agit des vivants ; appliqué aux morts, ce n'est pas seulement à l'égard des agréments de la vie, c'est à l'égard de la vie même qu'il ne peut y avoir de manque. Parler des morts, c'est parler d'êtres qui sont inexistants ; mais nous qui existons, manquons-nous de cornes

nino amisisset, hoc autem tempore sensum amisit malorum. 86 Pompeio, nostro familiari, cum grauiter aegrotaret Neapoli, melius est factum. Coronati Neapolitani fuerunt, nimirum etiam Puteolani, uolgo ex oppidis publice gratulabantur. Ineptum sane negotium et Graeculum, sed tamen fortunatum. Vtrum igitur, si tum esset extinctus, a bonis rebus an a malis discessisset ? Certe a miseris. Non enim cum socero bellum gessisset, non inparatus arma sumpsisset, non domum reliquisset, non ex Italia fugisset, non exercitu amisso nudus in seruorum ferrum et manus incidisset, † non liberi defleti, non fortunae omnes a uictoribus possiderentur. Qui si mortem tum obisset, in amplissimis fortunis occidisset, is propagatione uitae quot quantas quam incredibilis hausit calamitates ! XXXVI Haec morte effugiuntur, etiamsi non euenerunt, tamen, quia possunt euenire ; sed homines ea sibi accidere posse non cogitant. Metelli sperat sibi quisque fortunam, proinde quasi aut plures fortunati sint quam infelices aut certi quicquam sit in rebus humanis aut sperare sit prudentius quam timere.

87 Sed hoc ipsum concedatur, bonis rebus homines morte priuari ; ergo etiam carere mortuos uitae commodis, idque esse miserum ? Certe ita dicant necesse est. An potest is qui non est re ulla carere ? Triste enim est nomen ipsum carendi, quia subicitur haec uis : habuit, non habet ; desiderat,

86 a miseris *cet.* : a malis *ss.* V^2 ‖ fugisset *cet.* : prof. V^2 ‖ defleti Φ : deleti *in ras.* *V* ; *locus conclamatus mutilus* ; non l. defl. *del. Baine* ; non liberi... — possiderentur *del. Heiter Doug. al.* ; non <essent ab omnibus bonis> liberi defleti *Po.* ‖ uictoribus K^2V^2B : auctoribus *GR* ‖ quia *cet.* : *exp.* V^{rec}. ‖ aut plures φ V^2P : ut *cet.* ‖ certi $BV^2K^2P^2$: certe *RG*.

ou de plumes ? Qui songerait à le dire ? Personne assurément. Et pourquoi cela ? Parce que ne pas avoir ce qui ni par son usage ni par sa nature ne saurait vous convenir, ce n'est pas en manquer, même si vous avez le sentiment que vous ne l'avez pas. **88** Tel est l'argument sur lequel il faut porter son effort avec insistance, cela après avoir confirmé un point qui, si l'âme est mortelle, est hors de doute, à savoir que l'anéantissement de la mort est si complet qu'il ne subsiste pas la moindre trace de sentiment. Je disais donc qu'après avoir dûment affermi et fondé ce deuxième point, il faut examiner à fond la question de savoir ce que c'est que manquer, en sorte qu'il ne subsiste pas la moindre équivoque. Voici donc le sens de manquer *(carere) :* être privé d'une chose qu'on voudrait avoir ; en effet manque implique volonté, sauf lorsqu'il se dit, à propos de la fièvre par exemple, dans une acception du mot qui est tout autre, car manquer se dit aussi avec un autre sens (1) relativement à des choses qu'on n'a point et dont on sent qu'on ne les a point, même si l'on en est bien aise. Manquer ne se dit pas quand il s'agit de la mort ; car il n'y aurait pas à souffrir ; ce qui se dit, c'est manquer d'un bien, chose qui est un mal. Mais les vivants même ne manquent pas d'un bien, s'ils n'en ressentent pas l'absence ; et toutefois, quand il s'agit de vivants, on peut trouver un sens à « la royauté te manque » (appliquée à toi, du reste, l'expression ne saurait avoir un sens bien net ; elle l'aurait, s'il s'agissait de Tarquin, après qu'il eût été détrôné) ; en revanche, s'il s'agit d'un mort, cela n'est pas même intelligible. En effet manque implique sentiment, et il n'y a pas de sentiment chez un mort ; donc il n'y a pas non plus manque chez un mort.

XXXVII **89** Mais à quoi bon philosopher sur ce point, alors que notre sujet se passe fort bien de philosophie. Combien de fois non seulement nos chefs, mais encore nos

requirit, indiget. Haec, opinor, incommoda sunt carentis. Caret oculis, odiosa caecitas ; liberis, orbitas. Valet hoc in uiuis, mortuorum autem non modo uitae commodis, sed ne uita quidem ipsa quisquam caret. De mortuis loquor qui nulli sunt : nos, qui sumus, num aut cornibus caremus aut pinnis ? *ecquis* id dixerit ? certe nemo. Quid ita ? Quia, cum id non habeas quod tibi nec usu nec natura sit aptum, non careas, etiamsi sentias te non habere. **88** Hoc premendum etiam atque etiam est et urguendum, confirmato illo, de quo, si mortales animi sunt, dubitare non possumus, quin tantus interitus in morte sit, ut ne minima quidem suspicio sensus relinquatur. Hoc igitur probe stabilito et fixo illud excutiendum est, ut sciatur quid sit carere, ne relinquatur aliquid erroris in uerbo. Carere igitur hoc significat : egere eo quod habere uelis. Inest enim uelle in carendo, nisi cum sic tamquam in febri dicitur alia quadam notione uerbi. Dicitur enim alio modo etiam carere, cum aliquid non habeas et non habere te sentias, etiamsi id facile patiare. Carere in morte non dicitur ; nec enim esset dolendum ; dicitur illud : bono carere, quod est malum. Sed ne uiuus quidem bono caret, si eo non indiget ; sed in uiuo intellegi tamen potest regno te carere (dici autem hoc in te satis subtiliter non potest, posset in Tarquinio, cum regno esset expulsus) ; at in mortuo ne intellegi quidem. Carere enim sentientis est,

87 aut cornicibus Vuet (*exp.* si *ante* corn.) : aut si corn. Φ ‖ ecquis id *Dav.* : sit qui id RV^1K^2Bφ sit quis id V^2 sit quid $K^{1c}G^2$.
88 urguendum V^2 : arg. X argumentum φ ‖ ita *ante* carere *add.* *Sauppe* : carere in morte Φ ea re carere *Sey.*

armées tout entières s'élancèrent vers une mort qui n'était pas douteuse ! Oui, si on craignait la mort, L. Brutus ne serait pas tombé dans une bataille rangée, en barrant la route du retour au tyran que lui-même avait chassé ; ils ne se seraient pas, au cours de luttes décisives, jetés sous les coups des ennemis, Décius le père en combattant contre les Latins, son fils contre les Étrusques, son petit-fils contre Pyrrhus ; une seule guerre n'aurait point vu les Scipions tomber en Espagne, Paulus et Geminus à Cannes, Marcellus à Venouse, Albinus dans la forêt de Litana, Gracchus en Lucanie. En est-il un qui soit malheureux aujourd'hui ? Ils ne le furent même pas sur le moment, alors qu'ils eurent rendu le dernier soupir, car il n'est pas possible qu'on soit malheureux une fois que le sentiment est anéanti.

90 « Mais précisément ce qui est affreux, c'est d'être privé de sentiment. » — Affreux, oui, si être privé de sentiment c'était manquer de sentiment ; mais, puisque manifestement rien ne peut exister chez celui qui n'existe pas lui-même, que peut-il y avoir d'affreux relativement à qui n'est pas à même de manquer ni de ressentir un manque ? Et il est vrai que cet argument-ci revient trop souvent, mais la raison en est que l'erreur correspondante est à l'origine de toute l'angoisse morale qui est déterminée par la crainte de la mort. En effet, si l'on s'est bien rendu compte — et la chose est plus claire que le jour, — que, quand l'âme et le corps sont réduits au néant, quand tout principe de vie est détruit et l'anéantissement complet réalisé, l'être vivant qui a existé est devenu inexistant, on apercevra nettement qu'il n'y a point de différence entre l'Hippocentaure qui n'a jamais existé et le roi Agamemnon, et que Camille se soucie de notre guerre civile aussi peu que, de son vivant, je me souciais, moi, de la prise de Rome. Pourquoi donc Camille aurait-il souffert s'il avait eu l'idée que les événements actuels se produi-

nec sensus in mortuo ; ne carere quidem igitur in mortuo est.

XXXVII 89 Quamquam quid opus est in hoc philosophari, cum rem non magnopere philosophia egere uideamus ? Quotiens non modo ductores nostri, sed uniuersi etiam exercitus ad non dubiam mortem concurrerunt ! Quae quidem si timeretur, non L. Brutus arcens eum reditu tyrannum quem ipse expulerat in proelio concidisset, non cum Latinis decertans pater Decius, cum Etruscis filius, cum Pyrrho nepos se hostium telis obiecissent, non uno bello pro patria cadentis Scipiones Hispania uidisset, Paulum et Geminum Cannae, Venusia Marcellum, *Litana* Albinum, Lucani Gracchum. Num quis horum miser hodie ? Ne tum quidem post spiritum extremum ; nec enim potest esse miser quisquam sensu perempto. 90 « At id ipsum odiosum est sine sensu esse ». Odiosum, si id esset carere. Cum uero perspicuum sit nihil posse in eo esse qui ipse non sit, quid potest esse in eo odiosum qui nec careat nec sentiat ? Quamquam hoc quidem nimis saepe, sed eo quod in hoc inest omnis animi contractio ex metu mortis. Qui enim satis uiderit, id quod est luce clarius, animo et corpore consumpto totoque animante deleto et facto interitu uniuerso illud animal quod fuerit factum esse nihil, is plane perspiciet inter Hippocentaurum qui numquam fuerit et regem

88 nec sensus *cel.* : nec est sensus V^2 ‖ ne carere *V* : nec carere *cel.*

89 concurrerunt V^2 φ : concurrerint *cel.* ‖ Geminum *Bφ Gr* : geminium *cel.* ‖ Litana *Lindemann* (*ex Liuio* 23, 21, 7) : Latina *cel.*, hirpini *in ras.* V^c.

90 inest *cel.* : est *V*.

raient environ trois cent cinquante ans plus tard, et pourquoi moi-même souffrirais-je, si j'avais l'idée que dans dix mille ans notre capitale tombera aux mains de quelque nation ? C'est parce que l'amour que nous avons pour la patrie est si grand que la mesure n'en est point notre capacité personnelle de sentir, mais le souci désintéressé de son avenir. XXXVIII **91** Aussi la pensée de la mort qui, en raison des caprices du hasard, nous menace tous les jours, en raison de la brièveté de la vie, ne peut jamais être fort éloignée, n'empêche pas le sage d'étendre à tous les temps son dévouement à l'État et aux siens, dans la pensée que la postérité même l'intéresse, bien qu'il ne doive pas en avoir le sentiment. C'est pourquoi, même si l'on juge que l'âme est mortelle, on est en droit d'entreprendre pour l'éternité, non point par ambition d'une gloire dont on ne saurait avoir le sentiment, mais par ambition de la vertu, et forcément, même si la gloire n'est pas ce que l'on vise, elle est une conséquence de la vertu. Quant à la nature, si sa constitution est telle que la mort amène pour nous la fin de toutes choses, tout comme la naissance en amène le commencement, de même que rien n'a eu d'intérêt pour nous avant notre naissance, ainsi rien n'en aura après notre mort. Et, étant donné cette situation, où le mal peut-il trouver place, attendu que la mort n'intéresse ni les vivants ni les morts ? **92** Les seconds sont inexistants ; les premiers seront hors de sa portée. Et ceux qui s'ingénient à la représenter comme bénigne veulent qu'elle soit tout à fait analogue au sommeil ! Comme si vraiment il se trouvait un individu tenté de devenir nonagénaire à la condition que, après soixante ans accomplis, il dormît pendant les années restantes ! Les porcs (1) même ne le voudraient pas, à plus forte raison lui-même. Quand à Endymion, si nous voulons prêter l'oreille à la légende, depuis je ne sais quand qu'il s'est endormi sur le Latmos, qui est une montagne de Carie, il

Agamemnonem nihil interesse, nec pluris nunc facere M. Camillum hoc ciuile bellum quam ego illo uiuo fecerim Romam captam. Cur igitur et Camillus doleret, si haec post trecentos et quinquaginta fere annos euentura putaret, et ego doleam, si ad decem milia annorum gentem aliquam urbem nostram potituram putem ? Quia tanta caritas patriae est, ut eam non sensu nostro, sed salute ipsius metiamur. XXXVIII **91** Itaque non deterret sapientem mors quae propter incertos casus cotidie imminet, propter breuitatem uitae numquam potest longe abesse, quo minus in omne tempus rei publicae suisque consulat ut posteritatem ipsam, cuius sensum habiturus non sit, ad se putet pertinere. Quare licet etiam mortalem esse animum iudicantem aeterna moliri, non gloriæ cupiditate, quam sensurus non sis, sed uirtutis, quam necessario gloria, etiamsi tu id non agas, consequatur.

Natura uero ⟨si⟩se sic habet, ut, quo modo initium nobis rerum omnium ortus noster adferat, sic exitum mors, ut nihil pertinuit ad nos ante ortum, sic nihil post mortem pertinebit. In quo quid potest esse mali, cum mors nec ad uiuos pertineat nec ad mortuos ? **92** Alteri nulli sunt, alteros non attinget. Quam qui leuiorem faciunt, somni simillimam uolunt esse. Quasi uero quisquam ita nonaginta annos uelit uiuere, ut, cum sexaginta confecerit, reliquos dormiat ! ne sues quidem id uelint, non

90 illo uiuo *cet.* : uiuo illo *G* ‖ urbem nostram *X* : urbe nostra φ.
91 non deterret *VGP* : non n *R* (*linea super* n *ducta*) non modo non K^2V^2Bφ ‖ imminet *cet.* : impendet V^2 ‖ quo minus *cet.* : quo non K^2 ‖ animum K^2B^2φ : —am *cet.* ‖ sis V^c : sit *cet.* ‖ si *add. Graser.*
92 sues X : sui φ Keil.

n'est pas encore, j'imagine, sorti de son engourdissement. Vous figurez-vous donc qu'il s'inquiète, quand la Lune subit des éclipses ? Or c'est elle, assure-t-on, qui le frappa de léthargie pour le baiser pendant son sommeil. Quelle inquiétude aurait-il d'ailleurs, celui qui n'a même pas de sentiment ? L'image de la mort s'offre à vous dans le sommeil, tous les jours vous en revêtez les apparences, et vous doutez que la mort soit dépourvue de tout sentiment, alors que vous ne voyez nul sentiment dans ce qui n'en est que la copie !

XXXIX 93 Loin de nous par conséquent ce préjugé bien digne de vieilles femmes qu'il est malheureux de mourir avant le temps. Avant quel temps, je vous prie ? Est-ce le temps marqué par la nature ? Mais elle, la nature, ne nous a donné la vie qu'à titre de prêt, comme une somme d'argent et sans fixer l'échéance. Qu'avez-vous donc à vous plaindre, si elle réclame son dû quand il lui plaît ? Car l'emprunt nous était consenti à cette condition. Les mêmes gens, s'il meurt un petit enfant, estiment qu'il faut en supporter la perte avec fermeté, et, pour un enfant au berceau, qu'il n'y a même pas lieu de se plaindre. Eh bien ! pourtant, la nature s'est montrée particulièrement dure en réclamant à cet enfant-là ce qu'elle lui avait donné. « Il n'avait pas encore, dit-on, goûté aux douceurs de la vie, tandis que cet autre en était déjà à concevoir de hautes espérances, et commençait à jouir de ses succès ». Oui, mais quand il s'agit de tous les autres biens, on considère précisément qu'il vaut mieux en obtenir une part que rien du tout : pourquoi en serait-il autrement quand il s'agit de la vie ? Et néanmoins Callimaque n'a pas tort de dire que Priam pleura bien plus souvent que Troïlus (1). Quant à ceux-là qui meurent de vieillesse, on loue leur bonheur. 94 Pourquoi ? Car il n'y a personne, je pense, à qui l'existence offrirait plus de charme, si elle se prolongeait ; en effet rien assurément n'est plus doux pour

modo ipse. Endymion uero, si fabulas audire uolumus, ut nescio quando in Latmo obdormiuit, qui est mons Cariae, nondum, opinor, est experrectus. Num igitur eum curare censes, cum Luna laboret, a qua consopitus putatur, ut eum dormientem oscularetur ? Quid curet autem, qui ne sentit quidem ? Habes somnum imaginem mortis eamque cotidie induis, et dubitas quin sensus in morte nullus sit, cum in eius simulacro uideas esse nullum sensum ?

XXXIX **93** Pellantur ergo istae ineptiae paene aniles ante tempus mori miserum esse. Quod tandem tempus ? naturaene ? At ea quidem dedit usuram uitae tamquam pecuniae nulla praestituta die. Quid est igitur quod querare, si repetit, cum uolt ? ea enim condicione acceperas. Iidem, si puer paruus occidit, aequo animo ferendum putant, si uero in cunis, ne querendum quidem. Atqui ab hoc acerbius exegit natura, quod dederat. « Nondum gustauerat » inquit « uitae suauitatem ; hic autem iam sperabat magna, quibus frui coeperat ». At id quidem in ceteris rebus melius putatur aliquam partem quam nullam attingere ; cur in uita secus ? Quamquam non male ait Callimachus multo saepius lacrimasse Priamum quam Troilum. Eorum autem qui exacta aetate moriuntur fortuna laudatur. **94** Cur ? nam, reor, nullis, si uita longior daretur, posset esse iucundior. Nihil enim est profecto homin*i* prudentia dulcius quam, ut cetera

92 in eius *V*[2]φ : eius *X*.
93 at *V*[c]*P* : ad *cel.* ‖ ea *cel.* : ea *in ras.* *V* eam *Gr* ‖ at *BV*φ : ad *GRK* ‖ id quidem *cel.* : id ipsum qu. *V*[rec]. φ ‖ ait *cel.* : agit *KV* ‖ exacta *BVP*φ : et acta *GRK*.
94 homini *edd.* (*cf. infra* homini longum) : hominis Φ.

l'homme que la sagesse, et à supposer que la vieillesse emportât tout le reste, elle apporte incontestablement la sagesse. Mais qu'est-ce qu'une existence longue, ou mieux qu'est-ce qui, d'une façon générale, est long pour l'homme ? N'est-il pas vrai que

> « naguère enfants, naguère jeunes hommes, nous sommes talonnés dans notre carrière, puis, sans que nous nous en doutions, rejoints » (1)

par la vieillesse ? Mais nous appelons cela long, parce que nous n'avons rien à mettre au delà. Dans cet ordre d'idées, c'est uniquement par rapport à l'inégalité des lots assignés aux individus que s'entendent longueur et brièveté. Près du fleuve Hypanis qui se jette dans le Pont-Euxin, du côté de l'Europe, Aristote dit (2) qu'il naît une espèce d'insectes qui vivent un seul jour. Ceux-là donc qui dans le nombre meurent à la huitième heure meurent dans un âge avancé ; quant à ceux qui atteignent le coucher du soleil, c'est dans la décrépitude, surtout s'il se trouve que ce soit un jour de solstice. Comparez la vie la plus longue pour nous à l'éternité, vous constaterez que l'existence assignée à l'homme est à peu de chose près aussi brève que celle de ces insectes.

Exemples de morts courageuses.

XL **95** Méprisons donc toutes les niaiseries — comment qualifier plus légèrement tant de légèreté ? — et faisons consister tout le bonheur réel de la vie dans la fermeté et la grandeur de l'âme, dans un absolu mépris de toutes les choses humaines, et rien que dans la vertu. Car, pour le moment, nous nous laissons efféminer par les idées les plus lâches, au point que si la mort venait à nous frapper avant que ne se réalisent les promesses des Chaldéens (3), nous nous croirions dépouillés de biens d'une importance considérable, joués et dupés. **96** Que si l'attente et le désir tiennent en suspens notre

auferat, adfert certe senectus. Quae uero aetas longa est, aut quid omnino homini longum ? nonne

Modo pueros, modo adulescentes in cursu a tergo insequens
Nec opinantis adsecuta est

senectus ? Sed quia ultra nihil habemus, hoc longum dicimus. Omnia ista, perinde ut cuique data sunt pro rata parte, *ita aut* longa aut breuia dicuntur. Apud Hypanim fluuium qui ab Europae parte in Pontum influit, Aristoteles ait bestiolas quasdam nasci quae unum diem uiuant. Ex his igitur hora octaua quae mortua est, prouecta aetate mortua est ; quae uero occidente sole, decrepita, eo magis, si etiam solstitiali die. Confer nostram longissimam aetatem cum aeternitate, in eadem propemodum breuitate qua illae bestiolae reperiemur.

XL 95 Contemnamus igitur omnis ineptias (quod enim leuius huic leuitati nomen imponam ?) totamque uim bene uiuendi in animi robore ac magnitudine et in omnium rerum humanarum contemptione ac despicientia et in omni uirtute ponamus. Nam nunc quidem cogitationibus mollissimis effeminamur, ut, si ante mors adueniet quam Chaldaeorum promissa consecuti sumus, spoliati magnis quibusdam bonis inlusi destitutique uideamur. 96 Quodsi exspectando et desiderando pendemus animis, cruciamur, angimur, pro di inmortales, quam

94 omnino homini *cel.* : om. est ho. V[uet] ‖ dicimus *cel.* : ducimus *K* ‖ parte ita aut *Man.* : parte auita *cel.* parte aucta *in* parte aut *corr.* *V* aut ita φ.

95 in omnium... — ponamus *habet* NON. 203 ‖ et in omni Φ : et *om.* *Non.* ‖ ponamus *V*φ : p. iussu tyrannorum (*ex* 96) *cel.* ‖ mollissimis φ : molest. *X*.

96 animis *cel.* : animi V[c] ‖ quam me *cel.* : qua me *GR*.

âme, nous torturent, nous serrent le cœur, par les dieux immortels ! combien doit être charmant le voyage au terme duquel il ne subsistera plus trace de souci ni d'inquiétude !

Combien j'aime Théramène ! Quelle âme élevée ! La mort de ce grand homme n'a rien qui provoque la pitié, bien qu'on n'en lise point le récit sans larmes. Jeté en prison sur l'ordre des Trente Tyrans, il avala le poison d'un trait comme pour se désaltérer, projeta hors de la coupe ce qui en restait, de façon à produire une résonance ; celle-ci s'étant fait entendre (1), il sourit et dit : « à la santé du beau Critias » ; or Critias lui avait témoigné la haine la plus farouche. Il faut dire que les Grecs ont coutume, dans les festins, de nommer la personne à laquelle ils veulent faire passer la coupe. Près de rendre l'âme, quand la mort qu'il recélait dans son sein gagnait déjà son cœur, Théramène, cet homme sublime, plaisanta, et la prédiction qu'il avait adressée à Critias en lui faisant les honneurs du poison se vérifia, car la mort de Critias suivit de près la sienne.

97 Qui plaisanterait avec ce calme d'une très grande âme lorsqu'il est lui-même aux prises avec la mort, s'il estimait que la mort fût un mal ? Aussi n'est-ce point la pensée de Socrate. Condamné par des juges aussi scélérats que l'avaient été les tyrans, il se rend à la même prison, il reprend la même coupe qui a déjà servi il y a quelques années à Théramène. Quel est donc son discours, celui où Platon le représente (2) s'adressant aux juges, alors qu'il est déjà condamné à mort ? XLI « Un grand espoir m'anime, ô juges, l'espoir que c'est pour moi un événement heureux d'être envoyé à la mort. De deux choses l'une en effet : ou bien la mort supprime tout à fait tout sentiment, ou elle a pour conséquence le passage des lieux où nous sommes à cer-

illud iter iucundum esse debet, quo confecto nulla reliqua cura, nulla sollicitudo futura sit ! Quam me delectat Theramenes ! quam elato animo est ! Etsi enim flemus cum legimus, tamen non miserabiliter uir clarus emoritur. Qui cum coniectus in carcerem triginta iussu tyrannorum uenenum ut sitiens obduxisset, reliquum sic e poculo eiecit, ut id resonaret, quo sonitu reddito adridens « Propino », inquit, « hoc pulchro Critiae », qui in eum fuerat taeterrimus. Graeci enim in conuiuiis solent nominare, cui poculum tradituri sint. Lusit uir egregius extremo spiritu, cum iam praecordiis conceptam mortem contineret, uereque ei cui uenenum praebiberat, mortem eam est auguratus, quae breui consecuta est.

97 Quis hac maximi animi aequitate in ipsa morte luderet, si mortem malum iudicaret ? Vadit enim in eundem carcerem atque in eundem paucis post annis scyphum Socrates eodem scelere iudicum quo tyrannorum Theramenes. Quae est igitur eius oratio, qua facit eum Plato usum apud iudices iam morte multatum ? XLI « Magna me », inquit, « spes tenet iudices, bene mihi euenire quod mittar ad mortem. Necesse est enim sit alterum de duobus, ut aut sensus omnino omnis mors auferat aut in alium quendam locum ex his locis morte migretur. Quam ob rem, siue sensus extinguitur morsque ei somno similis est qui non numquam

96 obduxisset *X* : obbibisset φ ‖ quo sonitu *V*uet φ : quod s. *cet.* ‖ hoc pulchro *cet.* : poculo *ss.* V^a ‖ taeterrimus *cel.* : deterrimus *V* (d *in ras.*) φ ‖ in conuiuiis φ*BP* : in *om. cet.* ‖ cui (*ante* uenenum) *V (e corr.) Gr* : qui *cet.* ‖ praebiberat *cet.* : praebuerat *VP (e corr.)* φ.

97 hac maximi (maxima *Ebert*)... aequitate... luderet *Ebert* : hanc maximi (maximam *Bentley*)... aequitatem... laudaret Φ ‖ enim *X* : *om.* φ ‖ omnis *K* : omnes *cet.* ‖ migretur *cet.* : meretur *K* ‖ si V^2φ : *om. X*.

tain autre lieu. C'est pourquoi, si le sentiment s'éteint et si la mort est analogue à ces sommeils qui parfois ne sont pas même troublés par des visions de rêve et nous procurent le repos le plus apaisant, ô dieux bons ! quel bénéfice c'est de mourir et combien de jours peut-on trouver qui soient préférables à pareille mort ! Et si les temps qui se succèdent indéfiniment ressemblent à cette nuit-là, quelle félicité plus grande que la mienne ! **98** Si au contraire ce que l'on dit est vrai, si la mort est un passage aux régions habitées par ceux qui ont quitté la vie, alors certes c'est une félicité bien supérieure encore. Arriver, vous, échappé des mains de gens qui ont la prétention de passer pour des juges, près de ceux qui, eux, méritent le titre de juges, Minos, Rhadamante, Eaque, Triptolème, puis vous réunir à ceux qui ont vécu selon la justice et dans la loyauté, est-ce que ce voyage-là peut vous paraître sans intérêt ? Et l'occasion de vous entretenir avec Orphée, Musée, Homère, Hésiode, à quel prix l'estimez-vous donc ? Pour mon compte, j'aurais voulu subir des morts fréquentes, s'il était possible, pour avoir l'occasion de visiter le séjour dont je parle. Mais quelle satisfaction n'aurais-je pas ressentie, quand j'aurais abordé Palamède, Ajax, les autres victimes d'un jugement inique ? J'aurais même mis à l'épreuve la sagesse du grand roi qui conduisit devant Troie une puissante armée, et aussi celle d'Ulysse et de Sisyphe, sans risquer, en posant ces questions ainsi que je le faisais ici, d'être condamné à mort. Vous non plus, ô juges qui avez été d'avis de m'absoudre, ne redoutez point la mort. **99** C'est qu'en effet il ne peut rien arriver de mal à tout honnête homme, ni dans la vie, ni dans la mort ; jamais les dieux immortels ne se désintéresseront de ses affaires, et ce qui m'arrive à moi-même aujourd'hui n'est pas l'effet du hasard. Au reste, il n'y a pas lieu pour moi d'en vouloir à ceux qui

etiam sine uisis somniorum placatissimam quietem adfert, di boni, quid lucri est emori ! aut quam multi dies reperiri possunt qui tali nocti anteponantur, cui si similis futura est perpetuitas omnis consequentis temporis, quis me beatior ? **98** Sin uera sunt, quae dicuntur, migrationem esse mortem in eas oras, quas qui e uita excesserunt incolunt, id multo iam beatius est. Tene, cum ab iis qui se iudicum numero haberi uolunt euaseris, ad eos uenire, qui uere iudices appellentur, Minoem, Rhadamanthum, Aeacum, Triptolemum, conuenireque eos qui iuste et cum fide uixerint ! Haec peregrinatio mediocris uobis uideri potest ? Vt uero conloqui cum Orpheo, Musaeo, Homero, Hesiodo liceat, quanti tandem aestimatis ? Equidem saepe emori si fieri posset, uellem, ut ea quae dico mihi liceret inuisere. Quanta delectatione autem adficerer, cum Palamedem, cum Aiacem, cum alios iudicio iniquo circumuentos conuenirem ! Temptarem etiam summi regis qui maximas copias duxit ad Troiam, et Vlixi Sisyphique prudentiam, nec ob eam rem, cum haec exquirerem, sicut hic faciebam, capite damnarer. Ne uos quidem iudices ii, qui me absoluistis, mortem timueritis. **99** Nec enim cuiquam bono mali quicquam euenire potest nec uiuo nec mortuo, nec umquam eius res a dis inmortalibus neglegentur, nec mihi ipsi hoc accidit fortuito. Nec uero ego iis, a quibus accusatus aut a quibus condemnatus

98 Aliacum φ : — em *X* || et cum *M*φ : et *om. cet.* || inuisere *V* (ise *in r.* V^c) : inuenire *cet.* || iniquo circumuentos *ex corr.* V^c : iniquorum uentos *RGP* (*al. m.* circum *ss.*) *B* (circum *in mg.*) *K* (*al. m.* preteritum *ss.*) iniquorum circumu. φ || Vlixi *cet.* : —xis V^2φ || hi *uel* ii *cet.* : si V^2.

m'ont accusé ou condamné, si ce n'est de ce qu'ils se sont imaginé qu'ils me nuisaient. » Tel est le ton de son discours, dont la fin est parfaitement belle (1) : « mais il est temps de partir d'ici, moi pour mourir, vous pour vivre ; quant à savoir laquelle des deux choses vaut le mieux, les dieux immortels le savent, mais d'homme qui le sache, je ne pense pas qu'il en existe aucun. » XLII Oui, je préférerais de beaucoup pour mon compte les sentiments de Socrate au destin de tous ceux qui le déclarèrent coupable. Bien qu'il dise que personne ne sait, à l'exception des dieux, laquelle des deux choses est la meilleure, lui-même le sait, et il l'a dit auparavant, mais il reste jusqu'au bout fidèle à son fameux principe, qui est de ne rien affirmer. 100 Quant à nous, restons fidèles à cette opinion que ce que la nature a donné à tous ne saurait être mauvais, et rendons nous compte que si la mort était un mal, le mal serait éternel. En effet une vie malheureuse paraît trouver son terme dans la mort ; si c'est la mort qui est malheureuse, il ne peut y avoir de terme au malheur.

Mais pourquoi évoquer un Socrate ou un Théramène que la gloire acquise à leur vertu et à leur sagesse a mis hors de pair, quand certain Lacédémonien dont le nom même n'a pas été conservé montra pour la mort tant de mépris. Tandis qu'on l'y conduisait, après sa condamnation par les Ephores, il avait un air riant et joyeux, et un individu qui était son ennemi lui ayant dit : « Méprises-tu les lois de Lycurgue ? » il répondit : « Au contraire, je lui sais beaucoup de gré de m'avoir infligé une amende que j'étais à même de payer sans emprunter ni payer d'intérêts. » O Spartiate digne de ce nom ! Il faut, je crois, pour avoir montré tant de grandeur d'âme, qu'il ait été innocent du crime pour lequel il fut condamné. 101 De pareils hommes, notre patrie en a produit d'innombrables. Mais à quoi bon citer des noms de

sum habeo quod suscenseam, nisi quod mihi nocere se crediderunt ». Et haec quidem hoc modo ; nihil autem melius extremo : « Sed tempus est », inquit, « iam hinc abire me, ut moriar, uos, ut uitam agatis. Vtrum autem sit melius, di inmortales sciunt, hominem quidem scire arbitror neminem ».

XLII Ne ego haud paulo hunc animum malim quam eorum omnium fortunas qui de hoc iudicauerunt. Etsi, quod praeter deos negat scire quemquam, id scit ipse utrum sit melius ; nam dixit ante ; sed suum illud, nihil ut adfirmet, tenet ad extremum. **100** Nos autem teneamus, ut nihil censeamus esse malum, quod sit a natura datum omnibus, intellegamusque, si mors malum sit, esse sempiternum malum. Nam uitae miserae mors finis esse uidetur ; mors si est misera, finis esse nullus potest.

Sed quid ego Socratem aut Theramenem, praestantis uiros uirtutis et sapientiae gloria, commemoro ? cum Lacedaemonius quidam, cuius ne nomen quidem proditum est, mortem tantopere contempserit, ut, cum ad eam duceretur damnatus ab ephoris et esset uoltu hilari atque laeto, dixissetque ei quidam inimicus : « Contemnisne leges Lycurgi ? » responderit : « Ego uero illi maximam gratiam habeo, qui me ea poena multauerit, quam sine mutuatione et sine uersura possem dissoluere ». O uirum Sparta dignum ! ut mihi quidem, qui tam magno animo fuerit, innocens damnatus esse uideatur

99 utrum... neminem *libere reddit* LACT. *Inst.* 7, 2, 10 ‖ haud *V*²φ : aut *X*.
100 aut Ther. *V* : et aut *X*.

généraux et de gouvernants quand, d'après Caton (1), des légions partirent souvent avec entrain vers des positions d'où les hommes ne pensaient pas revenir. C'est avec le même courage que moururent aux Thermopyles les Lacédémoniens en l'honneur de qui Simonide écrivit cette épitaphe :

« Étrangers, dis à Sparte, que tu nous as vu gisant ici, respectueux des lois sacrées de la patrie ». (2)

[Qu'est-ce que leur dit Léonidas, leur fameux général ? « Marchez avec courage, Lacédémoniens, peut-être dînerons-nous aujourd'hui aux Enfers ». Ces Lacédémoniens furent une nation vaillante, tant que les lois de Lycurgue demeurèrent en vigueur.] Au cours d'une entrevue, le chef perse ayant dit par bravade : « Vous ne verrez pas le soleil, tant nous lancerons de traits et de flèches », l'un d'eux répondit : « eh bien ! nous serons à l'ombre pour combattre. » 102 Ce sont des hommes que je cite ; mais que penser d'une femme de Lacédémone ? Elle avait envoyé son fils au combat. Elle apprend qu'il est tué : « en le mettant au monde », dit-elle, « c'était bien mon intention d'en faire un homme qui n'hésiterait pas à mourir pour la patrie. » XLIII Soit, c'étaient des gens courageux et durs à eux-mêmes que les Spartiates, c'est une influence puissante, celle qu'exercent les institutions nationales. Mais quoi ! refuserons-nous notre admiration à un Cyrénéen, à Théodore, philosophe assez réputé ? Le roi Lysimaque le menaçait de la croix : « je t'en prie, dit-il, adresse-toi à tes courtisans en livrée de pourpre, avec tes instruments horrifiques ; pour ce qui est de Théodore, il lui est indifférent de pourrir dans la terre ou en l'air. » (3)

Préjugés sur la sépulture

Ce trait me fait songer qu'il serait bon de dire un mot des enterrements et des sépultures. La chose est sans

101 Talis innumerabilis nostra ciuitas tulit. Sed quid duces et principes nominem, cum legiones scribat Cato saepe alacris in eum locum profectas, unde redituras se non arbitrarentur ? Pari animo Lacedaemonii in Thermopylis occiderunt, in quos Simonides :

Dic, hospes, Spartae nos te hic uidisse iacentis,
Dum sanctis patriae legibus obsequimur.

[Quid ille dux Leonidas dicit ? « Pergite animo forti, Lacedaemonii ; hodie apud inferos fortasse cenabimus ». Fuit haec gens fortis, dum Lycurgi leges uigebant.] E quibus unus, cum Perses hostis in conloquio dixisset glorians : « Solem prae iaculorum multitudine et sagittarum non uidebitis », « In umbra igitur », inquit, « pugnabimus ». **102** Viros commemoro ; qualis tandem Lacaena ? quae cum filium in proelium misisset et interfectum audisset, « Idcirco », inquit, « genueram, ut esset, qui pro patria mortem non dubitaret occumbere ».

XLIII Esto, fortes et duri Spartiatae ; magnam habet uim rei publicae disciplina. Quid ? Cyrenaeum Theodorum, philosophum non ignobilem, nonne miramur ? cui cum Lysimachus rex crucem minaretur, « Istis, quaeso », inquit, « ista horribilia minitare pur-

101 quos φ : quo *X* || quid... — uigebant *del. ut gloss. Bentl. Dav. Schiche* : *def. Plasberg Po. Sed Ciceronem uerbum* ἀριστᾶν *pro* ἀριστεύειν *accepisse uerisimile non est : Deinde Lycurgi leges Ciceronis aetate adhuc uiguisse ex Tusculanis ipsis apparet* (*cf.* 2, 14, 34; 2, 15, 36 ; 2, 20, 46 ; 5, 27, 77; 5, 34, 98). *Tum* e quibus *pertinet ad milites in Thermopylis pugnantes, non ad Lacedaemoniorum gentem.* || Leonidas φ : semidam *X sed exp.* V^c) semideus *Lundström* || dicit *cet.* : *in ras. GR* d *expunxit V unde* dux <dum hostem proditor per> semitam ducit *Plasberg* || pergite φ : prandete *Erasmus Ern. Sey. alii.*

difficulté, surtout quand on est au courant de ce que nous avons dit tout à l'heure relativement à l'absence de sentiment chez les morts. Ce qu'en pensait un Socrate est manifeste dans l'ouvrage qui est consacré au récit de sa mort et dont nous avons cité un large extrait (1). **103** Après qu'il eut traité de l'immortalité de l'âme, quand déjà l'heure marquée pour sa mort était toute proche, Criton lui demanda comment il voulait être enseveli : « eh bien ! mes amis », dit Socrate (2), « je me suis donné beaucoup de peine pour rien ; je n'ai pas réussi en effet à convaincre notre ami Criton que je m'envolerais hors d'ici et n'y laisserais rien de moi-même. Néanmoins, Criton, si tu réussis à me rejoindre et quel que soit l'endroit où tu me trouves, enterre-moi comme bon te semblera. Mais crois-moi, aucun de vous, quand je serai hors d'ici, ne réussira à me rattraper. » Paroles admirables, puisque Socrate laissait toute latitude à son ami, tout en faisant bien voir qu'il se désintéressait complètement de toute cette question. **104** Diogène (3) était moins sensible et, bien que son opinion fût celle de Socrate, il l'exprima, à la façon cynique, plutôt brutalement : il voulut que son corps fût abandonné sans sépulture. « Aux oiseaux et aux bêtes sauvages ! » s'écrièrent alors ses amis. « Pas le moins du monde », dit Diogène, « mettez à côté de moi à ce moment-là un bâton qui me servira à les chasser. » Les amis de dire : « comment le pourras-tu, puisque tu ne sentiras rien ? » « Eh bien ! si je ne sens rien, en quoi cela me gênera-t-il d'être déchiqueté par les bêtes ? » Il y a un beau mot d'Anaxagore : ce philosophe agonisait à Lampsaque et ses amis lui demandèrent s'il voulait, au cas où il lui arriverait malheur, qu'on le transportât à Clazomènes, sa patrie : « C'est absolument inutile », dit Anaxagore, « de n'importe quel endroit la distance aux Enfers est juste

puratis tuis ; Theodori quidem nihil interest humine an sublime putescat ».

Cuius hoc dicto admoneor ut aliquid etiam de humatione et sepultura dicendum existimem, rem non difficilem, iis praesertim cognitis quae de nihil sentiendo paulo ante dicta sunt. De qua Socrates quidem quid senserit, apparet in eo libro in quo moritur, de quo iam tam multa diximus. **103** Cum enim de inmortalitate animorum disputauisset et iam moriendi tempus urgeret, rogatus a Critone quem ad modum sepeliri uellet, « Multam uero », inquit, « operam, amici, frustra consumpsi. Critoni enim nostro non persuasi me hinc auolaturum neque mei quicquam relicturum. Verum tamen, Crito, si me adsequi potueris aut sicubi nactus eris, ut tibi uidebitur, sepelito. Sed, mihi crede, nemo me uestrum, cum hinc excessero, consequetur ». Praeclare id quidem, qui et amico permiserit et se ostenderit de hoc toto genere nihil laborare. **104** Durior Diogenes, et is quidem eadem sentiens, sed ut Cynicus asperius, proici se iussit inhumatum. Tum amici : « Volucribusne et feris ? » « Minime uero », inquit ; « sed bacillum propter me quo abigam ponitote. » « Qui poteris ? » illi, « non enim senties ». « Quid igitur mihi ferarum laniatus oberit nihil sentienti ? » Praeclare Anaxagoras, qui cum Lampsaci moreretur, quaerentibus amicis, uelletne Clazomenas in patriam, si quid accidisset, auferri, « Nihil necesse est », inquit, « undique enim ad inferos tantundem uiae

103 sepeliri *cel.* : se sep. *V* ‖ mei O_3 O_4 *Bentl.* : me *X*φ ‖ uidebitur (ὅπως ἂν σοὶ φίλον ᾖ *Phaed.* 115e) φ : uidetur *X*.

104 eadem *ss. supra* is *V*[2] : *om. cel.* ‖ bacillum *cel.* : bac. enim *V*[2] ‖ qui poteris *V*[2]*B*ρ : quid p. *cel.*.

la même. (1) » Bref, sur toute cette question de sépulture il n'y a qu'un point à retenir, à savoir que c'est le corps qu'elle intéresse, et cela aussi bien si l'âme périt que si elle survit ; or que l'âme se soit éteinte ou qu'elle se soit échappée, il est clair qu'il ne subsiste dans le corps nul sentiment.

XLIV **105** Mais le préjugé est partout. Achille traîne Hector attaché à son char ; il pense, ma foi, qu'Hector est déchiré et le sent. Voilà donc notre homme qui assouvit sa vengeance, du moins il se le figure ; en revanche, voici une personne qui s'en désole, comme s'il s'agissait du supplice le plus cruel :

« J'ai vu ce dont la vue a été pour moi l'épreuve la plus pénible, Hector traîné par un char attelé à quatre coursiers » (2).

De quel Hector s'agit-il ou plutôt combien de temps ce cadavre sera-t-il Hector ? Accius s'exprime mieux, et Achille est parfois philosophe :

« Que dis-je ? en vérité le corps je l'ai rendu à Priam ; mais Hector, je l'ai supprimé. » (3)

Ce n'était donc pas Hector que tu traînais, mais le corps qui avait appartenu à Hector.

106 En voici un autre qui sort de terre, exprès pour empêcher sa mère de dormir :

« Mère, c'est à toi que je m'adresse, toi qui allèges ton chagrin par la trêve du sommeil, sans avoir pitié de moi ; lève-toi et ensevelis ton enfant. » (4)

Quand une harmonie lente et plaintive, capable de plonger dans la tristesse tout un public, accompagne ces vers, il est difficile de ne pas considérer comme un malheur la privation de sépulture :

« avant que les bêtes sauvages et les oiseaux... » (5)

Il a peur de perdre le bon usage de ses membres, si on le déchire ; si on le réduit complètement en cendres, il est rassuré :

est ». Totaque de ratione humationis unum tenendum est, ad corpus illam pertinere, siue occiderit animus siue uigeat. In corpore autem perspicuum est uel extincto animo uel elapso nullum residere sensum.

XLIV **105** Sed plena errorum sunt omnia. Trahit Hectorem ad currum religatum Achilles ; lacerari eum et sentire, credo, putat. Ergo hic ulciscitur, ut quidem sibi uidetur ; at illa sicut acerbissimam rem maeret :

> Vidi, uidere quod me passa aegerrume,
> Hectorem curru quadriiugo raptarier.

Quem Hectorem, aut quam diu ille erit Hector ? Melius Accius et aliquando sapiens Achilles :

> Immo enimuero corpus Priamo reddidi, Hectora abstuli.

Non igitur Hectora traxisti, sed corpus, quod fuerat Hectoris. **106** Ecce alius exoritur e terra, qui matrem dormire non sinat :

> Mater, te appello, tu, quae curam somno suspensam leuas,
> Neque te mei miseret, surge et sepeli natum —

Haec cum pressis et flebilibus modis, qui totis theatris maestitiam inferant, concinuntur, difficile est non eos qui inhumati sint miseros iudicare.

> Prius quam ferae
> Volucresque —.

105 ulciscitur *cet.* : se *ante* u. *add.* V^2 || *uersus sunt Enn. Andr.* 100 || curru *cet.* : curro *RKVG* || Hectora abst. *Nieberding, Doug.* : hectorem Φ.

106 suspensam φ *Porphyrio ad Hor. Sat.* 2, 3, 58 : suspenso *X*φ.

« ne permettez pas que mes restes soient ignominieusement traînés çà et là sur le sol, à demi rongés, avec leurs os dépouillés de leur chair et enduits de sanie ». (1)

107 Je ne vois pas de quoi il a peur, étant capable de débiter au rythme de la flûte des septénaires de cette qualité. Il faut donc, quand nous voyons nombre de gens infliger des châtiments à leurs ennemis même morts, nous attacher à cette idée qu'il n'y a pas à se soucier de ce qui arrive après la mort. Chez Ennius, Thyeste fait des imprécations en vers brillants, ma foi, et c'est d'abord pour souhaiter qu'Atrée périsse dans un naufrage : voilà qui est vraiment dur, car on ne finit pas comme cela sans éprouver de terribles souffrances ; mais pour ceci ce n'est que chimère :

« que lui-même, fiché au sommet d'âpres roches, éventré, les entrailles pendantes, inonde les roches de pourriture, de sanie et de sang noir ! » (2)

L'homme « aux entrailles pendantes », à qui Thyeste entend souhaiter un affreux supplice, aura tout juste autant de sentiment que les roches mêmes. Oui, cela serait dur, s'il le sentait. Mais cela est inexistant, puisqu'il ne sent rien. Quant à ceci, c'est tout ce qu'il y a de plus chimérique :

« qu'il n'ait point l'abri du tombeau, port de notre corps, où le corps trouve l'apaisement de ses maux quand nous sommes délivrés de cette vie ! » (3)

Tu vois de quel énorme préjugé tout cela s'inspire : il pense que le tombeau est un port pour notre corps et qu'une fois mort on y prend son repos. C'est un grand tort qu'a eu Pélops de ne pas donner d'instruction à son fils et de ne pas lui apprendre qu'en toute chose il y a une mesure à garder.

XLV 108 Mais pourquoi nous arrêter à des opinions individuelles, puisque nous pouvons reconnaître chez

Metuit ne laceratis membris minus bene utatur, ne combustis, non extimescit.

Neu relliquias sem*esas* sireis denudatis ossibus
Per terram sanie delibutas foede diuexarier.

107 Non intellego quid metuat, cum tam bonos septenarios fundat ad tibiam. Tenendum est igitur nihil curandum esse post mortem, cum multi inimicos etiam mortuos poeniuntur. Execratur luculentis sane uersibus apud Ennium Thyestes, primum ut naufragio pereat Atreus. Durum hoc sane ; talis enim interitus non est sine graui sensu ; illa inania :

Ipse summis saxis fixus asperis, euisceratus,
Latere pendens, saxa spargens tabo, sanie et sanguine atro.

Non ipsa saxa magis sensu omni uacabunt quam ille « latere pendens », cui se hic cruciatum censet optare. Quae essent dura, si sentiret ; nulla, sine sensu. Illud uero perquam inane :

Neque sepulcrum, quo recipiat, habeat portum corporis,
Vbi remissa humana uita corpus requiescat malis.

Vides quanto haec in errore uersentur ; portum esse corporis et requiescere in sepulcro putat mortuum, magna culpa Pelopis, qui non erudierit filium nec docuerit quatenus esset quidque curandum.

106 semesas (semensas V^2 *in mg.*) *ex Apul. Met.* 8, 15 *Po.* : semiassi reis *X* (regis V^{rec} φ) semiustas *Vahlen* semiesas *Bentl.* ‖ sireis *Haupt* ‖ delibutas *cet.* : — am V^{rec}.

107 tenendum... puniuntur *habet* Non. 479 *et* (*inde a* cum) 471 ‖ omni φ *V* (a *exp.*) : omnia *cet.* ‖ quae V^2 : quam *X* ‖ sentiret P^cM^2 φ : sentirent *X* ‖ nulla sine sensu *X*φ : n. s. s. sunt *uel* sunt n. s. s. φ.

des nations des préjugés de toute nature ? Les Égyptiens embaument leurs morts et les gardent à la maison ; les Perses, pour assurer aux corps la plus longue durée possible, ne les mettent au tombeau qu'après les avoir enduits de cire. Pour les Mages, leur coutume est de ne pas enterrer les corps de leurs proches, sans avoir pris la précaution de les faire déchirer par les bêtes sauvages ; en Hyrcanie, ce sont des chiens qui font la besogne : pour le petit peuple, il y a des chiens entretenus aux frais de la communauté, tandis que les grands ont leurs chiens particuliers. On sait d'ailleurs que la race de chiens dont il s'agit est renommée, mais chacun fait selon ses moyens pour se faire déchirer par ces animaux : c'est là, à leur avis, la meilleure des sépultures. Il existe une foule d'autres coutumes que Chrysippe (1) a recueillies, car c'est un chercheur qui ne néglige aucun détail, mais il y en a de si hideuses que j'aurais horreur de les rapporter. Tout ce point donc, il faut le traiter par le mépris, en ce qui nous concerne ; en ce qui concerne les nôtres, il ne faut pas le négliger, avec cette réserve cependant que nous, les survivants, nous ayons le sentiment que les corps des défunts n'ont point de sentiment. **109** Quant à la question de savoir dans quelle mesure il faut sacrifier à la coutume et à l'opinion publique, que les survivants s'en préoccupent, sans perdre de vue toutefois que les morts s'en désintéressent.

Mais assurément la condition la plus favorable pour affronter la mort avec sérénité, c'est de trouver des consolations dans les mérites propres de cette existence qui va disparaître. Personne n'a trop peu vécu, s'il a pleinement réalisé en lui-même la perfection de la vertu. Moi-même, je me suis trouvé pour mourir dans les conjonctures les plus propices. Plût aux dieux qu'il m'eût été donné de succomber alors ! Ma situation ne pouvait

XLV 108 Sed quid singulorum opiniones animaduertam, nationum uarios errores perspicere cum liceat? Condiunt Aegyptii mortuos et eos seruant domi, Persae etiam cera circumlitos condunt, ut quam maxime permaneant diuturna corpora. Magorum mos est non humare corpora suorum, nisi a feris sint ante laniata. In Hyrcania plebs publicos alit canes, optumates domesticos. Nobile autem genus canum illud scimus esse; sed pro sua quisque facultate parat, a quibus lanietur, eamque optumam illi esse censent sepulturam. Permulta alia colligit Chrysippus, ut est in omni historia curiosus; sed ita taetra sunt quaedam, ut ea fugiat et reformidet oratio. Totus igitur hic locus est contemnendus in nobis, non neglegendus in nostris, ita tamen ut mortuorum corpora nihil sentire uiui sentiamus. 109 Quantum autem consuetudini famaeque dandum sit, id curent uiui, sed ita, ut intellegant nihil id ad mortuos pertinere.

Sed profecto mors tum aequissimo animo oppetitur, cum suis se laudibus uita occidens consolari potest. Nemo parum diu uixit, qui uirtutis perfectae perfecto functus est munere. Multa mihi ipsi ad mortem tempestiua fuerunt. Qua*m* utinam potuissem obire! Nihil enim iam acquirebatur, cumulata erant officia uitae, cum fortuna bella restabant. Quare si ipsa ratio minus perficiet ut mortem neglegere possimus, at uita acta

108 condunt *cet.* : condiunt $V^2\varphi$ ‖ publicos φ *V* (pu *in ras.*) *B e corr.* : supplicos *RGK* — ces *P* ‖ in nobis *cet.* : in *exp.* V^1 ‖.
109 perfecto *cet.* : *exp.* V^2 ‖ quam *Dav.* : quae Φ ‖ fortuna *cet.* : — ae K^2B.

plus s'accroître ; j'avais rempli mes devoirs d'homme jusqu'au bout ; ce qui m'attendait, c'était des conflits avec le destin. C'est pourquoi, si la raison à elle seule n'arrive pas à nous mettre en état de dédaigner la mort, eh bien ! que notre passé arrive à nous convaincre que nous avons assez et trop vécu. Sans doute il se peut que le sentiment vienne à disparaître, mais si insensibles que puissent être les morts, les biens du mérite et de la gloire qui sont à eux et leur appartiennent en propre ne leur manquent pas pour autant ; car, bien que la gloire ne renferme rien de très désirable, elle accompagne cependant la vertu comme son ombre. XLVI **110** Mais s'il arrive à la foule de porter un jugement juste sur des gens de bien, cela fait plus honneur à son jugement qu'à ceux qui mettent là leur félicité. Je ne saurais dire d'ailleurs, et cela de quelque façon qu'on entende mes paroles, que la gloire de législateur, de créateur des institutions nationales manque à Lycurgue, à Solon, celle de grand capitaine à Thémistocle, à Epaminondas. Neptune engloutira Salamine elle-même avant la mémoire des trophées de Salamine, et Leuctres en Béotie disparaîtra plus tôt que la gloire qui s'attache à la victoire de Leuctres. Mais la renommée sera bien plus lente encore à délaisser Curius, Fabricius, Calatinus, les deux Scipions et les deux Africains, Maximus, Marcellus, Paulus, Caton et Laelius, d'autres qu'on ne saurait dénombrer. Aura-t-on réussi à attraper quelque ressemblance avec ces hommes-là, à en juger non point d'après la popularité, mais d'après la solide estime des gens de bien, c'est l'âme pleine d'assurance, si les circonstances l'exigent, que l'on marchera à la mort, à cette mort où nous avons reconnu le souverain bien ou du moins l'absence de mal. Et si notre situation est favorable, on souhaitera même de mourir, car la prospérité ne peut avoir autant de charme en s'accroissant qu'elle cause de

perficiat, ut satis superque uixisse uideamur. Quamquam enim sensus abierit, tamen su*is* et propriis bonis laudis et gloriae, quamuis non sentiant, mortui non carent. Etsi enim nihil habet in se gloria cur expetatur, tamen uirtutem tamquam umbra sequitur. XLVI **110** Verum multitudinis iudicium de bonis si quando est, magis laudandum est quam illi ob eam rem beati. Non possum autem dicere, quoquo modo hoc accipietur, Lycurgum, Solonem legum et publicae disciplinae carere gloria, Themistoclem, Epaminondam bellicae uirtutis. Ante enim Salamin*a* ipsam Neptunus obruet quam Salaminii tropaei memoriam, priusque Boeotia Leuctra tollentur quam pugnae Leuctricae gloria. Multo autem tardius fama deseret Curium, Fabricium, Calatinum, duo Scipiones, duo Africanos, Maximum, Marcellum, Paulum, Catonem, Laelium, innumerabilis alios ; quorum similitudinem aliquam qui arripuerit, non eam fama populari, sed uera bonorum laude metiens, fidenti animo, si ita res feret, gradietur ad mortem, in qua aut summum bonum aut nullum malum esse cognouimus. Secundis uero suis rebus uolet etiam mori ; non enim tam cumulus bonorum iucundus esse potest quam molesta decessio. **111** Hanc sententiam significare uidetur

109 perficiat *cel.* : perficiet V^2 ‖ quamquam enim *cel.* : q. si V^2 ‖ suis *Lb.* : summis Φ ‖ expetatur *BV e corr.* φ : expectatur *cel.* ‖ sequitur *cel.* : sequatur V^2.

110 uerum m. iud. de bonis Φ : et ue. *Bentl.* igit. ue. *Sey.* de bonis < bonum > *Po.* ‖ Epaminondam *cel.* : et ep. V^2 ‖ Salamina *Man.* : — am Φ ‖ Boeotia *cel.* : e boeo. V^2 ‖ Leuctra *cel.* : leuctrae V^2 ‖ quam *KB*φ : quae *RGV*¹ (a *supra* ae *add.* V^2) ‖ duo *cel.* : duos V^{rec} ‖ animo *cel.* : anima *G* ‖ fidenti... cognouimus *habet* Lact. *inst.* 7, 10, 9 ‖ res feret V^2 φ *Lact.* : refert *cel.*

peine si elle vient à décroître. 111 C'est apparemment ce qu'un Laconien voulait faire entendre à Diagoras de Rhodes, champion célèbre des Jeux Olympiques, qui venait de voir ses deux fils vainqueurs à Olympie le même jour. Le Laconien aborda le vieillard et le félicitant : « meurs, Diagoras », dit-il, « car tu n'es pas destiné à monter au ciel. (1) » Grande et peut-être trop grande était la considération que les Grecs attachent ou plutôt attachaient à ces succès, et l'homme qui parla ainsi estimait que c'était pour un homme un bonheur immense de voir que trois champions Olympiques sortaient de sa famille ; aussi pensait-il qu'il y avait désavantage pour Diagoras lui-même à s'exposer aux coups de la Fortune en s'attardant dans la vie.

Bien qu'il me parût que j'étais bref, j'avais répondu de façon suffisante pour toi personnellement, car tu m'avais accordé qu'aucun mal n'atteint les morts ; mais il y a une raison pour laquelle j'ai tenu à parler davantage : c'est que nous trouvons ici la plus puissante des consolations dans le regret et dans le deuil. Pour la douleur qui s'inspire de notre personne et de notre intérêt, c'est en effet une obligation pour nous que de la supporter avec calme, si nous ne voulons point montrer que c'est nous-même que nous aimons ; mais ce qui cause une douleur intolérable, ce qui est un supplice, c'est la pensée que ceux que nous avons perdus conservent du sentiment et éprouvent les maux que le vulgaire imagine. C'est de ce préjugé que j'ai voulu radicalement délivrer mon propre cœur, et voilà pourquoi j'ai été peut-être un peu trop long.

XLVII 112 Trop long, toi ! En tout cas, pas pour moi. Car, pendant la première partie de ton exposé, j'en étais à désirer la mort, pendant la seconde, à éprouver tout à tour de l'indifférence et de l'insouciance à son égard, et, pris dans son ensemble, ton exposé a eu

Laconis illa uox, qui, cum Rhodius Diagoras, Olympionices nobilis, uno die duo suos filios uictores Olympiae uidisset, accessit ad senem et gratulatus : « Morere, Diagora », inquit ; non enim in caelum ascensurus es ». Magna haec et nimium fortasse Graeci putant uel tum potius putabant, isque qui hoc Diagorae dixit permagnum existimans tris Olympionicas una e domo prodire, cunctari illum diutius in uita fortunae obiectum inutile putabat ipsi.

Ego autem tibi quidem, quod satis esset, paucis uerbis, ut mihi uidebar, responderam. Concesseras enim nullo in malo mortuos esse, sed ob eam causam contendi ut plura dicerem, quod in desiderio et luctu haec est consolatio maxima. Nostrum enim et nostra causa susceptum dolorem modice ferre debemus, ne nosmet ipsos amare uideamur. Illa suspicio intolerabili dolore cruciat, si opinamur eos quibus orbati sumus, esse cum aliquo sensu in iis malis quibus uolgo opinantur. Hanc excutere opinionem mihimet uolui radicitus eoque fui fortasse longior.

XLVII **112** Tu longior ? non mihi quidem. Prior enim pars orationis tuae faciebat ut mori cuperem, posterior, ut modo non nollem, modo non laborarem ; omni autem oratione illud certe perfectum est, ut mortem non ducerem in malis.

Num igitur etiam rhetorum epilogum desideramus ? an hanc iam artem plane relinquimus ?

111 duo *cet.* : duos *V*[rec] *P* φ || tris *cet.* : tres *G* || uidebar *cet.* : uidebatur *V*[2] || mihimet *cet.* : ipsi *ss.* *V*[2].
112 oratione *cet.* : ratione *GR*.

sûrement un résultat, c'est que je ne range pas la mort au nombre des maux.

Dans ces conditions, tiens-tu à ce que je fasse par surcroît une péroraison de rhétorique ? Ou bien faut-il renoncer complètement désormais à mon art ?

Garde-toi bien de renoncer à un art que tu as toujours célébré, avec raison, ma foi, car, à dire vrai, c'est lui qui t'avait rendu célèbre. Mais quelle est donc la péroraison à laquelle tu songeais ? Je suis curieux de l'entendre, quel qu'en soit le sujet.

Péroraison : éloge de la mort.

113 Les maîtres de philosophie ont l'habitude de prendre à témoin les dieux immortels en faveur de la mort, et ces témoignages, ils ne les fabriquent pas eux-mêmes, mais les empruntent à Hérodote (1) et à nombre d'autres écrivains. D'abord on fait grand cas de ce qui arriva à Cléobis et à Biton, les fils d'une prêtresse argienne. C'est une légende bien connue. Il y avait un sacrifice qui revenait tous les ans à date fixe, et le rite voulait que la prêtresse fut conduite en char au sanctuaire. Ce sanctuaire était assez loin de la ville et l'attelage ne venait pas. Alors les jeunes gens dont je viens de citer les noms ôtèrent leurs habits, se frottèrent le corps d'huile et s'attelèrent au char. Ayant ainsi fait route jusqu'au sanctuaire, sur un char traîné par ses fils, la prêtresse pria, dit-on, la déesse de leur donner en récompense de leur amour filial le plus grand bien qu'un dieu puisse donner à un homme. Les jeunes gens participèrent au festin avec leur mère, puis se livrèrent au sommeil : au matin on les trouva morts. 114 Une prière analogue fut faite, dit-on, par Trophonius et Agamède. Après qu'ils eurent bâti pour Apollon le temple de Delphes, ils adorèrent le Dieu et lui demandèrent pour leur travail et leur peine un sa-

Tu uero istam ne reliqueris quam semper ornasti, et quidem iure; illa enim te, uerum si loqui uolumus, ornauerat. Sed quinam est iste epilogus? aueo enim audire, quicquid est.

113 Deorum inmortalium iudicia solent in scholis proferre de morte, nec uero ea fingere ipsi, sed Herodoto auctore aliisque pluribus. Primum Argiae sacerdotis Cleobis et Bito filii praedicantur. Nota fabula est. Cum enim illam ad sollemne et statum sacrificium curru uehi ius esset satis longe ab oppido ad fanum, morarenturque iumenta, tum iuuenes ii quos modo nominaui ueste posita corpora oleo perunxerunt, ad iugum accesserunt. Ita sacerdos aduecta in fanum, cum currus esset ductus a filiis, precata a dea dicitur, ut id illis praemi daret pro pietate, quod maxumum homini dari posset a deo; post epulatos cum matre adulescentis somno se dedisse, mane inuentos esse mortuos. **114** Simili precatione Trophonius et Agamedes usi dicuntur; qui cum Apollini Delphis templum exaedificauissent, uenerantes deum petiuerunt mercedem non paruam quidem operis et laboris sui, nihil certi, sed quod esset optumum homini. Quibus Apollo se id daturum ostendit post eius diei diem tertium; qui ut inluxit, mortui sunt reperti. Iudicauisse deum dicunt, et eum quidem deum cui reliqui di concessissent ut praeter ceteros diuinaret. XLVIII Adfertur etiam de Sileno fabella quaedam; qui

112 aueo φ : habeo *X*.
113 Bito *uel* Biton φ : Binoto *X* ‖ statum φ : statutum *X* ‖ ius *cet.* : opus *ss.* Vc ‖ tum *VGB* : tunc *KRP* ‖ iuuenes *cet.* : — is *GV* ‖ id illis *V*[2] : id *om. cet.*
114 mercedem *cet.* : quasi *ss.* *V*[2]

laire qui ne laissait pas d'être considérable : ils ne spécifiaient rien, mais demandaient ce qu'il y a de meilleur pour l'homme. Apollon fit entendre qu'il leur donnerait cela deux jours après : à l'aube du jour dit, on se mit à leur recherche et on les trouva morts. C'est là, dit-on, une sentence rendue par un dieu, et il s'agit du dieu à qui tous les autres dieux ont attribué spécialement la puissance divinatoire.

XLVIII On allègue aussi certaine historiette touchant Silène. Il avait été capturé par Midas et, à ce qu'on écrit, voici comment il le remercia de lui avoir rendu la liberté ; il apprit à ce prince que le plus avantageux pour l'homme était avant tout de ne pas naître, et en second lieu de mourir le plus tôt possible (1). **115** Cette pensée a été reprise par Euripide dans *Cresphonte* (2) :

« car il serait normal que, réunis nombreux, nous portions le deuil dans une maison où un être vient de voir le jour, si nous songeons bien aux maux de toute sorte qui pèsent sur une vie humaine ; mais celui dont les lourdes épreuves ont pris fin par la mort devrait avoir ses amis tout élogieux et allègres à ses funérailles. »

Il y a un trait analogue dans la *Consolation* de Crantor (3). Crantor dit en effet qu'un certain Elysius de Térina, ressentant un profond chagrin de la mort de son fils, se rendit dans un lieu où l'on évoquait les ombres, pour demander ce qui lui avait attiré si dure épreuve ; on lui remit une tablette avec trois petits vers comme ceci :

« l'ignorance des hommes, dans la vie, les égare : Euthynoüs est mort par la volonté des destins. Donc mieux valait cette fin pour lui-même et pour toi. » (4)

116 Partant de ces témoignages et d'autres analogues, on conclut que, dans la question dont il s'agit, les dieux se sont virtuellement prononcés. Il y a plus : Alcida-

cum a Mida captus esset, hoc ei muneris pro sua missione dedisse scribitur : docuisse regem non nasci homini longe optimum esse, proximum autem quam primum mori. **115** Qua est sententia in Cresphonte usus Euripides :

> Nam nos decebat coetus celebrantis domum
> Lugere, ubi esset aliquis in lucem editus,
> Humanae uitae uaria reputantis mala ;
> At qui labores morte finisset grauis,
> Hunc omn*i* amicos laude et laetitia exsequi.

Simile quiddam est in Consolatione Crantoris ; ait enim Terinaeum quendam Elysium, cum grauiter fili mortem maereret, uenisse in psychomantium quaerentem quae fuisset tantae calamitatis causa ; huic in tabellis tris huius modi uersiculos datos :

> Ignaris homines in uita mentibus errant :
> Euthynous potitur fatorum numine leto.
> Sic fuit utilius finiri ipsique tibique.

116 His et talibus auctoribus usi confirmant causam rebus a dis inmortalibus iudicatam. Alcidamas quidem, rhetor antiquus in primis nobilis, scripsit etiam laudationem mortis, quae constat ex enumeratione humanorum malorum. Cui rationes eae, quae exquisitius a philosophis colliguntur, defuerunt, ubertas orationis non defuit. Clarae uero mortes pro patria oppetitae non solum gloriosae rhetoribus, sed etiam beatae uideri solent. Repetunt ab Erechtheo, cuius etiam filiae cupide mortem

115 humanae V^1 : humana *X* ‖ omni *Dav.* : omnes Φ ‖ psychomantium φ : sicho. *X* ‖ leto φ : laeto *X* (loeto *K*) ‖ iudicatam *cet.* : — tis V^2.
116 Alcidamas V^2 : — mus *X* ‖ constat φ : constet *X* ‖ orationis V^{rec} P^2 φ : rationis *X* ‖ mortes V^{rec} *PMB* : mortis *cet.*

mas, l'un des plus célèbres rhéteurs de l'époque ancienne, alla jusqu'à écrire un éloge de la Mort, qui n'est qu'une revue des misères de la vie ; il lui manque la profondeur d'argumentation à laquelle s'attachent les philosophes, mais il ne manque pas d'abondance oratoire. Quant à ceux qui se sont illustrés en mourant pour leur patrie, les rhéteurs en général ne leur attribuent pas seulement la gloire, mais la félicité. Ils remontent jusqu'à Erechthée et à ses filles qui, malgré la faiblesse du sexe, sollicitèrent la faveur de mourir pour sauver la vie de leurs concitoyens ; 〈ils célèbrent〉 Codrus qui, déguisé en esclave pour éviter qu'on ne le reconnût à ses insignes royaux, se jeta au milieu des ennemis, parce que l'oracle avait répondu qu'Athènes serait victorieuse si son roi était tué dans la bataille. On n'oublie point Ménoecée qui, sur la réponse d'un oracle également, se sacrifia de même à sa patrie. Iphigénie à Aulis demande qu'on la conduise à l'autel, « pour que son sang appelle par incantation le sang des ennemis. (1) » De là on passe à une époque plus récente. XLIX On exalte les noms d'Harmodius et d'Aristogiton ; le lacédémonien Léonidas, le thébain Epaminondas sont en honneur. Pour nos compatriotes, on ne les connaît pas, et il y aurait fort à faire pour les énumérer, tant ils sont nombreux ceux à qui nous voyons que la mort dans la gloire a paru digne d'envie.

117 Malgré cela, il faut une éloquence puissante et qui serait de mise à la tribune pour amener les hommes soit à souhaiter la mort, soit seulement à cesser de la craindre. Oui, si ce fameux dernier jour n'entraîne point l'anéantissement, mais un changement de domicile, quoi de plus souhaitable ? Si au contraire il nous tue et nous détruit complètement, qu'y a-t-il de meilleur que de s'endormir au milieu des peines de l'existence et de fermer ainsi les yeux pour s'assoupir dans

expetiuerunt pro uita ciuium; Codrum ⟨commemorant⟩, qui se in medios inmisit hostis ueste famulari, ne posset adgnosci si esset ornatu regio, quod oraculum erat datum, si rex interfectus esset, uictricis Athenas fore. Menoeceus non praetermittitur, qui item oraculo edito largitus est patriae suum sanguinem. Iphigenia Aulide duci se immolandam iubet, « ut hostium eliciatur suo ». Veniunt inde ad propiora. XLIX Harmodius in ore ⟨ est ⟩ et Aristogiton; Lacedaemonius Leonidas, Thebanus Epaminondas uiget. Nostros non norunt, quos enumerare magnum est; ita sunt multi quibus uidemus optabilis mortes fuisse cum gloria.

117 Quae cum ita sint, magna tamen eloquentia est utendum atque ita uelut superiore e loco contionandum, ut homines mortem uel optare incipiant uel certe timere desistant. Nam si supremus ille dies non extinctionem, sed commutationem adfert loci, quid optabilius? sin autem perimit ac delet omnino, quid melius quam in mediis uitae laboribus obdormiscere et ita coniuentem somno consopiri sempiterno? Quod si fiat, melior Enni quam Solonis oratio. Hic enim noster:

Nemo me lacrimis decoret inquit, nec funera fletu
Faxit!

At uero ille sapiens:

116 Codrum <commemorant> *Vahlen* : Codrum Φ tum Codro *Bouhier* et Codro *Sey.* ‖ famulari *cet.* : ndutus *ss.* V^2 familiari *K* (*supra* ueste *ss.* ad. accidendum K^2) ‖ qui item V^2φ : quidem *cet.* ‖ hostium *cet.* : sanguis *ss.* V^2P^2 *in contextu habent* φ ‖ propiora *BK*φ : propr. *RVGP* ‖ est *add. Rath* : *om.* *X*φ est in ore *Vind.*

117 perimit *cet.* : peremit R^1GV ‖ coniuentem BR^2K^2φ : conibentem *V* conhib. *G.*

un sommeil qui sera éternel ? S'il doit en être ainsi, le langage d'Ennius vaut mieux que celui de Solon, car, pour notre compatriote :

« qu'on ne m'honore point, dit-il, avec des larmes ; qu'on ne me fasse point de funérailles éplorées ! (1) »

Tandis que le sage fameux, au contraire :

« que ma mort n'aille point sans larmes ; laissons à nos amis le chagrin, pour qu'ils viennent en foule gémir à mes funérailles. (2) »

118 Quant à nous, s'il vient à se produire des circonstances telles que la divinité paraisse nous aviser d'avoir à quitter la vie, obéissons avec allégresse et avec des actions de grâces ; estimons qu'on nous tire de prison et qu'on nous ôte les fers, pour que nous reprenions le chemin d'un domicile éternel et qui, au sens propre, est le nôtre, ou du moins soyons délivrés de tout sentiment et de tout souci ; s'il ne nous parvient point d'avis, soyons néanmoins dans une disposition d'esprit telle que nous considérions comme bienheureux pour nous le jour qui pour d'autres est le jour d'effroi, sans ranger au nombre des maux rien de ce qui a été établi par les dieux immortels ou par la mère universelle, la nature. Non, ce n'est pas sans but et par l'effet du hasard que nous avons été conçus et mis au monde, mais assurément il existe une force déterminée qui veille sur le genre humain et n'aurait ni produit ni nourri un être dont la destinée serait de n'endurer mille souffrances que pour tomber enfin dans un malheur éternel, la mort. Voyons y plutôt un port, un asile qui nous est réservé. 119 Et puissions-nous avoir la chance d'atteindre ce port à pleines voiles ! Mais si les vents viennent à souffler en sens contraire et à nous rejeter au large, ils nous ramèneront à ce même port un peu plus tard de toute nécessité. Or ce qui est pour

Mors mea ne careat lacrimis ; linquamus amicis
Maerorem, ut celebrent funera cum gemitu.

118 Nos uero, si quid tale acciderit, ut a deo denuntiatum uideatur ut exeamus e uita, laeti et agentes gratias pareamus emittique nos e custodia et leuari uinclis arbitremur, ut aut in aeternam et plane in nostram domum remigremus aut omni sensu molestiaque careamus ; sin autem nihil denuntiabitur, eo tamen simus animo, ut horribilem illum diem aliis, nobis faustum putemus nihilque in malis ducamus, quod sit uel a dis inmortalibus uel a natura parente omnium constitutum. Non enim temere nec fortuito sati et creati sumus, sed profecto fuit quaedam uis, quae generi consuleret humano nec id gigneret aut aleret, quod cum exanclauisset omnes labores, tum incideret in mortis malum sempiternum ; portum potius paratum nobis et perfugium putemus. **119** Quo utinam uelis passis peruehi liceat ! Sin reflantibus uentis reiciemur, tamen eodem paulo tardius referamur necesse est. Quod autem omnibus necesse est, idne miserum esse uni potest ?

Habes epilogum, ne quid praetermissum aut relictum putes.

Ego uero, et quidem fecit etiam iste me epilogus firmiorem.

Optime, inquam. Sed nunc quidem ualetudini tribuamus aliquid, cras autem, et quot dies erimus

118 plane $V^2P^2\varphi$: plene X ‖ quod... — sempiternum *habet* Non. 107.

119 passis *cet.* : expansis *ss.* K^2 ‖ quot φ P^2 : quod X ‖ omnis philosophiae V^2 : omni philosophia RGV ex omni ph. K^2 omni e ph. φ.

tout le monde une nécessité, cela peut-il être un mal pour un individu ?

Voilà ma péroraison ; je fais cette remarque, pour que tu ne croies pas que j'aie rien omis ou négligé.

— Moi, cette idée ! Au surplus ta péroraison a contribué encore à m'affermir.

— J'en suis bien aise, je t'assure. Au reste, le moment est venu de prendre un peu de repos ; mais demain et pendant tous les jours que nous passerons dans cette villa de Tusculum, nous continuerons ces entretiens en traitant spécialement les points qui sont de nature à offrir des remèdes contre les chagrins, les terreurs, les passions, car c'est là le fruit le plus précieux de toute la culture philosophique.

in Tusculano, agamus haec et ea potissimum quae leuationem habeant aegritudinum, formidinum, cupiditatum, qui omnis philosophiae est fructus uberrimus.

LIVRE II

LIVRE II

ARGUMENT ANALYTIQUE

Préface. Si l'on ne peut étudier toute la philosophie, il y a grand intérêt à en connaître certaines parties dont l'utilité pratique est considérable. Appel aux écrivains capables d'en inspirer le goût aux Romains. Critique de la littérature philosophique épicurienne (1-9). Le fait que la vie de certains philosophes dément leur doctrine ne doit pas nous détourner de la philosophie (10-13).

Sujet proposé : la douleur est-elle le plus grand des maux ? (14).

L'auditeur reconnaît tout de suite que le déshonneur est un mal plus grand (14).

Opinions d'Aristippe, d'Hiéronyme, d'Epicure, lequel affecte de dédaigner la douleur (15-18). Preuves que la douleur est redoutable : les plaintes de Philoctète chez Accius (19), d'Hercule chez Sophocle (20-22), de Prométhée chez Eschyle (23-25). Cicéron observe que la traduction des deux derniers morceaux est de lui (26). Les poètes donnent un mauvais exemple en nous représentant les héros aussi faibles devant la douleur (27). Il convient de se fortifier contre la douleur plutôt que s'obstiner à nier qu'elle soit un mal. Le stoïcien Zénon ne pose pas non plus la question sur son véritable ter-

rain (28-30). Ce qu'il faut dire, c'est que la vertu doit **triompher de la douleur (31-33).**

L'accoutumance à l'effort, l'entraînement fortifient contre la douleur : les Spartiates, Marius, l'armée romaine, les vétérans, les gladiateurs (34-41).

Mais la philosophie nous fortifiera mieux encore (42-43). Toutefois ce n'est pas à Epicure qu'il faut s'adresser (44-45). Écoutons les philosophes pour qui le souverain bien, c'est la moralité (46). L'énergie virile doit soumettre à la raison la partie irrationnelle de l'âme (46-51). Autres remèdes : se proposer de grands exemples (52), tendre toutes les forces de son âme, avec le ferme propos de ne rien faire de honteux (53-59). Deux attitudes devant la douleur : Denys d'Héraclée, Posidonius (60-61). La fierté que l'on éprouve à supporter vaillamment la douleur rend cette douleur même supportable (62-64). Seule la philosophie peut inspirer une patience toujours égale, quelles que soient les circonstances (65-66). A supposer que la douleur soit absolument intolérable, la mort nous en délivrera (67).

LIVRE DEUXIÈME

Préface. Intérêt pratique de la philosophie.

I 1 Néoptolème (1) dit chez Ennius (2) « qu'il ne peut se passer de philosopher, mais seulement un peu ; car il ne lui plairait pas d'être un professionnel en la matière ». Pour moi, Brutus, je considère sans doute que personnellement je ne puis me passer de philosopher — aussi bien que pourrais-je faire de mieux, surtout étant réduit à l'inaction — mais ce n'est pas un peu, comme Néoptolème. Il est difficile en effet de connaître un petit nombre de questions en philosophie, sans les connaître pour la plupart ou même toutes. Car le choix d'un petit nombre implique l'élimination d'une foule d'autres, et si l'on a compris un petit nombre de questions, on ne laissera pas de s'attacher aux autres avec une égale ardeur. 2 Il faut reconnaître d'ailleurs que, dans une carrière absorbante et surtout la carrière des armes qui était alors celle de Néoptolème, même ce peu de notions philosophiques rend souvent de signalés services, et si les enseignements qui en sont le fruit ne sont pas comparables à ceux qu'on retirerait de l'ensemble de la philosophie, ils nous mettent à même néanmoins, dans une certaine mesure et parfois, de nous délivrer de la passion,

LIBER SECVNDVS

I 1 Neoptolemus quidem apud Ennium « philosophari sibi » ait « necesse esse, sed paucis ; nam omnino haud placere ». Ego autem, Brute, necesse mihi quidem esse arbitror philosophari ; nam quid possum, praesertim nihil agens, agere melius ? sed non paucis, ut ille. Difficile est enim in philosophia pauca esse ei nota cui non sint aut pleraque aut omnia. Nam nec pauca nisi e multis eligi possunt nec, qui pauca perceperit, non idem reliqua eodem studio persequetur. 2 Sed tamen in uita occupata atque, ut Neoptolemi tum erat, militari, pauca ipsa multum saepe prosunt et ferunt fructus, si non tantos quanti ex uniuersa philosophia percipi possunt, tamen eos quibus aliqua ex parte interdum aut cupiditate aut aegritudine aut metu liberemur ; uelut ex ea disputatione quae mihi nuper habita est in Tusculano, magna uidebatur mortis effecta contemptio, quae non minimum

1 Neoptolemus... — 2 occupata *habet H* || esse *cet.* : est *H* || in philosophia $V^2P^2\varphi$: in *om. X*.

2 si *V* (*litura post* si) : sed *cet.* || liberemur φ : — entur $X\varphi$.

du chagrin ou de la crainte. Ainsi, la discussion que j'ai soutenue récemment à Tusculum a eu, semblait-il, pour conséquence de nous inspirer un profond mépris de la mort, et ce mépris ne contribue pas peu à délivrer l'âme de la crainte. En effet, si l'on craint ce qu'on ne saurait éviter, il n'y a pas moyen de vivre dans le repos de l'âme, tandis que, si l'on ne redoute pas la mort, non seulement parce que la mort est inévitable, mais parce qu'elle ne renferme rien qui soit de nature à nous effrayer, alors on s'assure un puissant secours pour réaliser la vie heureuse.
3 Au reste, nous ne sommes pas sans nous rendre compte que nombre de gens soutiendront passionnément la thèse contraire, mais il n'y avait pas moyen de parer à cela, si ce n'est de ne rien écrire du tout. On l'a bien vu en effet pour nos discours. Je tenais à ce que la foule les appréciât favorablement, car ici l'art relève du peuple et l'orateur a atteint son but quand il a conquis son auditoire. Eh bien ! s'il se trouvait des gens pour louer exclusivement ce qu'ils s'imaginaient pouvoir réaliser, et fixer à l'art de la parole l'idéal même qu'ils espéraient atteindre, qui, écrasés par la richesse de la forme et du fond, disaient préférer la sécheresse et l'indigence à l'abondance et à la richesse — c'est là l'origine de l'école Attique (1), dont les propres sectateurs ne savaient pas ce qu'est l'atticisme et ont fini par se taire, car, si j'ose dire, le Forum même ne les prenait pas au sérieux — 4 à quoi devons-nous nous attendre, en voyant qu'ici nous ne pouvons plus du tout recourir, comme autrefois, au peuple qui était notre appui ? En effet, la philosophie se contente d'un petit nombre de juges ; il est dans sa nature d'éviter la foule, de propos délibéré, et il est dans la nature de la foule de la suspecter et de la haïr ; aussi, celui qui voudrait vilipender la philosophie en général peut-il compter sur la sympathie du peuple, et s'il portait son attaque sur l'école à laquelle nous sommes spécialement attachés, il

ualet ad animum metu liberandum. Nam qui id quod uitari non potest metuit, is uiuere animo quieto nullo modo potest ; sed qui non modo quia necesse est mori, uerum etiam quia nihil habet mors quod sit horrendum, mortem non timet, magnum is sibi praesidium ad beatam uitam comparat. **3** Quamquam non sumus ignari multos studiose contra esse dicturos ; quod uitare nullo modo potuimus, nisi nihil omnino scriberemus. Etenim si orationes, quas nos multitudinis iudicio probari uolebamus (popularis est enim illa facultas, et effectus eloquentiae est audientium adprobatio) sed si reperiebantur non nulli qui nihil laudarent, nisi quod se imitari posse confiderent, quemque sperandi sibi, eundem bene dicendi finem proponerent, et cum obruerentur copia sententiarum atque uerborum, ieiunitatem et famem se malle quam ubertatem et copiam dicerent, unde erat exortum genus Atticorum iis ipsis qui id sequi se profitebantur ignotum, qui iam conticuerunt paene ab ipso foro inrisi — **4** quid futurum putamus, cum adiutore populo quo utebamur antea, nunc minime nos uti posse uideamus ? Est enim philosophia paucis contenta iudicibus, multitudinem consulto ipsa fugiens eique ipsi et suspecta et inuisa, ut, uel si quis uniuersam uelit uituperare, secundo id populo facere possit, uel si in eam quam nos maxime sequimur, conetur inuadere, magna habere possit auxilia a reliquorum philosophorum disciplinis.

2 comparat *cet.* : comparabit, *sed* bit *in ras.* V^2 — uit *Man.*
4 est itaque philosophia... — disciplinis *habet* *H* ‖ est philosophia... — fugiens *habet* LACT. *inst.* 3, 25, 2 ‖ in eam *cet.* : in *in ras.* V^2 ‖ auxilia a φ : a *om.* *X* e V^2φ.

trouverait de puissants alliés dans toutes les autres écoles philosophiques. II Pour nous, nous avons, il est vrai, répondu aux détracteurs de la philosophie en général dans notre *Hortensius* (1), et, en ce qui concerne l'Académie, développé avec assez de précision, je crois, dans nos quatre livres *Académiques*, les arguments auxquels on pouvait songer pour sa défense ; mais néanmoins il s'en faut de beaucoup que nous soyons fâchés que l'on écrive contre nous, et même c'est notre plus vif désir. En effet, la philosophie n'aurait jamais été en si grand honneur dans la Grèce elle-même, si les rivalités et les dissentiments des personnes les plus savantes n'avaient entretenu sa vitalité.

5 C'est pourquoi j'engage tous ceux qui en sont capables à ravir aussi à la Grèce, dont les forces baissent maintenant, sa prééminence dans le genre d'étude qui nous occupe, et à la transférer dans notre capitale. Ainsi l'ont fait nos aïeux, grâce à leur application et à leur habileté, pour toutes les autres branches, du moins pour celles qui méritaient leurs efforts. Et même, en ce qui concerne l'éloquence, l'évolution qui l'a conduite du point le plus bas à son apogée a été si rapide que déjà — et c'est une loi de la nature qui s'applique à peu près à toutes choses — elle se fait vieille et semble en voie de retomber bientôt dans le néant, tandis que la philosophie prend naissance dans la littérature latine précisément à l'époque où nous sommes, que nous sommes son soutien, et que nous devons souffrir d'être nous-mêmes contredits et réfutés. C'est là une chose à quoi se résignent mal des gens qui sont pour ainsi dire asservis et voués à des dogmes de nature fixe et impérative, et qu'enchaîne la nécessité de défendre, pour être conséquents, des opinions que généralement ils ne partageraient point. Pour nous, qui nous attachons au

1. *Hortensius*, fr. 3. Cet ouvrage le plus estimé des traités philosophiques de Cicéron dans l'antiquité, ne nous est pas parvenu.

II Nos autem uniuersae philosophiae uituperatoribus respondimus in Hortensio, pro Academia autem quae dicenda essent, satis accurate in Academicis quattuor libris explicata arbitramur ; sed tamen tantum abest, ut scribi contra nos nolimus, ut id etiam maxime optemus. In ipsa enim Graecia philosophia tanto in honore numquam fuisset, nisi doctissimorum contentionibus dissensionibusque uiguisset. 5 Quam ob rem hortor omnis qui facere id possunt, ut huius quoque generis laudem iam languenti Graeciae eripiant et transferant in hanc urbem, sicut reliquas omnis, quae quidem erant expetendae, studio atque industria sua maiores nostri transtulerunt. Atque oratorum quidem laus ita ducta ab humili uenit ad summum, ut iam, quod natura fert in omnibus fere rebus, senescat breuique tempore ad nihilum uentura uideatur, philosophia nascatur Latinis quidem litteris ex his temporibus, eamque nos adiuuemus nosque ipsos redargui refellique patiamur. Quod ii ferunt animo iniquo qui certis quibusdam destinatisque sententiis quasi addicti et consecrati sunt eaque necessitate constricti, ut, etiam quae non probare soleant, ea cogantur constantiae causa defendere ; nos qui sequimur probabilia nec ultra quam id quod ueri simile occurrit, progredi

4 sed... — 5 transtulerunt *habet* BOETH. *in Top. Cic.* 372, 31 || in ipsa enim Graecia philosophia tanto Φ : ipsa e. Graeciae philosophia tantum *Boeth.* || uiguisset *cet.* : creuisset *Boeth.* ss. V^2

5 Graeciae V^2 *Boeth.* : graetiae *K* graecia GRV^1 || transferant V^2 *Boeth.* : praeferant *X* perf. *Bφ* || transtulerunt *X Boeth.* : —ere V^1 || rebus senescat φ : s. r. *X* || philosophia... 8 consectantur *habet H* || qui consecrati sunt *habet* NON. 69 || nos qui... sumus *habet* BOETH. *in Top.* 63 *Cic.* 372, 39 || quam id quod *Xφ* : id quod *O9* quam quod *Boeth.* quam ad id quod *edd.*

probable et devons nous borner à rechercher une impression de vraisemblance, nous sommes disposés à pratiquer la contradiction sans opiniâtreté et à la souffrir sans colère.

6 Que si ces études passent aux mains de nos compatriotes, nous n'aurons même plus besoin des bibliothèques grecques, où la multitude innombrable des livres tient à la multitude des écrivains. Ils sont beaucoup en effet à dire les mêmes choses, et de là vient que tout est encombré de livres. Et c'est bien aussi ce qui arrivera à nos compatriotes, s'ils sont nombreux à se jeter sur ces études. Mais les gens à qui nous devons faire appel sont ceux qui joignent à la culture générale l'art de développer avec goût et font de la philosophie avec méthode. III 7 Si je fais cette remarque, c'est parce qu'il existe certaine catégorie de gens qui ont des prétentions au titre de philosophe et à qui l'on attribue, ma foi, force ouvrages écrits en latin. Ces livres-là (1), je ne les méprise pas personnellement, pour la bonne raison que je ne les ai jamais lus, mais étant donné que les auteurs même se piquent d'écrire sans précision, sans plan, sans choix et sans style, je me désintéresse d'une lecture que n'accompagne aucun agrément. Car, pour ce qui est de savoir ce que disent et pensent ceux qui relèvent de cette école, nul ne l'ignore, pour peu savant qu'il soit. Aussi, puisque la façon dont ils s'expriment leur est à eux-mêmes indifférente, je ne vois pas pourquoi ils devraient avoir des lecteurs, à moins de se lire les uns les autres, entre gens qui sont de même avis. 8 Tout le monde lit Platon, les autres Socratiques, puis toute la série des philosophes qui en dérivent, même si on n'est pas gagné à leurs idées ou si l'on n'a pour elles qu'une sympathie médiocre ; au contraire, il n'est à peu près personne qui prenne en mains Épicure et Métrodore (2), si ce n'est leurs partisans. De même pour ces

1. Cf. plus haut, I, 3, 6.

possumus, et refellere sine pertinacia et refelli sine iracundia parati sumus.

6 Quodsi haec studia traducta erunt ad nostros, ne bibliothecis quidem Graecis egebimus, in quibus multitudo infinita librorum propter eorum est multudinem qui scripserunt. Eadem enim dicuntur a multis, ex quo libris omnia referserunt. Quod accidet etiam nostris, si ad haec studia plures confluxerint. Sed eos, si possumus, excitemus, qui liberaliter eruditi adhibita etiam disserendi elegantia ratione et uia philosophantur. III 7 Est enim quoddam genus eorum qui se philosophos appellari uolunt, quorum dicuntur esse Latini sane multi libri; quos non contemno equidem, quippe quos numquam legerim; sed quia profitentur ipsi illi qui eos scribunt se neque distincte neque distribute neque eleganter neque ornate scribere, lectionem sine ulla delectatione neglego. Quid enim dicant et quid sentiant ii qui sunt ab ea disciplina, nemo ⟨ ne ⟩ mediocriter quidem doctus ignorat. Quam ob rem, quoniam quem ad modum dicant ipsi non laborant, cur legendi sint nisi ipsi inter se qui idem sentiunt, non intellego. 8 Nam, ut Platonem reliquosque Socraticos et deinceps eos qui ab his profecti sunt legunt omnes, etiam qui illa aut non adprobant aut non studiosissime consectantur, Epicurum autem et Metrodorum non fere praeter suos quisquam in manus sumit, sic hos Latinos ii soli legunt qui illa recte dici

5 refellere Φ : refelli *Boeth.* ‖ refelli Φ : —ere *Boeth.*

6 ex quo libris o. r. Φ : ex quibus uerbis etiam o. r. *habet* Prisc. *Gloss.* II, p. 539, 6 ‖ confluxerint *BKφ et e corr. RV* : — unt *GH* ‖ philosophantur *Xφ* : — entur φ.

7 ne *ed. Lb. in mg.* : *om.* Φ.

ouvrages latins : ceux-là seuls les lisent qui croient y trouver la vérité. Quant à nous, il nous paraît que, en tout sujet, il faut s'appliquer à être lisible pour tous les gens cultivés, et si personnellement nous ne pouvons y réussir, nous ne pensons pas pour autant qu'il ne faille pas le faire. 9 C'est pourquoi j'ai toujours aimé la méthode des Péripatéticiens et de l'Académie, qui consiste à traiter le pour et le contre en tout sujet ; et la raison n'en est pas seulement qu'autrement il serait impossible de découvrir en chaque sujet où est la vraisemblance, c'est aussi parce qu'il y a là un excellent procédé d'entraînement à la parole. Aristote fut le premier à la pratiquer, et ses successeurs la reprirent. D'autre part, à notre époque, Philon, dont nous avons été l'auditeur de façon suivie, imagina de fixer à des heures différentes ses leçons de rhétorique et celles de philosophie. Cette méthode, nous l'avons adoptée à la demande de nos amis, et nous avons passé en exercices de ce genre tout le temps dont nous disposâmes dans notre maison de Tusculum. C'est ainsi qu'après avoir, ainsi que la veille, consacré la matinée à la déclamation, nous descendîmes l'après-midi dans notre Académie (1). Nous n'exposerons pas la discussion que nous y avons soutenue sous forme de récit, mais en reproduisant à peu près mot pour mot les arguments que nous échangeâmes.

Objection préliminaire : l'inconduite de certains philosophes.

IV 10 Voici donc, tandis que nous nous promenions, comment notre entretien commença et l'espèce d'exorde qui l'introduisit.

— Je ne saurais dire combien ton exposé d'hier m'a charmé ou plutôt combien j'y ai gagné. En effet, bien que j'aie conscience de n'avoir jamais aimé exagérément la vie, j'éprouvais cependant parfois un sentiment de

1. Cicéron appelle ainsi une allée de son jardin de Tusculum.

putant. Nobis autem uidetur, quicquid litteris mandetur, id commendari omnium eruditorum lectioni decere ; nec, si id ipsi minus consequi possumus, idcirco minus id ita faciendum esse sentimus. **9** Itaque mihi semper Peripateticorum Academiaeque consuetudo de omnibus rebus in contrarias partis disserendi non ob eam causam solum placuit, quod aliter non posset quid in quaque re ueri simile esset inueniri, sed etiam quod esset ea maxuma dicendi exercitatio. Qua princeps usus est Aristoteles, deinde eum qui secuti sunt. Nostra autem memoria Philo, quem nos frequenter audiuimus, instituit alio tempore rhetorum praecepta tradere, alio philosophorum : ad quam nos consuetudinem a familiaribus nostris adducti in Tusculano, quod datum est temporis nobis, in eo consumpsimus. Itaque cum ante meridiem dictioni operam dedissemus, sicut pridie feceramus, post meridiem in Academiam descendimus ; in qua disputationem habitam non quasi narrantes exponimus, sed iisdem fere uerbis, ut actum disputatumque est.

IV **10** Est igitur ambulantibus ad hunc modum sermo ille nobis institutus et a tali quodam *d*uctus exordio :

Dici non potest quam sim hesterna disputatione tua delectatus uel potius adiutus. Etsi enim mihi sum conscius numquam me nimis uitae cupidum fuisse, tamen interdum obiciebatur animo metus quidam et

8 nobis... decere *habet H* || lectioni *cet.* : — ne *Kφ*.
9 partis *VGB* : — es K^1 *R e corr.* || inueniri *cet.* : — re *GR* || meridiem K^2R^c : meridie *cet.* (e *in ras. V*) || exponimus *cet.* : — emus V^2.
10 et a tali *cet.* : et ali V^1 et tali V^2 || ductus *Cratander* : inductus Φ ; cf. *Brutus* § 21 || me nimis BK^2 *Vφ* : meinimis *GP* me minus R^{rec}.

crainte douloureuse à la pensée qu'un jour la lumière finirait pour moi et que je perdrais tous les avantages de la vie. En ce qui concerne ce genre de tracas, j'en suis, crois-moi, délivré, au point de penser que rien ne mérite moins qu'on s'en soucie.

— **11** Certes, il n'y a rien d'étonnant à cela. Car tel est l'effet de la philosophie : elle guérit l'âme, dégage des vaines inquiétudes, affranchit des passions, bannit les terreurs. Mais l'influence dont je parle ne s'exerce pas également sur tout le monde : là où elle agit puissamment, c'est lorsqu'elle se déploie dans une nature appropriée. En effet, ce n'est pas seulement « la fortune qui vient en aide aux forts », comme le dit un vieux proverbe, c'est beaucoup plus encore la raison, car elle offre, pour ainsi dire, des règles précises qui viennent appuyer l'influence de la force d'âme. La nature, cela se voit, t'a donné une âme vraiment grande, élevée, dédaigneuse des choses humaines, et c'est ainsi qu'un discours prononcé contre la mort a conquis sans peine une âme forte. Mais penses-tu que les mêmes arguments soient efficaces sur ceux-là mêmes, à peu d'exceptions près, qui les ont trouvés, traités, fixés par écrit ? Combien en rencontre-t-on, parmi les philosophes, dont le caractère, dont la façon de penser et de vivre soient conformes aux exigences de la raison, qui voient dans leur doctrine non pas une science de parade, mais une loi de la vie, qui se règlent eux-mêmes sur eux-mêmes et obéissent à leurs propres maximes ? **12** On peut voir chez les uns tant d'inconscience et de vantardise qu'ils auraient gagné à ne rien apprendre, chez les autres la passion de l'argent, chez quelques-uns celle de la gloire, chez un grand nombre l'asservissement au plaisir, en sorte que leur langage et leur vie font un étrange contraste. Et c'est bien là, semble-t-il, la pire des hontes. Car, si l'on fait des barbarismes quand on s'est proclamé grammairien, ou si l'on fait des notes fausses

dolor cogitanti fore aliquando finem huius lucis et amissionem omnium uitae commodorum. Hoc genere molestiae sic, mihi crede, sum liberatus, ut nihil minus curandum putem.

11 Minime mirum id quidem. Nam efficit hoc philosophia : medetur animis, inanes sollicitudines detrahit, cupiditatibus liberat, pellit timores. Sed haec eius uis non idem potest apud omnis ; tum ualet multum, cum est idoneam conplexa naturam. « Fortis » enim non modo « fortuna adiuuat », ut est in uetere prouerbio, sed multo magis ratio, quae quibusdam quasi praeceptis confirmat uim fortitudinis. Te natura excelsum quendam uidelicet et altum et humana despicientem genuit, itaque facile in animo forti contra mortem habita insedit oratio. Sed haec eadem num censes apud eos ipsos ualere nisi admodum paucos, a quibus inuenta, disputata, conscripta sunt ? Quotus enim quisque philosophorum inuenitur, qui sit ita moratus, ita animo ac uita constitutus, ut ratio postulat ? qui disciplinam suam non ostentationem scientiae, sed legem uitae putet ? qui obtemperet ipse sibi et decretis suis pareat ? **12** Videre licet alios tanta leuitate et iactatione, ut iis fuerit non didicisse melius, alios pecuniae cupidos, gloriae non nullos, multos libidi-

10 cogitanti φ *V* : — tis *cet.*

11 nam... — 12 melius *habet H* ‖ fortis *cet.* : — es V^2 ‖ quotusquisque... — 12 oratio *habet* Lact. *inst.* 3, 15, 9 ‖ disc. suam Φ : suam *om. Lact.* ‖ ipse *Lact.* φ : ipsi *cet.* (*in ras. G*) ‖ suis pareat Φ : p. s. *Lactantii codd. plur.*

12 alios *cet.* : multos *ss.* V^2 ‖ sunt enim aliqui ex eadem professione pecuniae cupidi, nonnulli gloriam quaerentes, multi libidinum serui ut cum... — in uita *habet H* ‖ gloriae non nullos Φ : alios gl. *Lact.*

quand on a des prétentions au titre de musicien, la honte est plus grande, en ce qu'on fait des fautes justement dans l'art dont on se réclame ; de même il y a plus de honte pour le philosophe qui fait des fautes de conduite, parce que ses bévues portent sur la partie où il se donne comme maître et qu'il échoue dans la vie alors qu'il s'est dit spécialiste en l'art de vivre.

— V Mais, si ce que tu dis est vrai, n'est-il pas à craindre que ton éloge de la philosophie ne porte à faux ? Car y a-t-il preuve plus forte de l'inutilité de la philosophie que le fait que des philosophes accomplis vivent ignominieusement ?

— **13** Pour cette preuve-là, elle est inopérante. Il en est en effet comme pour les champs ; ceux que l'on cultive ne sont pas toujours porteurs de bon grain, et Accius n'est pas dans le vrai lorsqu'il dit :

« de bons grains peuvent bien être confiés à un assez mauvais terrain : d'eux-mêmes et par leur propre nature ils n'en prospèrent pas moins. » (1)

Pareillement, les âmes que l'on cultive ne portent pas toujours du fruit. De plus, pour m'en tenir à la même comparaison, un champ, si fertile qu'il soit, ne peut-être productif sans culture, et c'est la même chose pour l'âme sans enseignement, tant il est vrai que chacun des deux facteurs de la production est impuissant en l'absence de l'autre. Or la culture de l'âme, c'est la philosophie : c'est elle qui extirpe radicalement les vices, met les âmes en état de recevoir les semences, leur confie et, pour ainsi dire, sème ce qui, une fois développé, jettera la plus abondante des récoltes.

Poursuivons donc notre entreprise. Propose-moi, je te prie, un sujet de discussion.

1. Vers de la tragédie d'*Atrée*. (fr. 20, *TRF* 234^1 = fr. 17, v. 43-44 Dangel).

num seruos, ut cum eorum uita mirabiliter pugnet oratio. Quod quidem mihi uidetur esse turpissimum. Vt enim, si grammaticum se professus quispiam barbare loquatur, aut si absurde canat is qui se haberi uelit musicum, hoc turpior sit quod in eo ipso peccet cuius profitetur scientiam, sic philosophus in uitae ratione peccans hoc turpior est quod in officio cuius magister esse uult, labitur artemque uitae professus delinquit in uita.

V Nonne uerendum est igitur, si est ita, ut dicis, ne philosophiam falsa gloria exornes ? Quod est enim maius argumentum nihil eam prodesse quam quosdam perfectos philosophos turpiter uiuere ?

13 Nullum uero id quidem argumentum est. Nam ut agri non omnes frugiferi sunt qui coluntur, falsumque illud Accii :

Prob*ae* etsi in segetem sunt deteriorem datae
Fruges, tamen ipsae suapte natura enitent,

sic animi non omnes culti fructum ferunt. Atque, ut in eodem simili uerser, ut ager quamuis fertilis sine cultura fructuosus esse non potest, sic sine doctrina animus ; ita est utraque res sine altera debilis. Cultura autem animi philosophia est ; haec extrahit uitia radicitus et praeparat animos ad satus accipiendos eaque mandat iis et, ut ita dicam, serit, quae adulta fructus uberrimos ferant. Agamus igitur, ut coepimus. Dic, si uis, de quo disputari uelis.

12 haberi $V^2R^2K^2B$: — re *GH* || profitetur *cet.* : — eatur V^2.
13 nam... — ferant *habet H* || Accii probae *Muret* : acimprobe *KRP* acinprobe *VGB* ac improbe φ || falsumque... — probae *om. H* || ipsae *cet.* : ipse *KR* || mandat φ : mundat *X*.

La douleur est-elle le plus grand des maux ?

14 — J'estime que la douleur est le plus grand de tous les maux.

— Plus grand même que le déshonneur ?

— Je n'ose pas prendre sur moi de dire cela, et cependant j'ai honte de me voir si vite contraint d'abandonner mon opinion.

— La honte serait plus justifiée si tu y persistais. Ne serait-ce pas en effet le comble de l'indignité que d'admettre qu'il puisse y avoir quelque chose de pire que le déshonneur, l'ignominie, la turpitude ? Et pour s'y soustraire, quelle douleur ne doit-on point, je ne dis pas accueillir, mais provoquer, affronter, braver ?

— C'est parfaitement mon avis. Il reste que, si la douleur n'est pas le souverain mal, c'est un mal à coup sûr.

— Vois-tu combien un simple avertissement a réduit l'effroi que t'inspira la douleur ?

15 — Je le vois fort bien, mais je demande davantage.

— Je veux bien essayer, mais il s'agit d'une entreprise considérable, et il faut que mon auditeur n'ait pas l'esprit de contradiction.

— Tu peux compter sur moi. Ce que j'ai fait hier, je le ferai aujourd'hui et je suivrai la raison partout où elle me conduira.

Preuves que la douleur est redoutable.

— VI Je commencerai donc en parlant de la faiblesse de philosophes nombreux, et qui, de plus, relèvent de diverses écoles. Parmi eux, le premier aussi bien par l'autorité que par l'ancienneté, Aristippe le Socratique, n'hésita pas à dire que le souverain mal c'était la douleur (1). Puis vint Épicure chez qui une opinion aussi lâche et digne d'une femme trouva beaucoup de docilité (2). Après lui, Hiéronyme de Rhodes (3) dit que

14 Dolorem existimo maxumum malorum omnium.

Etiamne maius quam dedecus ?

Non audeo id dicere equidem, et me pudet tam cito de sententia esse deiectum.

Magis esset pudendum, si in sententia permaneres. Quid enim minus est dignum, quam tibi peius quicquam uideri dedecore, flagitio, turpitudine ? quae ut effugias, quis est non modo recusandus, sed non ultro adpetendus, subeundus, excipiendus dolor ?

Ita prorsus existimo. Quare ne sit sane summum malum dolor, malum certe est.

Videsne igitur, quantum breuiter admonitus de doloris terrore deieceris ?

15 Video plane, sed plus desidero.

Experiar equidem ; sed magna res est, animoque mihi opus est non repugnante.

Habebis id quidem. Vt enim heri feci, sic nunc rationem, quo ea me cumque ducet, sequar.

VI Primum igitur de inbecillitate multorum et de uariis disciplinis philosophorum loquar. Quorum princeps et auctoritate et antiquitate, Socraticus Aristippus, non dubitauit summum malum dolorem dicere. Deinde ad hanc eneruatam muliebremque sententiam satis docilem se Epicurus praebuit. Hunc post Rhodius Hieronymus dolore uacare summum bonum dixit ; tantum in dolore duxit mali. Ceteri praeter Zenonem, Aristonem,

14 dedecus *R*c*V*c*K*²*P*²φ : decus *GB* || equidem *Halm* : quidem Φ || esset *K*²*R*²*V*c : esse *X* || non ultro.-existimo *habet* Char. *Gl.* i, 211, 24 (*sed* subeundus et exc. d. est) || sane *cet.* : *om.* *K*.
15 et heri feci *habet* Char. *Gl.* i, 200, 12.

le souverain bien c'était l'absence de douleur, tant la douleur lui parut un grand mal. Tous les autres philosophes, à l'exception de Zénon (1), d'Ariston, de Pyrrhon, ont dit à peu près ce que tu disais tout à l'heure : c'est un mal sans doute que la douleur, mais il y a des maux pires. 16 Ainsi, voilà une thèse que l'instinct à lui seul et une sorte de fierté généreuse réprouvent spontanément, car c'est bien cette fierté qui t'a empêché de dire que la douleur était le souverain mal, et, devant le spectre du déshonneur, t'a fait retirer ton opinion, voilà, dis-je, une thèse où la maîtresse de la vie, la Philosophie, s'attarde depuis tant de siècles ! Quel devoir, quel mérite, quel honneur auront assez de prix aux yeux de l'homme convaincu que la douleur est le souverain mal, pour qu'il consente à les payer de la douleur de son corps ? Oui, à quelle ignominie, à quelle turpitude ne se résignera-t-on point pour échapper à la douleur, quand on aura décidé qu'elle est le souverain mal ? Et, d'autre part, qui ne sera malheureux, non seulement dans le moment même où il sera sous le coup des plus vives douleurs, si c'est dans ces douleurs que réside le souverain mal, mais encore quand il se rendra compte que cela peut lui arriver ? Et y a-t-il quelqu'un à qui cela ne puisse arriver ? Par suite, il n'est absolument personne qui puisse être heureux. 17 Métrodore dit bien que le bonheur parfait se trouve chez l'homme qui a le corps en bon état et l'assurance qu'il en sera toujours de même (2), mais qui donc est l'homme qui pourrait avoir acquis cette assurance ? VII Quant à Épicure, il s'exprime de telle façon que, pour mon compte, je crois qu'il avait idée de nous faire rire. Il affirme en effet en certain passage (3) que le sage, fût-il brûlé vif, fût-il à la torture — tu attends peut-être qu'il dise : « le sage se résignera, il résistera, il ne capitulera pas », et ce serait, par Hercule, un éloge d'importance, un éloge digne de cet Hercule même par qui je viens de jurer — mais pour Épicure qui est un

Pyrrhonem idem fere, quo*d* modo tu, malum illud quidem, sed alia peiora. **16** Ergo, id quod natura ipsa et quaedam generosa uirtus statim respuit, ne *scilicet* dolorem summum malum diceres oppositoque dedecore sententia depellerer*e*, in eo magistra uitae philosophia tot saecula permanet. Quod huic officium, quae laus, quod decus erit tanti, quod adipisci cum dolore corporis uelit, qui dolorem summum malum sibi esse persuaserit ? quam porro quis ignominiam, quam turpitudinem non pertulerit, ut effugiat dolorem, si id summum malum esse decreuerit ? quis autem non miser non modo tunc, cum premetur summis doloribus, si in his est summum malum, sed etiam cum sciet id sibi posse euenire ? et quis est, cui non possit ? Ita fit ut omnino nemo esse possit beatus. **17** Metrodorus quidem perfecte eum beatum putat, cui corpus bene constitutum sit et exploratum ita semper fore. Quis autem est iste, cui id exploratum possit esse ? VII Epicurus uero ea dicit, ut mihi quidem risus captare uideatur. Adfirmat enim quodam loco, si uratur sapiens, si crucietur — exspectas fortasse dum dicat : « patietur, perferet, non succumbet » ; magna mehercule laus et eo ipso, per quem iuraui, Hercule digna ! — sed Epicuro, homini aspero et duro, non est hoc satis ; in Phalaridis tauro si erit, dicet : « Quam suaue est, quam hoc non curo ! » Suaue etiam ? an parum est, si « non amarum » ? At id quidem illi ipsi, qui dolorem malum esse

15 quod modo *edd.* : quomodo Φ.
16 scilicet *Bentl.* : sc. *fortasse* φ se *X exp.* V^{c} || diceres V^{2} : dicere *cet.* || depellerere *edd.* : depellere Φ || et quis V^{rec} P^{2} φ : etsi q. *cet.*
17 at K^{2}φ : ad *X* atqui idem *ex* ad id q. V^{rec}.

homme rude et dur, ce n'est pas assez : s'il est dans le taureau de Phalaris, le sage dira : « Quelle douceur ! Combien ceci m'est indifférent ! » De la douceur même ! Serait-ce trop peu de dire « sans amertume » ? Eh bien ! voilà une chose que ne disent guère les gens mêmes pour qui la douleur n'est pas un mal ; ils ne disent pas que la torture puisse être une douceur pour qui que ce soit, ils disent que c'est dur, pénible, affreux, contraire à la nature, sans d'ailleurs que ce soit un mal. Lui, l'homme qui dit que la douleur est le seul mal, et aussi qu'elle est au dernier degré de l'échelle des maux, c'est lui qui fait dire au sage que la torture est douce. **18** Moi, je ne te demande pas de donner à la douleur les mêmes qualificatifs qu'au plaisir, ainsi que le fait Épicure, homme fort ami du plaisir, tu le sais. Admettons qu'il eût, lui, tenu dans le taureau de Phalaris le même langage que s'il avait été dans sa couchette ; ce n'est pas moi qui prête à la sagesse tant de force contre la douleur. Pourvu que l'on résiste avec courage, cela suffit pour le devoir, et je ne demande pas de l'allégresse par-dessus le marché. En effet, il s'agit d'une chose qui sans aucun doute est affligeante, pénible, amère, hostile à la nature, difficile à souffrir et à endurer.

19 Regarde Philoctète : il ne faut pas lui faire grief de ses gémissements, car il avait vu sur l'Œta Hercule en personne hurler, au paroxysme de ses souffrances. Donc les flèches qu'il avait reçues d'Hercule n'étaient alors en rien une consolation pour ce héros,

> « quand, du fait d'une morsure vipérine, les veines de ses viscères, infectées de venin, provoquaient d'affreuses tortures. » (1)

Aussi s'écrie-t-il, dans un appel au secours, dans son désir de mourir :

> « las ! Qui pourrait me livrer aux flots salés, en me jetant du plus haut sommet rocheux ? Jà, déjà, je me meurs, la virulence de ma blessure, la brûlure de mon ulcération viennent à bout de ma vie. » (2)

1. Accius, *Philoctète* (fr. 12, *TRF* 552-553 = fr. 17, v. 235-236 Dangel).

negant, non solent dicere cuiquam suaue esse cruciari; asperum, difficile, odiosum, contra naturam dicunt, nec tamen malum. Hic qui solum hoc malum dicit et malorum omnium extremum, sapientem censet id suaue dicturum. **18** Ego a te non postulo, ut dolorem eisdem uerbis adficias quibus Epicurus uoluptatem, homo, ut scis, uoluptarius. Ille dixerit sane idem in Phalaridis tauro, quod si esset in lectulo; ego tantam uim non tribuo sapientiae contra dolorem. Si*t* fort*is* in perferendo, officio satis est; ut laetetur etiam, non postulo. Tristis enim res est sine dubio, aspera, amara, inimica naturae, ad patiendum tolerandumque difficilis. **19** Aspice Philoctetam, cui concedendum est gementi; ipsum enim Herculem uiderat in Oeta magnitudine dolorum eiulantem. Nihil igitur hunc uirum sagittae quas ab Hercule acceperat tum consolabantur,

> Cum e uiperino morsu uenae uiscerum
> Veneno inbutae taetros cruciatus cient.

Itaque exclamat auxilium expetens, mori cupiens;

> Heu! quí salsis fluctibus mandet
> Me ex sublimo uertice saxi?
> Iam iam absumor, conficit animam
> Vis uolneris, ulceris aestus.

Difficile dictu uidetur eum non in malo esse, et magno quidem qui ita clamare cogatur.

VIII **20** Sed uideamus Herculem ipsum qui tum dolore

18 sit fortis *Dav. Kueh.* : si forte *X* si fortis φ si fortis est *Halm* ‖ **19** cum... — cient *habet* NON. 324 ‖ qui *cet.* : qui (s *eras.*) *G* quis *P*φ ‖ sublimo *VBR*[1] (—i*R*[2]) *G* (i *eras.*) : — e *K* — i *P*φ.

Il est difficile de dire qu'il n'est pas en proie à un mal et même à un grand mal, celui qui est forcé de crier de la sorte.

VIII 20 Mais passons à Hercule en personne, à Hercule que la douleur brisait, juste au moment où la mort même lui conquérait l'immortalité. Quelles paroles lui échappent dans les *Trachiniennes* de Sophocle ! Quand il eut reçu des mains de Déjanire et revêtu la tunique teinte du sang du Centaure, qui se colla sur ses chairs, il dit : (1)

« O combien de souffrances pénibles à dire, rudes à endurer, ai-je subies sans répit dans mon corps et dans mon âme ! Mais ni ma terreur de l'implacable Junon, ni le sévère Eurysthée ne m'ont fait autant de mal que la folie d'un seul être, la fille née du sang d'Oenée. Elle m'a pris à mon insu dans les mailles de ce vêtement des Furies, qui adhère à mes flancs, mord et déchire mes entrailles ; qui, de son poids accablant, coupe le souffle à mes poumons ; déjà il a décoloré mon sang et l'a bu tout entier. Ainsi mon corps, qui est dévoré par l'horrible fléau, s'est vidé de sa substance. Moi-même je péris prisonnier de ce tissu mortel. Ce n'est point la main de l'ennemi, ni la lourde carrure des Géants issus de la Terre, ni le Centaure impétueux au double corps qui m'ont porté ces coups ; ce n'est pas la vaillance grecque, la férocité barbare, la cruauté d'un peuple relégué aux confins de cette terre que j'ai parcourue en tous sens pour en bannir toute sauvagerie, non : c'est par la main féminine d'une femme que moi, son mari, je succombe. IX O mon fils, justifie ce nom que te donne ton père ; à l'instant où je meurs, que ta tendresse pour ta mère ne soit pas la plus forte. Saisis-toi d'elle, traîne-la ici, devant moi, avec des mains qui marquent de la piété filiale ; alors je verrai qui, d'elle ou de moi, tu préfères. **21** Allons, courage, mon

1. Cf. *Trachiniennes*, 1046-1102 (= CICERONIS *Poetica*, fr. 70 Traglia = *Soph.*, fr. 1 Soubiran) et J. Soubiran, *Cicéron, Aratea, Fragments poétiques*, CUF, Paris, 1972, p. 273-275, dont, pour l'essentiel, est ici reproduite la traduction.

Hercule s'était épris de la jeune Iole. Déjanire, jalouse, lui envoya une tunique teinte dans le sang du centaure Nessus. Elle comptait ainsi ramener à elle son époux. Mais le centaure l'avait trompée, et Hercule périra dans d'atroces souffrances. Au moment où Hercule prononce cette tirade, il ignore encore quelle était l'intention de Déjanire, et aussi que celle-ci a reconnu son erreur et s'est donné la mort.

frangebatur, cum immortalitatem ipsa morte quaerebat. Quas hic uoces apud Sophoclem in Trachini*i*s edit ! cui cum Deianira sanguine Centauri tinctam tunicam induisset inhaesissetque ea uisceribus, ait ille :

O multa dictu grauia, perpessu aspera,
Quae corpore exanclata atque animo pertuli !
Nec mihi Iunonis terror implacabilis
Nec tantum inuexit tristis Eurystheus mali,
Quantum una uaecors Oenei partu edita.
Haec me inretiuit ueste furiali inscium,
Quae latere inhaerens morsu lacerat uiscera
Vrgensque grauiter pulmonum haurit spiritus ;
Iam decolorem sanguinem omnem exorbuit.
Sic corpus clade horribili absumptum extabuit,
Ipse inligatus peste interimor textili.
Hos non hostilis dextra, non Terra edita
Moles Gigantum, non biformato impetu
Centaurus ictus corpori inflixit meo,
Non Graia uis, non barbara ulla inmanitas,
Non saeua terris gens relegata ultimis,
Quas peragrans undique omnem *e*cferitatem expuli,
Sed femin*ae* uir feminea interimor manu.
IX O nate ! uere hoc nomen usurpa patri,
Ne me occidentem matris superet caritas.
Huc arripe ad me manibus abstractam piis ;
Iam cernam, mene an illam potiorem putes.
21 Perge, aude, nate, inlacrima patris pestibus,

20 Trachiniis *edd.* : trachinis Φ ‖ ait φ : at *X* ‖ exanclata *cet.* : — to K^2 ‖ urgensque *GB* : urguensque *KR* ‖ iam... — exorbuit *habet* Char. *Gl.* I, 198, 4 ; sanguinem omnem sorbui *habet* Diom. *Gl.* I, 366, 28 ‖ interimor textili *cet.* : interi morte textili R^2 ‖ Gigantum *P*φ : — ium *cet.* ‖ inflixit V^2 : infixit *cet.* ‖ ecferitatem (eff. *V sed* ef. *in. r.* V^c) *Klotz* : icfer. GR^1 hicfer. KR^c *BP*φ ‖ expuli *V* (*at ras. post* i) φ *P* : expulit *cet.* ‖ feminae *Wesenberg* : — nea Φ ‖ uir *cet.* : r *exp.* G^{rec} ui P^2φ.

fils, pleure sur les souffrances de ton père, aie pitié ! Les peuples pleureront sur mes malheurs. Hélas ! répandre ainsi des lamentations de fille, moi que personne n'a jamais vu gémir d'aucun mal ! Ma valeur s'est efféminée, elle est terrassée, anéantie. Approche, mon fils, reste près de moi, regarde ce spectacle lamentable, le corps éventré, déchiré de ton père ! Voyez-le, tous, et toi, créateur des dieux, lance sur moi, je t'en conjure, le puissant éclair de ta foudre ! Voici, voici que des élancements douloureux me torturent jusqu'à l'angoisse, voici que leur feu s'insinue en moi. O mains jadis victorieuses, **22** ô poitrine, dos, muscles saillants des bras ! Est-ce sous votre étreinte qu'autrefois le lion de Némée, grinçant des dents, jeta avec peine un dernier râle ? Est-ce cette main qui a rendu la paix à Lerne en immolant l'affreux reptile, qui a terrassé la bête dévastatrice d'Erymanthe, qui a tiré de la zone ténébreuse du Tartare et produit au jour le chien à trois têtes né de l'Hydre, qui a tué le serpent aux multiples replis, dont le regard veillait sur l'arbre chargé d'or ? A bien d'autres lieux ma main victorieuse a rendu la pureté, et nul n'a fait de mes mérites ses dépouilles. (1) »

Est-ce nous qui serions capables de mépriser la douleur, quand nous voyons Hercule si peu capable de maîtriser la sienne ?

X **23** Qu'Eschyle vienne témoigner. Ce n'est pas seulement un poète, c'est encore un pythagoricien, car telle est la tradition. De quelle façon, chez lui, Prométhée supporte la douleur qu'il endure pour le vol de Lemnos !

1. La traduction suit le texte grec en le reproduisant de façon assez libre. L'expression dans celui-ci est simple, concrète, et rappelle par bien des traits l'épopée homérique. Cicéron abrège généralement en éliminant bien des détails qui, sans doute, lui ont paru oiseux ; par exemple, il ne retient de la description des centaures que deux mots : διφυῆ στρατόν (*bicorporem manum*), là où Sophocle a écrit : la troupe insociable des Centaures, ces monstres à double nature qui avaient des jambes de cheval, ces êtres insolents, sans lois, si orgueilleux de leur force (traduction Masqueray). Cependant il lui arrive aussi d'ajouter au texte par recherche du pittoresque : ainsi rien ne correspond dans le texte à la peinture du lion mourant, à celle du dragon (suggérées sans doute par des œuvres d'art). Mais surtout Cicéron vise au pathétique et donne à tout le morceau une forte couleur oratoire. La langue est celle des tragiques latins et abonde en mots composés (*anxifer, aurifer, vastificus*, etc.).

Miserere ! Gentes nostras flebunt miserias.
Heu ! uirginalem me ore ploratum edere,
Quem uidit nemo ulli ingemescentem malo !
*E*cfeminata uirtus adflicta occidit.
Accede, nate, adsiste, miserandum aspice
Euisceratum corpus laceratum patris !
Videte, cuncti, tuque, caelestum sator,
Iace, obsecro, in me uim coruscam fulminis !
Nunc, nunc dolorum anxiferi torquent uertices,
Nunc serpit ardor. O ante uictrices manus,
22 O pectora, o terga, o lacertorum tori !
Vestrone pressu quondam Nemeaeus leo
Frendens efflauit grauiter extremum halitum ?
Haec dextra Lernam taetra mactata excetra
P*a*cauit ? haec bicorporem adflixit manum ?
Erymanthiam haec uastificam abiecit beluam ?
Haec e Tartarea tenebrica abstractum plaga
Tricipitem eduxit Hydra generatum canem ?
Haec interemit tortu multiplicabili
Draconem auriferam optutu adseruantem arborem ?
Multa alia uictrix nostra lustrauit manus,
Nec quisquam e nostris spolia cepit laudibus.

Possumusne nos contemnere dolorem, cum ipsum Herculem tam intoleranter dolere uideamus ?

X **23** Veniat Aeschylus, non poëta solum, sed etiam Pythagoreus ; sic enim accepimus. Quo modo fert apud eum Prometheus dolorem, quem excipit ob furtum Lemnium !

21 ecfeminata *Klotz* : sic fem. *cet.* sic eff. *Bφ* ‖ laceratum *cet.* : lacerati *V* (i *ex* um) ‖ dolorum *cet.* : — em *V*c.

22 pacauit *Turnèbe* : placauit Φ ‖ optutu *RKB* : optutum *V* obt. *G* ‖ cepit *P* : coepit *cet.* ‖ possumus neno cont. — uideamus *habet* Char. *Gl.* I, 222, 9.

« C'est de là, selon la renommée, que le feu fut donné subrepticement en partage aux mortels (1). Ce feu, dit-on, Prométhée l'avait dérobé par ruse, et il fut condamné par Jupiter au pire destin. » (2)

Voici donc les paroles de Prométhée, au moment où il expie, cloué sur le Caucase :

« Race des Titans (3), notre alliée par le sang (4), issue d'Ouranos, regardez-moi, attaché, enchaîné à d'âpres rochers, tel le navire que des matelots craintifs amarrent, quand ils redoutent la nuit et que la mer gronde lugubrement. Voilà comme m'a cloué ici le fils de Saturne, Jupiter, et la volonté de Jupiter a pris pour instrument les mains de Mulciber (5). C'est lui dont l'art cruel a enfoncé ces coins qui m'ont brisé les membres ; c'est son adresse qui m'a transpercé, malheureux que je suis, et a fait de moi l'habitant de cette forteresse des Furies. **24** Bien plus, un jour sur deux, jour funeste, venant d'un vol sinistre me lacérer de ses serres crochues, le serviteur de Jupiter (6) me déchire en un cruel repas. Puis gorgé, repu jusqu'à satiété des chairs grasses de mon foie, il pousse un cri retentissant, et, tandis qu'il s'envole droit vers le ciel, les plumes de sa queue caressent mon sang. Mais, quand le foie rongé a repris sa grosseur, alors derechef il retourne, avide, à son affreux repas. Ainsi je nourris ce gardien de

1. C'est à Lemnos, dans les forges de Vulcain, que Prométhée aurait pris le feu pour le donner aux hommes.

2. Accius, *Philoctète* (fr. 2, *TRF* 533-536 = fr. 2, v. 208-211 Dangel).

3. Vers du *Prométhée délivré* d'Eschyle, tragédie qui faisait suite au *Prométhée enchaîné* (fr. 193, *TGF* p. 64-65 = CICERONIS *poetica*, fr. 69 Traglia = *Aesch.*, fr. 2 Soubiran). Cf. J. Soubiran, *Cicéron, Aratea, Fragments poétiques*, CUF, Paris, 1972, p. 271-272.

4. Les Titans, fils d'Ouranos et de Gaia, forment le chœur de la tragédie. Prométhée est leur parent, étant fils de Japet, qui est un fils d'Ouranos.

5. Littéralement « le fondeur », surnom de Vulcain.

6. C'est-à-dire l'aigle de Jupiter. Nonius attribue à Accius le passage : sublime... sanguinem, et il est certain qu'Accius avait composé un *Prométhée*. Mais Cicéron dit expressément au § 26 qu'il a traduit lui-même tout le morceau. Cf. aussi III, 14, 29.

7. Le supplice de Prométhée est un motif fréquent de l'art antique. Cf. notamment Reinach, *Répertoire de la statuaire grecque et romaine*, II, 2, p. 509 (Héraklès délivrant Prométhée), et *Répertoire des vases peints*, II, p. 48 (Prométhée et l'aigle).

Vnde ignis cluet mortalibus clam
Diuisus ; eum dictus Prometheus
Clepsisse dolo poenasque Ioui
Fato expendisse supremo.

Has igitur poenas pendens adfixus ad Caucasum dicit haec :

Titanum suboles, socia nostri sanguinis,
Generata Caelo, aspicite religatum asperis
Vinctumque saxis, nauem ut horrisono freto
Noctem pauentes timidi adnectunt nauitae.
Saturnius me sic infixit Iuppiter,
Iouisque numen Mulciberi asciuit manus.
Hos ille cuneos fabrica crudeli inserens
Perrupit artus ; qua miser sollertia
Transuerberatus castrum hoc Furiarum incolo.
24 Iam tertio me quoque funesto die
Tristi aduolatu aduncis lacerans unguibus
Iouis satelles pastu dilaniat fero.
Tum iecore opimo farta et satiata adfatim
Clangorem fundit uastum et sublime auolans
Pinnata cauda nostrum adulat sanguinem.
Cum uero adesum inflatu renouatum*st* iecur,
Tum rursum taetros auida se ad pastus refert.
Sic hanc custodem maesti cruciatus alo,
Qu*ae* me perenni uiuum foedat miseria.

23 cluet φ V^2 : clucet *G* lucet *RPK* (l *in r.*) *B*φ || dictus *B*φ : doctus *cet.* || *ad* clepsisse *glossam* furasse *adscr.* *R*[uet] || fato *cet.* : fa to *G* (c *eras.*) furti *Bentl.* || *uersus sunt Aeschyli* Προμηθ λυόμενος *fr.* 193 || uinctumque $R^2K^2V^2B$: uict. GK^1V^1 || Mulciberi φ : mulcebri *X* (mulcibri K^2B).

24 tum... — satiata *habet* Prisc. *Gl.* ii, 542, 25 || auolans *Turnèbe* : adu. Φ || *habet* Non. 17 : Accius Prometheo « sublime auolans (*codd.* tui me uolans)... sanguinem » || nostrum adulat sanguinem *habet* Arus. *Gl.* vii, 457,6 || renouatumst *edd.* : — tum est *X* || hanc... quae *Bentl.* : hunc... qui Φ.

mon triste supplice, qui me déchire, vivant, dans une incessante détresse (7), car, vous le voyez, chargé des chaînes de Jupiter, je ne peux écarter le terrible oiseau de ma poitrine. 25 Ainsi privé de moi-même, je suis en butte à cette angoissante calamité, tandis que je cherche, dans mon désir de mort, le terme de mes maux ; mais la volonté de Jupiter retient loin de moi le trépas. Et depuis longtemps grossi par des siècles d'horreur, ce désolant fléau s'est enfoncé dans mon corps, duquel, liquéfiées par l'ardeur du soleil, tombent des gouttes qui mouillent sans relâche les rochers du Caucase. »

Il ne me semble guère possible de refuser le nom de malheureux à un personnage aussi éprouvé, et si Prométhée est malheureux, assurément la douleur est un mal.

— XI 26 Jusqu'ici, c'est toi qui plaides ma cause, mais je saurais bientôt à quoi m'en tenir ; en attendant, d'où sont tirés ces vers ? Je ne les reconnais pas.

— Eh bien ! je te le dirai ; aussi bien n'as-tu pas tort de poser la question. Ne vois-tu pas que j'ai du loisir de reste ?

— Que veux-tu dire ?

— Tu as été souvent, j'imagine, aux cours des philosophes pendant ton séjour à Athènes.

— Certainement, et même j'y trouvais plaisir.

— Eh bien ! tu devais le remarquer, quoique à cette époque il n'y en eût point de vraiment éloquent, ils agrémentaient pourtant leur prose de vers.

— Sans doute, et même les leçons du stoïcien Denys en fourmillaient.

— C'est exact. Mais Denys avait l'air de dicter et procédait sans choix et sans goût ; Philon, au contraire, respectait le rythme des vers, savait choisir les textes et les citait avec à-propos. Aussi, depuis que j'ai pris goût à ces exercices, lesquels constituent pour ainsi dire des déclamations pour vieilles gens, j'y fais appel tout spécialement aux poètes romains ; toutefois, là où ils font défaut, eh

Namque, ut uidetis, uinclis constrictus Iouis
Arcere nequeo diram uolucrem a pectore.
25 Sic me ipse uiduus pestes excipio anxias
Amore mortis terminum anquirens mali ;
Sed longe a leto numine aspellor Iouis.
Atque haec uetusta saeclis glomerata horridis
Luctifica clades nostro infixa est corpori,
E quo liquatae solis ardore excidunt
Guttae, quae saxa adsidue instillant Caucasi.

Vix igitur posse uidemur ita adfectum non miserum dicere et, si hunc miserum, certe dolorem malum.

XI 26 Tu quidem adhuc meam causam agis ; sed hoc mox uidero ; interea, unde isti uersus ? non enim adgnosco.

Dicam hercle ; etenim recte requiris. Videsne abundare me otio ?

Quid tum ?

Fuisti saepe, credo, cum Athenis esses, in scholis philosophorum.

Vero, ac libenter quidem.

Animaduertebas igitur, etsi tum nemo erat admodum copiosus, uerum tamen uersus ab iis admisceri orationi.

Ac multos quidem a Dionysio Stoico.

Probe dicis. Sed is quasi dictata, nullo dilectu, nulla elegantia, Philo et proprium n*umerum* et lecta poëmata et loco adiungebat. Itaque postquam adamaui hanc quasi senilem declamationem, studiose equidem utor nostris

26 uero *cet.* : ego *ss.* *V* || dilecta *cet.* : del. *Kφ* || et proprium numerum *Klotz* : et proprium nrt *GV* (et proprium *exp.* V^1) et proprium noster *R* et pu nr *K* (propriu *ss.* K^2) Philo noster ,et proprium numerum *Lb.* et proprio numero *Sey.* et pro<nuntiabat> numero *Po.* et proprio Marte *Giusta.*

bien ! j'ai traduit du grec nombre de textes, pour que dans ce genre de leçons aucune parure ne manque à la prose latine.

27 Mais te rends-tu compte du mal que font les poètes ? Ils nous font voir tout en larmes les plus vaillants hommes, ils amollissent nos âmes, et avec cela ils ont tant d'attrait qu'on ne se borne pas à les lire, on les apprend par cœur. Ainsi, quand à un fond de mauvaise éducation familiale et à des habitudes d'homme raffiné qui reste à l'ombre la poésie joint par surcroît son influence, elle brise tous les ressorts de la vertu. C'est pourquoi Platon était dans la logique en les chassant de la cité dont il traça le plan, quand il approfondit la question de savoir quelles étaient les mœurs les meilleures et la meilleure forme de gouvernement. Et nous autres Romains, qui, n'est-ce pas, avons été instruits par les Grecs, voilà quelles sont nos lectures, nos textes de récitation dès l'enfance, voilà ce que nous entendons par enseignement libéral et par science !

La honte est chose pire que la douleur.

XII 28 Mais pourquoi se fâcher contre les poètes ? Il s'est rencontré des professeurs de vertu, des philosophes, pour dire que le souverain mal, c'était la douleur. En revanche, toi, jeune homme, toi qui venais de dire que cette thèse était la tienne, quand je t'ai demandé si la douleur était un mal plus grand encore que le déshonneur, il a suffi de ce dernier mot pour te faire changer d'avis. Pose la même question à Épicure : il dira qu'une douleur médiocre est un mal plus grand que le déshonneur le plus grand, car le déshonneur ne comporte point de mal en lui-même, mais seulement par les souffrances qu'il entraîne (1). Or, je ne vois pas quelle souffrance entraîne pour Épicure cette proposition précisément que le souverain mal, c'est la douleur ; et pourtant, en fait de déshonneur, je ne pense pas qu'un philosophe puisse

poëtis ; sed sicubi illi defecerunt, uerti enim multa de Graecis, ne quo ornamento in hoc genere disputationis careret Latina oratio. **27** Sed uidesne, poëtae quid mali adferant ? Lamentantis inducunt fortissimos uiros, molliunt animos nostros, ita sunt deinde dulces, ut non legantur modo, sed etiam ediscantur. Sic ad malam domesticam disciplinam uitamque umbratilem et delicatam cum accesserunt etiam poëtae, neruos omnis uirtutis elidunt. Recte igitur a Platone eiciuntur ex ea ciuitate quam finxit ille, cum optimos mores et optimum rei publicae statum exquireret. At uero nos, docti scilicet a Graecia, haec [et] a pueritia legimus *e*discimus, hanc eruditionem liberalem et doctrinam putamus.

XII **28** Sed quid poëtis irascimur ? Virtutis magistri, philosophi inuenti sunt, qui summum malum dolorem dicerent. At tu, adulescens, cum id tibi paulo ante dixisses uideri, rogatus a me, etiamne maius quam dedecus, uerbo de sententia destitisti. Roga hoc idem Epicurum ; maius dicet esse malum mediocrem dolorem quam maxumum dedecus ; in ipso enim dedecore mali nihil esse, nisi sequantur dolores. Quis igitur Epicurum sequitur dolor, cum hoc ipsum dicit, summum malum esse dolorem ? quo dedecus maius a philosopho nullum expecto. Quare satis mihi dedisti, cum respondisti maius tibi uideri malum dedecus quam dolorem. Hoc ipsum enim si tenebis, intelleges quam sit obsistendum

26 enim *cet.* : enim *exp.* *V*uet.

27 eiciuntur φ : dicuntur *V* ducuntur G^1R^1K educ. *P*φ ‖ a puer. legimus ediscimus (*cf.* 3, 2, 3 leguntur ediscuntur) *Sey.* : et a p. leg. et d. Φ.

28 roga V^2 : rogo *cet.*

aller plus loin. Aussi m'as-tu fait une concession suffisante en répondant que le déshonneur te paraissait un mal plus grand que la douleur. Si tu tiens ferme sur ce seul principe, tu comprendras combien il est nécessaire de faire front contre la douleur ; aussi bien, ce qu'il faut, ce n'est pas tant rechercher si la douleur est un mal que donner à l'âme les moyens de la supporter.

29 Les Stoïciens forment de petits syllogismes pour établir que la douleur n'est pas un mal, tout comme si le mot et non la chose faisait difficulté. Pourquoi me duper, Zénon ? Car, lorsque tu affirmes que la douleur, qui me paraît effrayante, n'est pas du tout un mal, je suis séduit, je désire savoir comment il se peut faire qu'une chose telle qu'elle me paraît à moi le comble du malheur, ne soit même pas un mal. « Rien », dit-il, « n'est un mal, si ce n'est la honte et le vice. » Tu retombes dans tes niaiseries, car, l'objet de mon angoisse, tu ne l'élimines pas. Je sais que la douleur n'est pas la perversité ; trêve de leçons sur ce point ; montre-moi ceci : que j'éprouve ou non la douleur, cela n'a aucune importance. « Aucune espèce d'importance », reprend Zénon, « du moins au point de vue du bonheur, lequel dépend de la seule vertu ; mais il n'en faut pas moins le rejeter. » Pourquoi ? « C'est que c'est une chose pénible, contre nature, difficile à supporter, affligeante et dure. (1) » XIII **30** Voilà ce que c'est d'avoir un riche vocabulaire : on est à même de dire de toutes sortes de façons ce que tout le monde désigne par un seul mot, le mal. Tu me définis la douleur, tu ne la supprimes pas, quand tu dis qu'elle est chose pénible, contre nature, difficilement supportable et tolérable ; et je ne dis pas que tu mentes, mais je dis qu'il ne fallait pas masquer derrière une forme brillante ton impuissance sur le fond. « Du moment qu'il n'y a de bon que le beau, de mal que le laid... » Cela, c'est l'expression d'un souhait, ce n'est pas une preuve. Voici qui est mieux et plus conforme à la

dolori; nec tam quaerendum est dolor malumne sit, quam firmandus animus ad dolorem ferendum.

29 Concludunt ratiunculas Stoici, cur non sit malum; quasi de uerbo, non de re laboretur. Quid me decipis, Zeno? Nam cum id, quod mihi horribile uidetur, tu omnino malum negas esse, capior et scire cupio quo modo id quod ego miserrimum existimem ne malum quidem sit. « Nihil est », inquit, « malum, nisi quod turpe atque uitiosum est ». Ad ineptias redis. Illud enim, quod me angebat, non eximis. Scio dolorem non esse nequitiam; desine id me docere; hoc doce, doleam necne doleam nihil interesse. « Numquam quicquam », inquit, « ad beate quidem uiuendum, quod est in una uirtute positum; sed est tamen reiciendum ». Cur? « Asperum est, contra naturam, difficile perpessu, triste, durum ». XIII **30** Haec est copia uerborum, quod omnes uno uerbo malum appellamus, id tot modis posse dicere. Definis tu mihi non tollis dolorem, cum dicis asperum, contra naturam, uix quod ferri tolerarique possit; nec mentiris; sed re succumbere non oportebat uerbis gloriantem. « Dum nihil bonum, nisi quod honestum, nihil malum, nisi quod turpe » — optare hoc quidem est, non docere. Illud et melius et uerius, omnia quae natura aspernetur, in malis esse, quae adsciscat, in bonis. Hoc posito et uerborum concertatione sublata tantum tamen excellet illud, quod recte amplexantur isti, quod honestum, quod rectum,

30 dum *cet.* : duz *in ras.* V[rec] dum dicis nihil *Duisburgensis Cambridgensis* ‖ nihil melius aut uerius dici queunt quam omnia quae... minuta uideantur *habet H* ‖ aspernetur *V*[2] : — atur *cet.* ‖ recte *cet.* : rite *H.*

réalité : « tout ce que la nature repousse est au nombre des maux, tout ce qu'elle recherche est au nombre des biens. » Cela posé, et quand on a fait disparaître toute cette logomachie, il n'en reste pas moins que le grand principe, auquel les Stoïciens ont raison de s'attacher et que nous désignons par le beau, le juste, le convenable, en lui donnant parfois le nom général de vertu, prévaudra de telle façon que tout ce que nous considérons par ailleurs comme les biens du corps et de la fortune paraîtra infiniment petit et insignifiant, et par suite que ni un mal particulier, ni même l'accumulation de tous les maux ne sauraient être mis en balance avec le mal qui s'attache à la honte.
31 C'est pourquoi, s'il est vrai que la honte est chose pire que la douleur, ainsi que tu l'as accordé au début, la douleur n'est à vrai dire plus rien. Du moment en effet qu'il te paraîtra honteux et indigne d'un homme de gémir, de crier, de se lamenter, de se laisser briser et paralyser par la douleur, du moment que la beauté morale, la dignité, l'honneur t'assisteront et que, les yeux fixés sur eux, tu resteras maître de toi-même, assurément la douleur s'effacera devant la vertu, et ta ferme résolution la réduira à l'impuissance. En effet, ou bien la vertu n'est rien de réel, ou bien il faut mépriser n'importe quelle douleur. Veux-tu que la prudence existe, la prudence sans laquelle on ne peut même concevoir aucune vertu ? Eh quoi ? est-ce elle qui se résignera à ce que tu fasses quoi que ce soit sans résultat et t'épuises en vains efforts ? Est-ce que la tempérance te permettra de faire quoi que ce soit sans mesure ? Est-ce qu'il pourra pratiquer la justice, l'homme à qui la violence de la douleur fait révéler des secrets, trahir ses associés, délaisser mille devoirs ?
32 Et puis, comment répondras-tu aux exigences du courage et de ses compagnes, la grandeur d'âme, la gravité, la patience, l'indifférence aux choses humaines ? Est-ce quand tu seras abattu, consterné, et que tu gémiras d'une

quod decorum appellamus, quod idem interdum uirtutis nomine amplectimur, ut omnia praeterea, quae bona corporis et fortunae putantur, perexigua et minuta uideantur, ⟨ igitur ⟩ ne malum quidem ullum nec si in unum locum conlata omnia sint, cum turpitudinis malo comparanda. **31** Quare si, ut initio concessisti, turpitudo peius est quam dolor, nihil est plane dolor. Nam dum tibi turpe nec dignum uiro uidebitur gemere, eiulare, lamentari, frangi, debilitari dolore, dum honestas, dum dignitas, dum decus aderit, tuque in ea intuens te continebis, cedet profecto uirtuti dolor et animi inductione languescet. Aut enim nulla uirtus est aut contemnendus omnis dolor. Prudentiamne uis esse, sine qua ne intellegi quidem ulla uirtus potest ? Quid ergo ? ea patieturne te quicquam facere nihil proficientem et ⟨ frustra ⟩ laborantem, an temperantia sinet te inmoderate facere quicquam, an coli iustitia poterit ab homine propter uim doloris enuntiante commissa, prodente conscios, multa officia relinquente ? **32** Quid ? fortitudini comitibusque eius, magnitudini animi, grauitati, patientiae, rerum humanarum despicientiae quo modo respondebis ? adflictusne et iacens et lamentabili uoce deplorans audieris : « O uirum fortem ! » ? Te uero ita adfectum ne uirum quidem

30 igitur *add. Schiche* : *om.* Φ.

31 dolore *VP* : dolere *cet.* ‖ dum *(ter) B* : tum *cet.* ‖ intuens R^2V^1φ : intueris *X* ‖ aut... — 32 dolor *habet H* ‖ frustra *add. Lb.* : om. Φ.

32 audieris *Gr* : audiens *X* audies φ ‖ ne uirum *cet.* : nec u. *K*.

voix plaintive, que l'on dira de toi : « Oh ! le vaillant homme ! » Mais quand tu seras dans cet état là, personne ne songera à dire même que tu es un homme. Il faut donc sacrifier le courage ou bien ensevelir la douleur. XIV T'en rends-tu bien compte ? s'il t'arrive de perdre un de tes vases de Corinthe, le reste n'en demeure pas moins à ta disposition et en bon état, tandis que si c'est une seule vertu que tu perds — et je sais bien que la vertu ne peut se perdre (1) — si, dis-je, tu dois reconnaître qu'une seule vertu n'est pas à ta disposition, tu ne disposeras plus d'aucune (2). 33 Cela étant, peux-tu donner le titre d'homme courageux, magnanime, patient, grave, dédaigneux des choses humaines... disons au fameux Philoctète ? — car je préfère ne plus te prendre à partie. Mais lui, sans aucun doute, il manque de courage,

> « lui qui gît dans un abri humide, lequel, bien que muet, résonne de lamentations, plaintes, gémissements, hurlements, échos de ses cris pitoyables. » (3)

Ce n'est pas moi qui dirai que la douleur n'est pas douleur — aussi bien, si cela était, à quoi servirait le courage ? — mais je dis que la patience en triomphe, si du moins la patience est une réalité ; et, si c'est chimère, à quoi bon faire le panégyrique de la philosophie et se targuer d'être philosophe ? La douleur te point, je veux même qu'elle entame la chair : tends la gorge, si tu es nu ; si au contraire tu es revêtu « des armes de Vulcain », c'est-à-dire armé de courage, tiens-lui tête, car autrement le courage, qui était le gardien de ton honneur, te quittera et te délaissera. 34 Les lois de la Crète, établies, au dire des poètes, soit par Jupiter, soit par Minos, mais conformément au plan de Jupiter, et de même celles de Lycurgue,

1. Lieu commun du stoïcisme ; cf. von Arnim, *Stoicorum veterum fragmenta*, III, p. 56.
2. Autre lieu commun du stoïcisme ; cf. *ibid.*, p. 72.
3. Accius, *Philoctète* (fr. 11, *TRF* 549-551 = fr. 5, 214-216 Dangel).

quisquam dixerit. Amittenda igitur fortitudo est aut sepeliendus dolor.

XIV Ecquid scis igitur, si quid de Corinthiis tuis amiseris, posse habere te reliquam supellectilem saluam, uirtutem autem si unam amiseris (etsi amitti non potest uirtus), sed si unam confessus eris te non habere, nullam esse te habiturum ? 33 Num igitur fortem uirum, num magno animo, num patientem, num grauem, num humana contemnentem potes dicere aut Philoctetam illum ? — a te enim malo discedere — Sed ille certe non fortis,

> qui iacet in tecto umido,
> Quod eiulatu, questu, gemitu, fremitibus
> Resonando mutum flebilis uoces refert.

Non ego dolorem dolorem esse nego (cur enim fortitudo desideraretur ?), sed eum opprimi dico patientia, si modo est aliqua patientia ; si nulla est, quid exornamus philosophiam aut quid eius nomine gloriosi sumus ? Pungit dolor, uel fodiat sane : si nudus es, da iugulum ; sin tectus « uolcaniis armis », id est fortitudine, resiste ; haec enim te, nisi ita facies, custos dignitatis relinquet et deseret. 34 Cretum quidem leges, quas siue Iuppiter siue Minos sanxit de Iouis quidem sententia, ut poëtae ferunt, itemque Lycurgi laboribus

32 est *cet.* : om. *H* ‖ quid V^{reo} *B*φ : quis *GR*^{1}*V*^{1} que *KR*^{c} (*linea super* e *ducta*) ‖ confessus eris *cet.* : c. fueris *G*.

33 discedere *Bentl.* (*cf. Acad.* 2, 115) : discere *X* dicere φ ‖ tecto *Bouhier* : lecto Φ ‖ mutum *de Fin.* 2, 94 : multum Φ ‖ modo... — exornamur philosophia *(sic) habet* NON. 105 ‖ pungit *cet.* : — at V^{rec}.

34 Cretum legis *habet* CHAR. *Gl.* I, 124, 12 ‖ siue Juppiter *add.* φ : *om.* *X* siue Minos siue Rhadamanthus φ.

forment la jeunesse à l'effort par la chasse et la course, l'endurance à la faim et à la soif, au froid et au chaud. A Sparte, en particulier, on accueille les enfants au pied de l'autel en leur donnant tant de coups

« que le sang s'échappe à flots des chairs » (1),

parfois même, comme je l'entendais dire pendant mon séjour dans le pays, que la mort s'ensuit ; or il n'est jamais arrivé que l'un d'eux ait poussé un cri ni même un soupir. Eh bien ! ce que peuvent les enfants, les hommes en seront-ils incapables, et la raison sera-t-elle impuissante là où triomphe la coutume ?

L'habitude de l'effort amortit la douleur

XV 35 Il y a une différence entre l'effort et la douleur. Ce sont choses tout à fait voisines, mais il y a néanmoins une distinction à faire : l'effort est une fonction déterminée soit de l'âme soit du corps qui comporte une activité physique et morale relativement pénible ; la douleur, elle, est un mouvement rude qui se produit dans le corps et répugne à nos sens. Pour ces deux notions, les Grecs, dont la langue est plus riche que la nôtre, n'ont qu'un seul terme. Aussi appellent-ils les gens actifs gens qui ont le goût ou même la passion de la douleur, tandis que nous disons avec plus de justesse des gens laborieux : en effet, faire effort est une chose et souffrir en est une autre. O combien parfois ton vocabulaire est pauvre, ô Grèce, qui te figures toujours avoir des mots de reste ! Oui, je le répète, souffrir est une chose, faire effort en est une autre. Marius souffrait quand on l'opérait de ses varices ; quand il marchait à la tête d'une colonne par la grande chaleur, il faisait effort. Néanmoins une certaine analogie existe entre ces deux notions, car

1. Vers relevé dans *TRF inc.*, 209 (*inc.* fr. 112).

erudiunt iuuentutem, uenando currendo, esuriendo sitiendo, algendo aestuando. Spartae uero pueri ad aram sic uerberibus accipiuntur,

Vt multus e uisceribus sanguis exeat,

non numquam etiam, ut, cum ibi essem, audiebam, ad necem; quorum non modo nemo exclamauit umquam, sed ne ingemuit quidem. Quid ergo? hoc pueri possunt, uiri non poterunt? et mos ualet, ratio non ualebit?

XV 35 Interest aliquid inter laborem et dolorem. Sunt finitima omnino, sed tamen differt aliquid. Labor est functio quaedam uel animi uel corporis grauioris operis et muneris, dolor autem motus asper in corpore alienus a sensibus. Haec duo Graeci illi, quorum copiosior est lingua quam nostra, uno nomine appellant. Itaque industrios homines illi studiosos uel potius amantis doloris appellant, nos commodius laboriosos; aliud est enim laborare, aliud dolere. O uerborum inops interdum, quibus abundare te semper putas, Graecia! Aliud, inquam, est dolere, aliud laborare. Cum uarices secabantur C. Mario, dolebat; cum aestu magno ducebat agmen, laborabat. Est inter haec quaedam tamen similitudo; consuetudo enim laborum perpessionem dolorum efficit faciliorem. 36 Itaque illi qui Graeciae formam rerum publicarum dederunt, corpora iuuenum firmari labore uoluerunt. Quod

34 Spartae *cet.* : spartiatae V^{2} ‖ *cf. Trag. inc.* 209 ‖ non modo V^{c} (non *in r.*) *P* (non *in mg.*) : uno m. *cet.*
35 efficit *R* (a *exp.*) φ : — iat *cet.* — iet *B.*
36 qui *PMB* R^{rec} V^{rec} : quae *X.*

l'accoutumance à l'effort facilite la résistance à la douleur. **36** C'est pourquoi ceux qui ont donné à la Grèce ses constitutions ont voulu que les jeunes gens demandassent à l'effort l'endurance physique. C'est un usage que les Spartiates ont étendu même aux femmes que, dans toutes les autres villes, « on tient cachées dans l'ombre des murs » (1), où elles vivent dans le confort le plus raffiné. Mais eux n'ont rien admis de pareil

> « chez les jeunes filles de Laconie, qui ont plus à cœur la palestre, l'Eurotas, le soleil, la poussière, l'effort, les exercices guerriers que la fécondité barbare » (2).

Ainsi, au cours de ces exercices qui exigent un gros effort, la douleur intervient quelquefois, car on y est bousculé, frappé, renversé, on y fait des chutes, et de son côté l'effort même développe pour ainsi dire une espèce de cal qui amortit la douleur.

XVI **37** Quant au service militaire — le nôtre s'entend, car chez les Spartiates la troupe défile en cadence au son de la flûte et ne connaît point d'air guerrier qui ne soit sur le rythme anapestique — tu vois, dis-je, quelle est chez nous l'origine du mot armée (3), puis quel gros effort exige la marche en colonne : porter des vivres pour plus d'une quinzaine, porter tout ce qui est d'usage personnel, porter les pieux à palissade ; quand au bouclier, à l'épée, au casque, nos soldats ne les font pas plus entrer en ligne de compte dans le chargement que leurs épaules, leurs bras, leurs mains : « les armes, disent-ils, sont les membres du soldat », et de fait, ils les portent si ingénieusement disposées que, en cas de besoin, ils n'ont qu'à jeter bas leurs fardeaux pour que leurs armes soient prêtes pour le combat, tout comme si c'était leurs membres. Que dire de l'entraînement des

1. *TRF inc.*, 205 (*inc.*, fr. 111).
2. *TRF inc.*, 206-208 (*inc.*, fr. 111).
3. Cf. Varron *De lingua latina*, V, 87 : exercitus, quod exercitando fit melior ; le mot exercitus signifie donc troupe entraînée.

Spartiatae etiam in feminas transtulerunt, quae ceteris in urbibus mollissimo cultu « parietum umbris occuluntur ». Illi autem uoluerunt nihil horum simile esse

apud Lacaenas uirgines,
Quibus magis palaestra, Eurota, sol, puluis, labor,
Militia in studio est quam fertilitas barbara.

Ergo his laboriosis exercitationibus et dolor intercurrit non numquam, inpelluntur, feriuntur, abiciuntur, cadunt, et ipse labor quasi callum quoddam obducit dolori.

XVI 37 Militiam uero — nostram dico, non Spartiatarum, quorum procedit ad modum ⟨acies⟩ ac tibiam, nec adhibetur ulla sine anapaestis pedibus hortatio — nostri exercitus primum unde nomen habeant, uides; deinde qui labor, quantus agminis: ferre plus dimidiati mensis cibaria, ferre, si quid ad usum uelint, ferre uallum; nam scutum, gladium, galeam in onere nostri milites non plus numerant quam umeros, lacertos, manus. Arma enim membra militis esse dicunt; quae quidem ita geruntur apte, ut, si usus *fuerit*, abiectis oneribus expeditis armis ut membris pugnare possint. Quid? exercitatio legionum, quid? ille cursus, concursus, clamor quanti laboris est! Ex hoc ille animus in proeliis paratus ad uolnera. Adduc pari animo in-

36 Eurota *cet.* : seurota *R* eurotas φ ‖ ipse.. — obducit *habet* Char. *Gl.* 1, 72,1 (quodam callo); ipse labor callum obduxit *habet* Auct. *de dub. nom. Gl.* V 575, 3.

37 < acies > *add. Po.* : *om.* Φ < agmen > *add. Tregder* ‖ ac *Sey.* : ad *RGK* et *in r.* V^1 ‖ tibiam *cet.* : m *exp.* *V* ‖ fuerit *Bentl.* (*cf.* 4, 3, 5) : foret *X* fiat *ss.* V^2.

légions ? Et la course, la charge, le cri de guerre, combien d'efforts cela ne coûte-t-il pas ? Voilà où se trempe le courage qui affronte les blessures au combat. Mettez en ligne un soldat également courageux, mais non entraîné, il aura l'air d'une femme. **38** Nous avons éprouvé combien est grande la supériorité des vieilles troupes sur les jeunes (1) : à quoi cela tient-il ? Les recrues ont généralement l'avantage de la jeunesse, mais l'endurance à l'effort, le mépris des blessures, c'est l'accoutumance qui les enseigne. Au reste, on le voit bien quand les blessés sont emportés du champ de bataille, car à celui qui est novice et dépourvu d'entraînement la moindre blessure arrache des lamentations honteuses, tandis que cet autre, soldat entraîné, vétéran, et par cela même plus énergique, se borne à réclamer un médecin pour le panser :

« ô Patrocle (2), dit-il, me voici réclamant le secours de vos mains, car, si j'attendais, le coup me serait fatal que m'a porté l'ennemi. Il n'y a pas moyen d'arrêter l'écoulement du sang, et si votre science n'y remédie, ma mort est certaine. Les blessés en effet encombrent les portiques des fils d'Esculape ; impossible d'aborder. — C'est bien Eurypyle que voici ; l'homme est bien touché. »

XVII **39** Alors que les blessés ne cessent de geindre, vois comme il répond d'une voix ferme, expliquant même pourquoi il doit se résigner :

« Celui qui cherche la mort d'un autre doit se dire qu'on lui en réserve autant pour son compte. » (3)

Patrocle, j'imagine, va l'emmener, pour le mettre au lit, pour panser sa blessure : oui, si Patrocle était un homme

1. Allusion à la bataille de Pharsale, où l'armée de César était composée surtout de vétérans.

2. Vers de l'*Hectoris lytra*, tragédie d'Ennius (fr. 4, *scaen.* 161-166 Vahlen = *inc.*, fr. 171, v. 322-327 Jocelyn).

Hector a pris l'offensive. Achille, qui s'est refusé à combattre, est dans sa tente, en compagnie de Patrocle. Eurypyle blessé leur demande secours.

exercitatum militem, mulier uidebitur. **38** Cur tantum interest inter nouum et ueterem exercitum quantum experti sumus ? Aetas tironum plerumque melior, sed ferre laborem, contemnere uolnus consuetudo docet. Quin etiam uidemus ex acie efferri saepe saucios, et quidem rudem illum et inexercitatum quamuis leui ictu ploratus turpissimos edere ; at uero ille exercitatus et uetus ob eamque rem fortior medicum modo requirens, a quo obligetur :

O Patricoles, inquit, ad uos aduenians auxilium et uestras manus
Peto, prius quam oppeto malam pestem mandatam hostili manu,
Neque sanguis ullo potis est pacto profluens consistere,
Si qui sapientia magis uestra mors deuitari potest.
Namque Aesculapi liberorum saucii opplent porticus ;
Non potest accedi.
— Certe Eurypylus hic quidem est, hominem, exercitum !

XVII **39** Vbi tantum luctus continuatur, uide quam non flebiliter respondeat, rationem etiam adferat cur aequo animo sibi ferendum sit :

Qui alteri exitium parat,
Eum scire oportet sibi paratam pestem ut participet parem.

Abducet Patricoles, credo, ut conlocet in cubili, ut

38 *uersus sunt Enn. Hect. lytra* 16 ‖ *post* manu *uersum excidisse statuit Ribbeck* ‖ si qui *cet.* : si quidem V^{rec} φ ‖ certe... exercitum *uel* hominem exercitum *dant alii Ciceroni.*
39 tantum luctus continuatur φ : tantus luctus continuatus *V* (*sed primum et tertium* s *in r.* V^c) tantum luctum continuatus *cet.* ‖ adferat *cet.* : *alterum* a *exp.* V^{uet} ‖ paratam Φ : — um *Bentl.* ‖ abducet *cet.* : — it V^2 ‖ cubili *BPφK*[2] : cubiculi *RVG* ‖ uidi minus V^c : uidimus *cet.*

ordinaire. Mais c'est le cadet de ses soucis ; ce qui l'occupe, c'est de savoir ce qui s'est passé :

« parle, dis-moi quelle tournure a pris le combat pour les Argiens » — « Les mots ne sauraient exprimer combien en fait la lutte a été dure. » (1)

Tiens-toi donc tranquille, et laisse-toi panser. Mais, à supposer qu'Eurypyle y eût songé, Esope n'en eût rien fait (2) :

« quand Hector eut réussi à enfoncer nos valeureuses troupes... » (3)

et voilà Eurypyle qui retrace tout le combat, en dépit de ses souffrances, tant est incapable de se contenir la passion guerrière chez un vaillant homme. Or, ce qu'un vieux soldat peut faire, l'homme éclairé, le sage, ne le pourra-t-il pas ? Oui, il en est capable et même bien plus capable. **40** Mais nous en sommes encore à l'accoutumance que donne l'entraînement, nous ne parlerons que plus loin de raison et de sagesse. Il arrive souvent à de petites vieilles de supporter une privation de nourriture deux ou trois jours durant : retranche à un athlète sa ration quotidienne, c'est à Jupiter, à Jupiter Olympien, le dieu même en l'honneur de qui il s'entraîne, qu'il adressera ses supplications, qu'il criera sa détresse. Grande est la force de l'habitude. Les chasseurs passent des nuits dans la neige sur les montagnes ; les Indiens supportent d'être brûlés ; les pugilistes, broyés par les cestes, ne gémissent même pas. **41** Mais à quoi bon parler de gens pour qui une victoire aux Jeux Olympiques est ce que jadis était chez nous le consulat. Les gladiateurs, c'est-à-dire des gens sans aveu ou des barbares, quels coups n'endurent-ils pas ? Comme ceux qui ont été bien dressés s'offrent aux coups qu'ils ne peuvent éviter sans

1. Ennius, *Hectoris lytra* (fr. 4, *scaen.* 169-171 Valhen = *inc.*, fr. 171, v. 330-332 Jocelyn).

uolnus obliget. Siquidem homo esset ; sed nihil uidi minus. Quaerit enim quid actum sit :

— Eloquere, eloquere, res Argiuum proelio ut se sustinet.
— Non potest ecfari tantum dictis, quantum factis suppetit
Laboris.

Quiesce igitur et uolnus adliga. Etiamsi Eurypylus posset, non posset Aesopus :

Vbi fortuna Hectoris nostram acrem aciem inclinatam...

et cetera explicat in dolore. Sic est enim intemperans militaris in forti uiro gloria. Ergo haec ueteranus miles facere poterit, doctus uir sapiensque non poterit ? Ille uero melius, ac non paulo quidem. **40** Sed adhuc de consuetudine exercitationis loquor, nondum de ratione et sapientia. Aniculae saepe inediam biduum aut triduum ferunt. Subduc cibum unum diem athletae : Iouem, Iouem Olympium, eum ipsum cui se exercebit, inplorabit, ferre non posse clamabit. Consuetudinis magna uis est. Pernoctant uenatores in niue in montibus ; uri se patiuntur Indi ; pugiles caestibus contusi ne ingemescunt quidem. **41** Sed quid hos quibus Olympiorum uictoria consulatus ille antiquus uidetur ? gladiatores, aut perditi homines aut barbari, quas plagas perferunt ! quo modo illi, qui bene instituti sunt, accipere plagam malunt quam

39 eloquere *bis cet.* : *semel* R^{rec} $P\varphi$ || ecfari *VB* : hecf. *K* haecf. *GPR* hoc f. φ || adliga *cet.* : obl. V^{2}.
40 triduum *cet.* : — ium *G* || iouem *bis cet.* : *alt.* iouem *exp.* $R^{2}V$ uet *semel habet* φ || exercebit *cet.* : bi *expunxit* V^{1} || non posse *cet.* : se n. p. V^{c} || Indi *Dav.* : inde Φ (*def. Schiche Jahrb. d. ph. V.* 24, p. 246) nudi *Ant. Augustinus apud Ursinum* uide *Sey. del. Lb.*
41 consulatus R^{rec} *B* : consol. *cet.*

honte ! Combien de fois il est visible qu'ils tiennent avant tout à contenter soit leur maître, soit le peuple ! Même couverts de blessures, ils envoient demander à leurs maîtres quelles sont leurs intentions : s'ils se sont acquittés envers eux, ils sont prêts à recevoir le coup de grâce. Est-il un gladiateur passable qui ait jamais gémi, dont la physionomie se soit altérée ? En est-il qui aient eu une attitude honteuse, non seulement dans la lutte, mais lorsqu'ils allaient à terre ; qui, une fois à terre, aient rentré le cou, lorsqu'ils avaient reçu l'ordre de tendre la gorge ? Telle est la puissance de l'entraînement, de l'étude, de l'habitude. Et si

« un Samnite, un vil individu, digne de cette vie et de cette condition, (1)

a tant de courage, est-ce que l'homme né pour la gloire souffrira que le moindre point faible de son être moral ne soit pas fortifié par l'étude et la raison ? Bien des gens traitent de cruels et inhumains les spectacles de gladiateurs, et je ne leur donne pas tort, étant donné la manière dont ces combats sont donnés maintenant. Mais à l'époque où c'étaient des condamnés qui s'entretuaient, nulle leçon d'énergie devant la douleur et la mort ne pouvait agir plus efficacement, du moins parmi celles qui s'adressent non aux oreilles, mais aux yeux.

Rôle de la raison dans l'apaisement de la douleur

XVIII 42 Voilà pour l'entraînement, la pratique, la préparation. Eh bien, si tu veux, passons maintenant à la raison, à moins que tu n'aies quelque observation à présenter.

— Moi, t'interrompre ! J'aurais même voulu que tu ne t'interrompes pas, tant ton exposé est en bonne voie de me convaincre.

1. Vers de Lucilius, *Saturae* (150 Marx = 152 Terzaghi-Mariotti = IV, 1 Charpin).

turpiter uitare! quam saepe apparet nihil eos malle quam uel domino satis facere uel populo! mittunt etiam uolneribus confecti ad dominos qui quaerant quid uelint; si satis iis factum sit, se uelle decumbere. Quis mediocris gladiator ingemuit, quis uultum mutauit umquam? quis non modo stetit, uerum etiam decubuit turpiter? quis, cum decubuisset, ferrum recipere iussus collum contraxit? Tantum exercitatio, meditatio, consuetudo ualet. Ergo hoc poterit

Samnis, spurcus homo, uita illa dignus locoque,

uir natus ad gloriam ullam partem animi tam mollem habebit, quam non meditatione et ratione conroboret? Crudele gladiatorum spectaculum et inhumanum non nullis uideri solet, et haud scio an ita sit, ut nunc fit. Cum uero sontes ferro depugnabant, auribus fortasse multae, oculis quidem nulla poterat esse fortior contra dolorem et mortem disciplina.

XVIII **42** De exercitatione et consuetudine et commentatione dixi; age sis, nunc de ratione uideamus, nisi quid uis ad haec.

Egone ut te interpellem? ne hoc quidem uellem; ita me ad credendum tua ducit oratio.

Sitne igitur malum dolere necne, Stoici uiderint, qui contortulis quibusdam et minutis conclusiunculis nec ad sensus permanantibus effici uolunt non esse malum dolorem. Ego illud, quicquid sit, tantum esse

41 et haud *V (in ras.)* φ (haud *in mg. P*) : adhuc *RGB* adhoc *K*.
42 sis *cet.* : *exp. V*[uet] *rasura ante* sis *K* ‖ permanantibus *V*[c] : -entibus *cet.*

— Laissons les Stoïciens rechercher si c'est ou non un mal que la douleur. Ils ont en effet la prétention d'établir, au moyen de petites déductions entortillées et pointilleuses et en fin de compte insaisissables, que la souffrance n'est pas un mal. Pour moi, et quelle que puisse être la chose dont il s'agit, j'estime qu'elle a plus d'apparence que de réalité, qu'elle produit sur les hommes une impression démesurée, parce que nous la voyons sous un jour faux, et que n'importe quelle douleur est supportable.

Cela posé, par où faut-il que je commence ? Ne convient-il pas de revenir brièvement sur ce que je viens de dire, de façon à permettre à la discussion de se poursuivre et de porter plus loin ? 43 Je disais donc qu'il est un point universellement admis, non seulement par les philosophes, mais encore par les non-philosophes, à savoir que résister à la douleur est la marque d'hommes énergiques, magnanimes, patients, supérieurs à la destinée, et jamais on n'a refusé d'éloges à qui s'en est montré capable. Or n'est-il pas honteux de redouter dans l'avenir ou de ne pouvoir supporter dans le présent ce que l'on attend de l'homme courageux et que l'on loue en lui, quand il s'est montré tel. Au surplus, note bien que si le nom de vertu se dit de toutes les dispositions droites de l'âme, ce nom ne leur appartient pas en propre à toutes, mais leur vient d'une d'entre elles qui est la vertu par excellence. Vertu a la même racine que viril. Or ce qui caractérise essentiellement une âme virile, c'est le courage, et le courage a deux attributions essentielles qui sont le mépris de la douleur et le mépris de la mort. Il faut donc pratiquer ce mépris si nous voulons être vertueux ou mieux si nous voulons être des hommes, puisqu'aussi bien vertu vient de viril. Tu demanderas sans doute comment il faut s'y prendre, et c'est ton droit, car la philosophie se fait fort de donner le traitement approprié. XIX 44 Voici venir Épicure : c'est un homme sans aucune malice ou mieux un excel-

quantum uideatur non puto, falsaque eius uisione et specie moueri homines dico uehementius, doloremque [eius] omnem esse tolerabilem. Vnde igitur ordiar ? an eadem breuiter attingam quae modo dixi, quo facilius oratio progredi possit longius ? **43** Inter omnis igitur hoc constat, nec doctos homines solum, sed etiam indoctos, uirorum esse fortium et magnanimorum et patientium et humana uincentium toleranter dolorem pati ; nec uero quisquam fuit qui eum qui ita pateretur non laudandum putaret. Quod ergo et postulatur a fortibus et laudatur, cum fit, id aut extimescere ueniens aut non ferre praesens nonne turpe est ? Atqui uide ne, cum omnes rectae animi adfectiones uirtutes appellentur, non sit hoc proprium nomen omnium, sed ab ea quae una ceteris excellebat, omnes nominatae sint. Appellata est enim ex uiro uirtus ; uiri autem propria maxime est fortitudo, cuius munera duo sunt maxima, mortis dolorisque contemptio. Vtendum est igitur his, si uirtutis compotes, uel potius si uiri uolumus esse, quoniam a uiris uirtus nomen est mutuata. Quaeres fortasse quo modo, et recte ; talem enim medicinam philosophia profitetur.

XIX **44** Venit Epicurus, homo minime malus uel potius uir optimus ; tantum monet quantum intellegit. « Neglege », inquit, « dolorem ». Quis hoc dicit ? Idem

42 eius *del. Ern.* : eis *Man.*

43 atqui φ *et* n *exp. RP* : atquin *cet.* ‖ sed cum omnes... — profitetur *habet H* ‖ excellebat *cet.* : — it *H* ‖ sint *cet.* : sunt *G* ‖ ex *cet.* : a V^2.

44 uenit... — intellegit *habet* Char. *Gl.* I, 206, 19.

lent homme, il livre toute sa science : « ne fais pas attention à la douleur », dit-il. Qui parle ainsi ? Le même homme pour qui la douleur est le plus grand des maux. Cela n'est guère logique, mais écoutons : « si la douleur est extrême », dit-il, « il est forcé qu'elle soit brève ». (1) — « Fais-moi donc le plaisir de répéter mot pour mot », (2) je ne comprends pas bien ce que tu entends par extrême et par bref. — « Extrême, c'est ce qui est au plus haut degré, bref, ce qui est le plus bref possible. Je dédaigne l'intensité d'une souffrance dont la brièveté dans le temps fera que je serai délivré avant pour ainsi dire qu'elle soit venue. » (3) — Mais s'il s'agit d'une souffrance aussi grande que celle de Philoctète ? (4) — « Grand me paraît absolument justifié ; mais tout de même ce n'est pas la souffrance extrême ; il n'a mal qu'à un pied ; il pourrait souffrir aussi des yeux, de la tête, des côtés, des poumons, de tous les organes enfin : par suite il s'en faut de beaucoup que sa souffrance soit extrême. Donc », ajoute Épicure, « une souffrance qui dure comporte plus de plaisir que de peine. »

45 Ici, je ne saurais dire, pour ma part, qu'un si grand homme n'a pas la tête à lui, mais j'estime qu'il se moque de nous. A mon sens, une douleur extrême — et je l'appelle extrême même si elle est de dix atomes inférieures à une autre — n'est pas brève pour autant, et je pourrais citer beaucoup d'honnêtes gens qui sont torturés pendant nombre d'années par les douleurs si grandes de la goutte. Mais Épicure est malin : il ne précise jamais la mesure de la grandeur, ni celle de la durée, en sorte qu'on ne peut savoir ce qu'il entend par extrême lorsqu'il s'agit de la douleur, ni par bref lorsqu'il s'agit du temps. Laissons donc ce bonhomme qui parle pour ne rien dire, obligeons-le à convenir qu'il ne faut pas demander un remède contre

1. Cf. Épicure, *Maximes principales*, 4, (Diogène Laërce, X, 140), maxime citée dans le *De finibus*, II, 7, 22.
2. Réplique d'un héros de Pacuvius, dans la tragédie d'*Iliona* (fr. 5, *TRF* 202).

qui dolorem summum malum. Vix satis constanter. Audiamus. « Si summus dolor est », inquit, « necesse est breuem esse ».

Iter*a*dum eadem ista mihi !

non enim satis intellego quid summum dicas esse, quid breue. « Summum, quo nihil sit superius, breue, quo nihil breuius. Contemno magnitudinem doloris, a qua me breuitas temporis uindicabit ante paene quam uenerit ». Sed si est tantus dolor quantus Philoctetae ? « Bene plane magnus mihi quidem uidetur, sed tamen non summus ; nihil enim dolet nisi pes ; possunt oculi, potest caput, latera, pulmones, possunt omnia. Longe igitur abest a summo dolore. Ergo, inquit, dolor diuturnus habet laetitiae plus quam molestiae ». **45** Nunc ego non possum tantum hominem nihil sapere dicere, sed nos ab eo derideri puto. Ego summum dolorem (« summum » autem dico, etiamsi decem atomis est maior alius) non continuo esse dico breuem multosque possum bonos uiros nominare, qui complures annos doloribus podagrae crucientur maximis. Sed homo c*a*tus numquam terminat nec magnitudinis nec diuturnitatis modum, ut sciam quid summum dicat in dolore, quid breue in tempore. Omittamus hunc igitur nihil prorsus dicentem cogamusque confiteri non esse ab eo doloris remedia quae-

44 uix *cel.* : ut *ss.* V^2 || constanter *cet.* : uerum *ss.* V^2 || necesse est breuem esse *KR (propter clausulam)* : bre. nec. est esse *cet.* || iteradum *ed. Romana* 1471 (*cf. Acad.* 2, 88 ; *Att.* 14, 14,1) : iterandum *X* (— dam R^c) || summum *cet.* : si *ante* s. *add.* V^2.
45 sed — modum *habet* Non. 92 || catus *Non.* (castus *Nonii* LH_1 *Bamb.*) φ : cautus *X*φ || breue BR^2K^2 : —m *cet.*

la douleur à qui a dit que la douleur est le plus grand des maux, même si cela ne l'empêche pas de faire assez bonne contenance dans ses coliques compliquées de strangurie (1). C'est donc à d'autres qu'il faut demander un traitement, et avant tout, si nous tenons à la logique la plus rigoureuse, à ceux qui par souverain bien entendent le beau et par souverain mal le honteux. Assurément tu n'oseras pas gémir et te démener en leur présence, car la Vertu même te parlera par leur bouche XX 46 : « eh quoi ! tu as vu des enfants à Lacédémone, des jeunes gens à Olympie, des barbares dans l'arène recevoir et supporter silencieusement les coups les plus durs, et si par hasard tu éprouves quelque tiraillement douloureux, tu te récrieras comme une femme, tu ne le supporteras pas avec fermeté et avec calme ? » — C'est impossible, la nature s'y oppose. — J'entends ; mais quand des enfants puisent la patience dans l'amour de la gloire, d'autres dans la pudeur, beaucoup dans la crainte, avons-nous à appréhender que, ce qu'endurent tant de gens et dans tant de lieux, la nature ne soit pas à même de le supporter ? Mais elle, la nature, non seulement elle le supporte, mais elle le réclame : il n'est rien en effet pour elle de plus noble, rien à quoi elle aspire davantage que la beauté morale, le mérite, la dignité, l'honneur. Par tous ces mots-là j'entends désigner une chose identique, mais c'est pour en dégager la notion le mieux possible que j'ai employé plusieurs mots ; ce que je veux dire, c'est ceci : le bien le meilleur pour l'homme de beaucoup est celui qui est souhaitable en soi et pour soi, qui procède de la vertu ou consiste dans la vertu même, qui est louable sans

1. Cf. *Epicurea*, ed. Usener, fr. 122, p. 139, 30-31. Cicéron s'exprime tout autrement sur la mort d'Epicure dans le *De finibus*, II, 30, 96. Il la compare même à celle d'Epaminondas. Cf. aussi *Tusculanes*, V, 31, 88. Mais ici toute la réfutation de la thèse épicurienne est traitée sur un ton humoristique, sans doute parce que Cicéron s'adresse à un non-philosophe.

renda, qui dolorem malorum omnium maxumum dixerit, quamuis idem forticulum se in torminibus et in stranguria sua praebeat. Aliunde igitur est quaerenda medicina, et maxime quidem, si quid maxime consentaneum sit quaerimus, ab iis quibus, quod honestum sit, summum bonum, quod turpe, summum uidetur malum. His tu praesentibus gemere et iactare te non audebis profecto ; loquetur enim eorum uoce Virtus ipsa tecum :

XX 46 « Tune, cum pueros Lacedaemone, adulescentis Olympiae, barbaros in harena uideris excipientis grauissimas plagas et ferentis silentio, si te forte dolor aliquis peruellerit, exclamabis ut mulier, non constanter et sedate feres ? » — « Fieri non potest ; natura non patitur. » — Audio. Pueri ferunt gloria ducti, ferunt pudore alii, multi metu, et tamen ueremur, ut hoc, quod a tam multis et quod tot locis perferatur, natura patiatur ? Illa uero non modo patitur, uerum etiam postulat ; nihil enim habet praestantius, nihil quod magis expetat quam honestatem, quam laudem, quam dignitatem, quam decus. Hisce ego pluribus nominibus unam rem declarari uolo, sed utor, ut quam maxime significem, pluribus. Volo autem dicere illud homini longe optumum esse, quod ipsum sit optan-

45 quamuis... — praebeat *habet* NON. 32.

46 adulescentis *cet.* : —es V^2 || exclamabis... feres *habet* CHAR. *Gl.* I, 220, 17 || non const. Φ : nec const. *Char.* || *supra* gloria *scr.* ψ^{ol} *et in marg.* graeculi fer. barbari fer. V^c || nihil enim... — indignius *habet* *H* || nihil enim habet natura... — pluribus *habet* CHAR. *Gl.* I, 223, 31 || honestatem quam decus. his ergo *Char.* || utor φ*P* : utar *cel.* (*al* r *in. ras.* *G* ita V^{rec}) *Char.* || uolo autem... — laudabile *habet* CHAR. *Gl.* I, 204, 10 || homini BV^1 : —e *cet.*

condition, bref, est un bien dont je consentirais plutôt à dire qu'il est le bien unique que de ne pas le reconnaître comme le bien suprême. Inversement, tout le contraire s'applique à ce qui est honteux : rien de si immonde, de si méprisable, de plus indigne de l'homme.

47 Si ta conviction est faite sur ce point — aussi bien as-tu dit au début de cet entretien que le déhonneur est à tes yeux un plus grand mal que la douleur — il reste que tu dois te commander à toi-même. Sans doute cette façon de parler est bizarre : on s'exprime comme s'il y avait deux hommes en nous, l'un est destiné au commandement, le second à l'obéissance ; elle n'est cependant pas injustifiée. XXI Il y a en effet deux parties dans l'âme ; l'une possède la raison, l'autre en est dépourvue. Par suite le précepte de se commander à soi-même revient à dire que la raison doit maîtriser la partie impulsive de l'âme (1). La nature a mis dans presque tous les hommes un élément qui est faible, lâche, bas, énervé en quelque sorte et dénué d'énergie. Si l'homme n'était que cela, il n'y aurait rien de plus hideux que l'homme. Mais il peut recourir à celle qui est la souveraine et la reine du monde, à la raison qui, après avoir fait par elle-même un effort énergique et s'être avancée bien loin dans la voie du progrès, devient la vertu parfaite. Assurer l'empire de cette raison sur la partie de l'âme qui doit obéir, voilà à quoi doit pourvoir un homme. **48** « De quelle façon » ? diras-tu. Comme un maître commande à un esclave, ou un général à un soldat, ou encore un père à son fils. Si cette partie de l'âme dont j'ai dit qu'elle était faible se conduit de la façon la plus honteuse, si elle s'abandonne aux lamentations et aux larmes comme une femme, qu'elle soit enchaînée et mise au secret sous la surveillance de ses amis et de ses proches ; souvent on observe que des gens dont aucun raisonnement ne viendrait à bout sont réduits

1. Cf. *De officiis*, I, 28, 101 : Duplex est enim vis animorum atque natura : una pars in appetitu posita est, quae est ὁρμή graece, quae hominem huc et illuc rapit, altera in ratione.

dum per se, a uirtute profectum uel in ipsa uirtute situm, sua sponte laudabile, quod quidem citius dixerim solum quam non summum bonum. Atque ut haec de honesto, sic de turpi contraria, nihil tam taetrum, nihil tam aspernandum, nihil homine indignius.

47 Quod si tibi persuasum est (principio enim dixisti plus in dedecore mali tibi uideri quam in dolore), reliquum est ut tute tibi imperes ; quamquam hoc nescio quo modo dicatur. Quasi duo simus, ut alter imperet, alter pareat ; non inscite tamen dicitur. XXI Est enim animus in partis tributus duas, quarum altera rationis est particeps, altera expers. Cum igitur praecipitur ut nobismet ipsis imperemus, hoc praecipitur, ut ratio coërceat temeritatem. Est in animis omnium fere natura molle quiddam, demissum, humile, eneruatum quodam modo et languidum. Si nihil esset aliud, nihil esset homine deformius ; sed praesto est domina omnium et regina ratio, quae conixa per se et progressa longius fit perfecta uirtus. Haec ut imperet illi parti animi quae oboedire debet, id uidendum est uiro. **48** « Quonam modo ? » inquies. Vel ut dominus seruo uel ut imperator militi uel ut parens filio. Si turpissime se illa pars animi geret quam dixi esse mollem, si se lamentis muliebriter lacrimisque dedet, uinciatur et constringatur amicorum propinquorumque custodiis ; saepe enim uidemus fractos pudore, qui ra-

47 partis *cet.* : —es R^2 || si nihil esset aliud φ*V* *(sed* hil esset *in r.)* : senile sed si aliud non e. R^2 senile sed aliud *cet.* || sed praesto... — 48 filio *habet H* || conixa φ : conexa *cet.* (conn. *GP*) ||
48 si se l. m. l. dedecoret *habet* Char. *Gl.* I, 206, 17.

par la honte. Pour ceux-ci donc, comme pour des serviteurs, la surveillance et pour ainsi dire les chaînes assureront leur dignité ; quant à ceux qui seront plus fermes sans être très vigoureux, il suffira d'un avertissement comme pour un bon soldat qu'on rappelle à l'ordre. C'est sans excès, c'est modérément plutôt que le plus sage des Grecs se lamente, lorsqu'il est blessé, dans la tragédie de *Niptra* : (1)

« pas à pas, tout doucement — dit-il — ; les secousses aviveraient ma souffrance ». (2)

49 (Pacuvius est ici supérieur à Sophocle (3), car chez ce poète Ulysse larmoie de façon tout à fait lamentable lorsqu'il est blessé). Cependant, bien que ses gémissements soient légers, ceux-là même qui portent le blessé, ayant égard à la dignité de son rôle, n'hésitent pas à dire :

« Toi-même, Ulysse, bien que touché gravement, nous le voyons bien, tu es trop sensible peut-être pour un homme qui a l'habitude de la guerre. » (4)

Le poète, qui est avisé, se rend compte que, pour apprendre à supporter la souffrance, l'habitude est une maîtresse digne d'estime. **50** Et Ulysse s'exprime avec une certaine mesure, étant donné l'intensité de ses souffrances, lorsqu'il dit :

« Retenez-moi, tenez-moi, ma plaie m'accable. Découvrez-moi ; ah ! malheureux, je suis au supplice ». (5)

Il est en voie de faiblir, mais il se ressaisit sur-le-champ :

1. Tragédie que Pacuvius avait traduite de Sophocle. Le sujet en était le retour d'Ulysse, sa reconnaissance par Euryclée, quand celle-ci lui lave les pieds (d'où le titre), et sa mort.

2. *Niptra* (fr. 9, *TRF* 256-258).

3. Cf. I, 49, 117, où Cicéron compare une épigramme de Solon à l'épitaphe d'Ennius, et donne l'avantage à ce dernier. L'épithète de doctus, qu'Horace décerne à Pacuvius (*Epîtres*, II, 1, 55) semble bien viser le fond (philosophique), plutôt que la forme ou la technique théâtrale, comme on le dit généralement. Pour Sophocle, cf. *Niptra*, 2, p. 105 Pearson = *TGF*, p. 230.

tione nulla uincerentur. Ergo hos quidem ut famulos uinclis prope ac custodia, qui autem erunt firmiores nec tamen robustissimi, hos admonitu oportebit ut bonos milites reuocatos dignitatem tueri. Non nimis in Niptris ille sapientissimus Graeciae saucius lamentatur uel modice potius :

Pedetemptim — inquit — [ite] et sedato nisu,
Ne succussu arripiat maior
Dolor

49 Pacuuius hoc melius quam Sophocles (apud illum enim perquam flebiliter Vlixes lamentatur in uolnere) ; tamen huic leuiter gementi illi ipsi qui ferunt saucium, personae grauitatem intuentes non dubitant dicere :

Tu quoque, Vlixes, quamquam grauiter
Cernimus ictum, nimis paene animo es
Molli, qui consuetus in armis
Aeuom agere.....

Intellegit poëta prudens ferendi doloris consuetudinem esse non contemnendam magistram. **50** Atque ille non inmoderate magno in dolore :

Retinete, tenete ! opprimi*t* ulcus ;
Nudate ! heu miserum me ! excrucior.

Incipit labi, deinde ilico desinit :

48 ac custodia *V* (ad *exp. m. uet.*) : acad custodia *KG*[2] (adac *G*[1]) ac ad custodiam *RB* || in Niptris *cet.* : in *exp. R* || lamentatur *P* : — tor *cet.* || pedetemptim inquit et sedato nisu *Dav.* : inquit ite et Φ pedetemptim ac sedato nisu *habet* CHAR. *Gl.* I, 214, 10.
49 dubitant φ : dubitarunt *X*.
50 opprimit *Voss* : opprimite Φ.

« couvrez-moi et retirez-vous tout de suite. Laissez-moi : un frôlement, le mouvement le plus léger accroissent ma douleur cruelle. » (1)

Vois-tu comment se tait sa souffrance ? Ce n'est pas celle du corps qui s'apaise, c'est celle de l'âme qui est contenue. C'est pourquoi, à la fin de *Niptra*, il va jusqu'à faire la leçon à d'autres, et cela en mourant :

« Vous pouvez accuser l'adversité, mais non vous lamenter. Voilà la règle de l'homme ; c'est aux femmes que la nature a donné les larmes. » (2)

Dans cette âme, celle des deux parties qui est faible a obéi à la raison comme à un général sévère un soldat qui a de l'honneur. XXII **51** Mais celui qui sera parfaitement sage — nous ne l'avons pas vu encore pour notre compte, mais dans les traités des philosophes on trouvera ce qu'il doit être, s'il doit exister jamais — celui-là, dis-je, ou, si l'on veut, la raison qui aura atteint en lui la perfection suprême, commandera à la partie inférieure comme un père juste à de bons fils ; c'est par un signe qu'il réalisera ses volontés, sans effort, sans ennui ; il se redressera de lui-même, il s'animera, il s'équipera, il s'armera, pour faire face à la douleur tout comme à un ennemi. Quelles sont ces armes ? L'effort (3), la décision, la parole intérieure, comme si l'on se disait à soi-même : évite tout ce qui est honteux, lâche, indigne d'un homme. **52** Entretenons dans notre esprit des images d'honneur : ayons devant les yeux Zénon d'Élée (4), qui endura tout plutôt que de dénoncer ceux qui avaient conjuré avec lui la perte d'un tyran ; songeons à Anaxarque (5), le disciple de Démocrite : tombé

1. Pacuvius, *Niptra* (fr. 9, *TRF* 265-267).
2. Pacuvius, *Niptra* (fr. 10, *TRF* 268-269).
3. *Contentio* traduit le grec εὐτονία. Cf. Diog. Laërt., VII, 125.
4. L'un des principaux philosophes de l'école éléate (ve siècle). Accusé d'avoir conspiré contre un tyran, et redoutant que la torture ne lui fît dénoncer ses complices, il se serait coupé la langue avec les dents.

Operite, abscedite, iam iam.
Mittite ; nam attrectatu et quassu
Saeuum amplificatis dolorem.

Videsne ut obmutuerit non sedatus corporis, sed castigatus animi dolor ? Itaque in extremis Niptris alios quoque obiurgat, idque moriens :

Conqueri fortunam aduersam, non lamentari decet.
Id uiri est officium, fletus muliebri ingenio additus.

Huius animi pars illa mollior rationi sic paruit, ut seuero imperatori miles pudens.

XXII 51 In quo uero erit perfecta sapientia (quem adhuc nos quidem uidimus neminem ; sed philosophorum sententiis, qualis hic futurus sit, si modo aliquando fuerit, exponitur), is igitur siue ea ratio quae erit in eo perfecta atque absoluta sic illi parti imperabit inferiori, ut iustus parens probis filiis ; nutu, quod uolet, conficiet, nullo labore, nulla molestia ; eriget ipse se, suscitabit, instruet, armabit, ut tamquam hosti sic obsistat dolori. Quae sunt ista arma ? Contentio, confirmatio sermoque intumus, cum ipse secum : « Caue turpe quicquam, languidum, non uirile ». 52 Obuersentur species honestae animo, Zeno proponatur Eleates, qui perpessus est omnia potius quam conscios delendae tyrannidis indicaret ; de Anaxarcho Democritio cogitetur, qui cum Cypri

50 pudens *X* : prudens G^2 $R^c K^2$ φ.
51 uero *Bentl.* : uiro Φ ‖ uidimus φ : uidemus *X* ‖ suscitabit φ : — bitur *X*.
52 obuersentur *Gr* φ : obuersetur $RGBK^2$ obseruetur K^1V ‖ honestae *Gr* φ : honeste *cet.* ‖ animo *uel compendium* aio φ : ûo V^1 uero *cet.* ‖ conscios V^2 φ : conscius *X*.

aux mains du roi Timocréon, à Chypre, il subit les pires supplices sans demander grâce ni même protester. Callanus, un Indien, un barbare ignorant né au pied du Caucase, se fit volontairement brûler vif. Et nous, un mal de pieds, une rage de dents [que serait-ce si la souffrance s'étendait à tout le corps ?], nous ne pouvons le supporter. La cause en est une opinion de nature efféminée et inconsistante, dont au reste le rôle n'est pas moindre dans le plaisir que dans la douleur ; cette opinion produit en nous un effet dissolvant et nous amollit au point que nous ne pouvons souffrir sans crier la piqûre d'une abeille.
53 Au contraire, Marius, un homme des champs, mais un homme dans toute l'acception du terme, ayant à subir l'opération dont j'ai parlé plus haut (1), s'opposa d'abord à ce qu'on l'attachât, et l'on veut qu'avant Marius personne n'ait été opéré sans porter de liens. Pourquoi a-t-il trouvé des imitateurs ? C'est l'influence de l'exemple. Te rends-tu compte maintenant que le mal relève de l'opinion, non de la nature ? Cependant le même Marius fit bien voir que l'atteinte de la douleur avait été vive, car il ne présenta pas l'autre jambe. Ainsi, il supporta la douleur en brave, et aussi, en tant qu'homme, il ne voulut point s'y soumettre davantage, alors que la nécessité ne s'en faisait pas sentir.

Opposons à la douleur la tension de l'âme.

Il s'agit donc uniquement de savoir te commander, et je t'ai fait voir de quel genre de commandement il s'agit. De plus, le fait que l'on songe à ce qu'exigent de nous la patience, le courage, la grandeur d'âme, n'a pas seulement pour résultat de tenir l'âme en respect : elle adoucit je ne sais comment la douleur même.
XXIII 54 Les choses se passent comme dans les batailles.

1. II, 15, 35.

in manus Timocreontis regis incidisset, nullum genus supplicii deprecatus est neque recusauit. Callanus Indus, indoctus ac barbarus, in radicibus Caucasi natus, sua uoluntate uiuus combustus est; nos, si pes condoluit, si dens [sed fac totum dolere corpus], ferre non possumus. Opinio est enim quaedam effeminata ac leuis — nec in dolore magis quam eadem in uoluptate —, qua cum liquescimus fluimusque mollitia, apis aculeum sine clamore ferre non possumus. **53** At uero C. Marius, rusticanus uir, sed plane uir, cum secaretur, ut supra dixi, principio uetuit se alligari, nec quisquam ante Marium solutus dicitur esse sectus. Cur ergo postea alii ? Valuit auctoritas. Videsne igitur opinionis esse, non naturae malum ? Et tamen fuisse acrem morsum doloris idem Marius ostendit; crus enim alterum non praebuit. Ita et tulit dolorem ut uir, et ut homo maiorem ferre sine causa necessaria noluit.

Totum igitur in eo est, ut tibi imperes. Ostendi autem, quod esset imperandi genus; atque haec cogitatio, quid patientia, quid fortitudine, quid magnitudine animi dignissimum sit, non solum animum comprimit, sed ipsum etiam dolorem nescio quo pacto mitiorem facit. XXIII **54** Vt enim fit in proelio, ut ignauus miles ac timidus, simul ac uiderit hostem, abiecto scuto fugiat, quantum possit, ob eamque causam pereat

52 Timocreontis *X* : Nicocreontis φ *(error est Ciceronis)* || nos *cet.* : nobis V^2 || fac totum *V* : factotum *R* facto tum *BG* factottum *K* si tactum dolore c. φ || sed fac t. d. corpus *del. Baiter.*

53 G. Marius, rust. uir, cum secaretur, princ. se uetuit all. *habet* CHAR. *Gl.* I, 215, 17.

Le soldat lâche et poltron, à l'instant où il aperçoit l'ennemi, jette son bouclier et s'enfuit à toutes jambes ; or il arrive qu'il périsse dans la plénitude même de ses forces précisément parce qu'il a fui, tandis que celui qui est demeuré à son poste ne connaît rien de tel. De même ceux qui ne peuvent supporter la vue de la douleur perdent tous leurs moyens, et cet état d'accablement et d'épuisement les fait succomber, tandis que ceux qui ont résisté obtiennent le plus souvent la victoire. L'âme et le corps offrent en effet des termes précis de comparaison. Un fardeau pour lequel on fait appel à toutes ses forces est plus facile à porter : si l'effort se détend, il vous écrase. Il en est exactement de même pour l'âme : qu'elle se raidisse, la pression de ses charges sera insensible ; qu'elle se relâche, elle sera accablée et ne pourra plus se relever. **55**
Et sans doute, si l'on va au fond des choses, c'est dans l'exercice de tous les devoirs qu'il faut que l'âme fasse effort, c'est l'effort qui est pour ainsi dire le seul garant du devoir ; mais c'est tout particulièrement dans la souffrance qu'il faut veiller à ne rien faire de bas, de craintif, de lâche, rien qui soit d'un esclave ou d'une femme, et avant tout il faut condamner et proscrire les cris d'un Philoctète. Un soupir isolé peut échapper à un homme, mais les lamentations sont refusées même aux femmes, et c'est sans doute ce qu'on entendait par le *lessus* dont les Douze Tables ont interdit l'usage dans les funérailles.
56 Au reste, le soupir de l'homme courageux et sage ne doit jamais être qu'un moyen de s'affermir, et c'est ainsi que les coureurs du stade crient tant qu'ils peuvent ; ainsi encore les athlètes à l'entraînement ; quant aux pugilistes, même lorsqu'ils frappent l'adversaire, ils poussent un soupir en brandissant leurs cestes, non point qu'ils souffrent ou que leur courage faiblisse, mais parce qu'une expiration bruyante favorise la tension de tous leurs muscles et que le coup est décoché avec plus de violence.

non numquam etiam integro corpore, cum ei qui steterit, nihil tale euenerit, sic qui doloris speciem ferre non possunt, abiciunt se atque ita adflicti et exanimati iacent ; qui autem restiterunt, discedunt saepissime superiores. Sunt enim quaedam animi similitudines cum corpore. Vt onera contentis corporibus facilius feruntur, remissis opprimunt, simillime animus intentione sua depellit pressum omnem ponderum, remissione autem sic urgetur, ut se nequeat extollere. **55** Et, si uerum quaerimus, in omnibus officiis persequendis animi est adhibenda contentio ; ea est sola offici tamquam custodia. Sed hoc idem in dolore maxume est prouidendum, ne quid abiecte, ne quid timide, ne quid ignaue, ne quid seruiliter muliebriterue faciamus, in primisque refutetur ac reiciatur Philocteteus ille clamor. Ingemescere non numquam uiro concessum est, idque raro, eiulatus ne mulieri quidem. Et hic nimirum est « *l*essus », quem duodecim tabulae in funeribus adhiberi uetuerunt. **56** Nec uero umquam ne ingemescit quidem uir fortis ac sapiens, nisi forte ut se intendat ad firmitatem, ut in stadio cursores exclamant quam maxime possunt. Faciunt idem, cum exercentur, athletae, pugiles uero, etiam cum feriunt aduersarium, in iactandis caestibus ingemescunt, non quod doleant animoue succumbant,

54 ut onera c. c. f. feruntur pessimis opprimuntur *habet* Non. 258.

55 prouidendum est ne... faciamus *habet* Char. *Gl.* I, 203, 7 ‖ lessus *Muret ex legibus* 2, 59, 64 : fletus Φ pessus *in mg.* V[c].

56 ne V[uet] *B*: nec *cet.* ‖ in stadio... — athletae *habet* Char. *Gl.* I, 216, 19.

XXIV Eh quoi ! si l'on veut crier particulièrement fort, suffit-il de faire un effort avec les poumons, la gorge, la langue par lesquels nous voyons émettre et répandre la voix ? Non, c'est tout le corps, ce sont toutes les fibres de l'être, comme on dit, qui interviennent pour renforcer la voix. **57** Dans la vibrante plaidoirie qu'Antoine, accusé aux termes de la loi Varia (1), prononça pour lui-même (2), je l'ai vu, par Hercule ! toucher la terre du genou. De même que la portée des balistes pour les pierres, des autres machines pour les traits, s'accroît à mesure qu'on les tend et qu'on les bande plus fortement, ainsi la puissance de la voix, de la course, des coups dépend des ressorts qui les font jouer. Et puisque cette tension a tant de force, si les soupirs dans la souffrance servent à fortifier notre âme, nous y recourrons. Si au contraire ils expriment la plainte, la faiblesse, le découragement, les larmes, je ne saurais me résoudre à donner le nom d'homme à qui s'y abandonne ; fût-il vrai d'ailleurs que pareils soupirs procurassent quelque soulagement, encore y aurait-il lieu de voir si un homme d'énergie et de cœur peut s'en accommoder ; mais, puisqu'ils ne diminuent en rien la souffrance, pourquoi accepter une honte sans profit ? Car y a-t-il honte plus grande pour un homme que de pleurer comme une femme ? **58** De plus, ce précepte qui vise la souffrance a une portée plus considérable : ce n'est pas seulement à la douleur, c'est à toute chose qu'il faut opposer pareille tension de l'âme. La colère s'allume, la passion s'anime : cherchons un refuge dans la même forteresse, prenons les mêmes armes. Mais, puisque notre entretien porte sur la douleur, laissons de côté ces questions.

1. La loi Varia (du tribun Q. Varius) instituait des poursuites en haute trahison contre ceux qui avaient poussé les alliés à prendre les armes contre Rome, au moment de la guerre sociale. Nombre de sénateurs furent poursuivis aux termes de cette loi, notamment le prince du sénat Scaurus et l'orateur Cotta.

sed quia profundenda uoce omne corpus intenditur uenitque plaga uehementior.

XXIV Quid? qui uolunt exclamare maius, num satis habent latera, fauces, linguam intendere, e quibus elici uocem et fundi uidemus? Toto corpore atque omnibus ungulis, ut dicitur, contentioni uocis adseruiunt. **57** Genu mehercule M. Antonium uidi, cum contente pro se ipse lege Varia diceret, terram tangere. Vt enim balistae lapidum et reliqua tormenta telorum eo grauiores emissiones habent, quo sunt contenta atque adducta uehementius, sic uox, sic cursus, sic plaga hoc grauior, quo est missa contentius. Cuius contentionis cum tanta uis sit, si gemitus in dolore ad confirmandum animum ualebit, utemur; sin erit ille gemitus elamentabilis, si inbecillus, si abiectus, si flebilis, ei qui se dederit uix eum uirum dixerim. Qui quidem gemitus si leuationis aliquid adferret, tamen uideremus, quid esset fortis et animosi uiri; cum uero nihil imminuat doloris, cur frustra turpes esse uolumus? Quid est enim fletu muliebri uiro turpius? **58** Atque hoc praeceptum, quod de dolore datur, patet latius. Omnibus enim rebus, non solum dolori, simili contentione animi resistendum est. Ira exardescit, libido concitatur; in eandem arcem confugiendum est, eadem sunt arma sumenda. Sed quoniam de dolore loquimur, illa omittamus.

56 ingemescunt $K^2R^cV^2$: — scent *X* ‖ omne *cet.* : cum *ante* omne *add.* V^2.

57 quo est missa φ : cum e. m. *X* ‖ adferret (*uel* aff.) φ : adferrent *X* (adferent *G*) ‖ turpes BK^2V^2 : turpe *GR*.

58 omnibus rebus... — arma sumenda *habet H* ‖ omittamus *cet.* : omittam *R*.

Ainsi donc, pour supporter la douleur dans la tranquillité et dans le calme, on gagne beaucoup à se bien pénétrer, comme on dit, de l'idée que cela est beau. Nous avons naturellement à un très haut degré, je le répète, et il faut le répéter, le goût, la passion du beau ; toutes les fois qu'un de ses rayons, pour ainsi dire, frappe nos regards, son attrait nous dispose à tout souffrir et à tout endurer pour nous en emparer. Cet élan impétueux qui entraîne les âmes vers la véritable gloire et vers la beauté morale fait affronter les périls des combats ; les braves dans la mêlée ne sentent pas les blessures, ou plutôt ils les sentent, mais ils préfèrent mourir que de reculer, fût-ce d'un pas, sur le chemin de l'honneur. **59** Les Décius voyaient briller les glaives au milieu desquels ils se précipitaient, mais la crainte des blessures s'effaçait complètement devant l'idée d'une mort illustre et glorieuse. Pensez-vous qu'Epaminondas ait gémi, lorsqu'il sentait que sa vie s'écoulait avec son sang ? C'est qu'il laissait à sa patrie, avant lui asservie à Lacédémone, la domination sur cette cité. Voilà des soulagements, voilà des réconforts dans les plus grandes douleurs.

XXV **60** Mais, diras-tu, si nous sommes en paix, dans nos foyers, dans notre lit ? Tu me ramènes aux philosophes, qui sont rarement des combattants. L'un d'eux, assurément frivole, Denys d'Héraclée (1), avait appris le courage à l'école de Zénon, mais la douleur emporta toute sa science (2). Ayant une maladie des reins, il ne cessait de répéter dans les lamentations de ses crises que ce qu'il avait pensé jadis de la douleur était faux. Cléanthe (3), son condisciple, lui demandant quelle raison

1. Les propos rapportés ici ont été retenus comme fr. 432 dans *SVF* 1, p. 95, 11-19.

2. Il passa à l'école cyrénaïque et fut surnommé le « transfuge », ὁ Μεταθέμενος. Il ne manquait pas de talent, et Cicéron cite avec éloge une dissertation de lui sur la colère ; cf. III, 9, 19.

Ad ferendum igitur dolorem placide atque sedate plurimum proficit toto pectore, ut dicitur, cogitare quam id honestum sit. Sumus enim natura, ut ante dixi (dicendum est enim saepius), studiosissimi adpetentissimique honestatis ; cuius si quasi lumen aliquod aspeximus, nihil est quod, ut eo potiamur, non parati simus et ferre et perpeti. Ex hoc cursu atque impetu animorum ad ueram laudem atque honestatem illa pericula adeuntur in proeliis ; non sentiunt uiri fortes in acie uolnera, uel sentiunt, sed mori malunt quam tantum modo de dignitatis gradu demoueri. **59** Fulgentis gladios hostium uidebant Decii, cum in aciem eorum inruebant. His leuabat omnem uolnerum metum nobilitas mortis et gloria. Num tum ingemuisse Epaminondam putas, cum una cum sanguine uitam effluere sentiret ? Imperantem enim patriam Lacedaemoniis relinquebat, quam acceperat seruientem. Haec sunt solacia, haec fomenta summorum dolorum.

XXV **60** Dices : quid in pace, quid domi, quid in lectulo ? ad philosophos me reuocas, qui in aciem non saepe prodeunt. E quibus homo sane leuis, Heracleotes Dionysius, cum a Zenone fortis esse didicisset, a dolore dedoctus est. Nam cum ex renibus laboraret, ipso in eiulatu clamitabat falsa esse illa quae antea de dolore ipse sensisset. Quem cum Cleanthes con-

58 sumus enim... — gradu demoueri *habet H* || est enim *cet.* : enim *om. H* || illa *cet.* : illa *om. H* || tantum modo *cet.* : tantulum m. *V*[2]

60 dedoctus *Bentl.* : deductus Φ || quem cum *R*[2]*BP*φ : tum *VGK*.

l'avait conduit à se rétracter : « c'est que », dit-il, « si j'avais été incapable de supporter la douleur, alors même que j'aurais touché seulement à la philosophie, cela prouverait assez que la douleur est un mal ; or, j'ai consacré nombre d'années à la philosophie et ne puis supporter la douleur ; donc c'est un mal que la douleur. » Alors Cléanthe, à ce qu'on dit, frappa le sol du pied en prononçant un vers des *Épigones* (1) :

« entends-tu cela, Amphiaraüs caché dans les profondeurs de la terre ? » (2)

Il désignait ainsi Zénon et le plaignait d'avoir un disciple aussi dégénéré. **61** Tel n'est point le cas de notre ami Posidonius. Personnellement je l'ai fort connu, mais je tiens à rappeler à son sujet une anecdote que Pompée se plaisait à conter. Pompée revenait de Syrie et se trouvait à Rhodes. Il voulut entendre Posidonius. Ayant appris que ce philosophe était gravement malade, à la suite d'une violente attaque de rhumatisme, il tint du moins à lui rendre visite, car Posidonius était très célèbre. En l'abordant, Pompée le salua, lui adressa ses compliments et exprima le regret de ne pouvoir l'entendre. Alors Posidonius : « cela dépend de toi », dit-il, « et il ne sera pas dit qu'un aussi grand homme a perdu son temps à me venir voir, parce que je ressentais une douleur physique. » De fait, Pompée racontait que Posidonius, couché dans son lit, développa avec une éloquence vigoureuse le sujet même dont nous nous occupons, à savoir qu'il n'y a de bon que ce qui est beau, et, dans les moments où la douleur lui appliquait pour ainsi dire les pointes de feu, Posido-

1. Le sujet des *Epigones* est l'expédition entreprise par les fils des Sept contre Thèbes pour venger leurs pères. Il avait été traité par plusieurs tragiques grecs, entre autres Sophocle, et aussi par Accius.

discipulus rogaret quaenam ratio eum de sententia deduxisset, respondit : « Quia, cum tantum operae philosophiae dedissem, ⟨ si ⟩ dolorem tamen ferre non possem, satis esset argumenti malum esse dolorem. Plurimos autem annos in philosophia consumpsi nec ferre possum ; malum est igitur dolor. » Tum Cleanthem, cum pede terram percussisset, uersum ex Epigonis ferunt dixisse :

Audisne haec, Amphiaraë sub terram abdite ?

Zenonem significabat, a quo illum degenerare dolebat. **61** At non noster Posidonius ; quem et ipse saepe uidi et id dicam, quod solebat narrare Pompeius, se, cum Rhodum uenisset decedens ex Syria, audire uoluisse Posidonium ; sed cum audisset eum grauiter esse aegrum, quod uehementer eius artus laborarent, uoluisse tamen nobilissimum philosophum uisere ; quem ut uidisset et salutauisset honorificisque uerbis prosecutus esset molesteque se dixisset ferre, quod eum non posset audire, at ille : « Tu uero », inquit, « potes, nec committam ut dolor corporis efficiat ut frustra tantus uir ad me uenerit. » Itaque narrabat eum grauiter et copiose de hoc ipso, nihil esse bonum, nisi quod esset honestum, cubantem disputauisse, cumque quasi faces ei doloris admouerentur, saepe dixisse :

60 quia cum φ : qui cum *X* || tantum operae φ : tanto opere *X* (operam V^{rec}) || dedissem si *Sey.* : dedissem Φ *add.* si *post* quia *Madvig* || tum *cet.* : tunc *G* || Epigonis φ : — neis *X*.
61 se cum VK^2 *edd.* : secum *X* ipse cum R^c || nec committam φ : necomitam *KR* (nec om. K^2R^2) *G* (t *ss.* G^2) ne commitam *V* nec omittam *BP*.

nius répéta à plusieurs reprises : « tu perds ton temps, douleur ; si importune que tu puisses être, tu ne me feras jamais convenir que tu sois un mal (1). » XXVI **62** D'une manière générale, toutes les peines auxquelles s'attachent la gloire et la célébrité deviennent par cela même supportables. Ne voyons-nous pas, dans les pays où les jeux appelés gymniques sont très considérés, que les champions s'exposent à toutes les souffrances ? De même, là où la chasse et l'équitation sont en vogue, nulle douleur ne rebute ceux qui veulent s'y distinguer. Que dire de nos compétitions politiques et de la passion des honneurs ? Est-il brasier qui ait fait peur à nos ambitieux, au temps où l'on faisait campagne en quêtant les suffrages un à un ? Aussi l'Africain, qui ne se lassait pas de lire Xénophon le Socratique, se plaisait-il à citer tout spécialement une maxime de cet auteur, à savoir que les mêmes fatigues ne sont pas également lourdes pour le général et pour le soldat, car l'honneur suffit à alléger celles qui incombent au commandement (2). **63** Il se trouve d'ailleurs que le vulgaire ignorant est sensible à l'idée du beau moral, sans qu'il puisse en distinguer la réalité. C'est ainsi que la renommée et le sentiment de la foule font impression sur lui, vu qu'il appelle beau ce qu'on loue communément. Pour toi, même si la foule n'avait d'yeux que pour toi, je ne voudrais pas que son jugement déterminât le tien, et qu'il suffît qu'elle trouvât une chose magnifique pour que tu la trouves telle. Règle-toi sur ton propre jugement : si tu éprouves que tes sentiments sont droits et si tu en es heureux, alors non seulement tu te seras vaincu toi-même, comme je te le recommandais tout à l'heure, mais tu auras triomphé de tous et de tout. **64** Aie donc présente à l'esprit

1. Cf. T. 38, p. 12 Edelstein-Kidd. Cicéron estimait beaucoup Posidonius et le considérait comme le représentant le plus éminent du néo-stoïcisme ; cf. *De finibus*, I, 2, 6.
2. Cf. *Cyropédie*, I, 6, 25.

« Nihil agis, dolor ! quamuis sis molestus, numquam te esse confitebor malum ».

XXVI **62** Omninoque omnes clari et nobilitati labores *continuo* fiunt etiam tolerabiles. Videmusne [ut], apud quos eorum ludorum qui gymnici nominantur magnus honos sit, nullum ab iis qui in id certamen descendant deuitari dolorem ? apud quos autem uenandi et equitandi laus uiget, qui hanc petessunt, nullum fugiunt dolorem. Quid de nostris ambitionibus, quid de cupiditate honorum loquar ? quae flamma est per quam non cucurrerint ii qui haec olim punctis singulis colligebant ? Itaque semper Africanus Socraticum Xenophontem in manibus habebat, cuius in primis laudabat illud, quod diceret eosdem labores non esse aeque grauis imperatori et militi, quod ipse honos laborem leuiorem faceret imperatorium. **63** Sed tamen hoc euenit, ut in uolgus insipientium opinio ualeat honestatis, cum ipsam uidere non possint. Itaque fama et multitudinis iudicio mouentur, cum id honestum putent quod a plerisque laudetur. Te autem, si in oculis sis multitudinis, tamen eius iudicio stare nolim nec, quod illa putet, idem putare pulcherrimum. Tuo tibi iudicio est utendum ; tibi si recta probanti placebis, tum non modo tete uiceris, quod paulo ante praecipiebam, sed omnis et omnia.

62 nobilitati *cet.* : diffamati *ss.* V^{rec} || continuo *Klotz* : contempno *GPR* (c contempno R^2) contemnendo φ contemptu K^2BGr contentendo *Bentl.* || apud φ : ut a. *X* || cucurrerint φ : — unt *X* || esse aeque graues K^2 : esse ae. gr. esse *X* (*prius* esse *del.* R^2 V^{rec}).

63 uidere $R^2V^{rec}B$φ : — ri *KG*.

cette pensée-ci : l'état d'une âme qui s'est agrandie et pour ainsi dire rehaussée le plus possible — et le mépris, le dédain de la souffrance est la manifestation la plus haute de cet état — voilà la situation la plus belle au monde, et elle n'est que plus belle si le peuple n'a rien à y voir et si, indifférente aux applaudissements, elle se suffit à elle-même pour être heureuse. Bien plus, à mon avis, le mérite en toute chose ne fait que s'accroître lorsque l'esprit d'ostentation, le souci de l'opinion publique n'y sont pour rien, non point qu'il faille fuir le peuple, car toutes les belles actions recherchent la lumière, mais parce que la vertu ne connaît pas de théâtre plus grand que la conscience.

XXVII 65 Avant tout, avisons à ce que cette patience dans les souffrances, dont j'ai souvent dit qu'elle doit être affermie par la tension de l'âme, se maintienne au même niveau quel qu'en soit l'objet. Souvent, en effet, bien des gens, à qui la passion de la victoire ou de la gloire ou encore la défense de leur droit et de leur liberté ont inspiré le courage d'affronter et de supporter les blessures, sont néanmoins, quand leur exaltation a disparu, incapables de supporter la souffrance de la maladie. C'est que leur endurance n'était pas raison ou science, mais passion et gloriole (1). Ainsi des barbares, des sauvages sont capables de déployer dans les combats la plus grande énergie et ne sont pas à même de résister à la maladie comme des hommes. Inversement les Grecs, trop peu courageux, mais aussi sensés que des hommes peuvent l'être naturellement, sont incapables de regarder en face l'ennemi, et cependant supportent la maladie avec une douce résignation. De leur côté les Cimbres et les Celtibériens poussent des cris de joie

1. Cf. IV, 23, 51 : neque enim est ulla fortitudo, quae rationis est expers. Cicéron reconnaît cependant qu'il n'est pas mauvais de faire appel à la passion, là où l'on ne peut s'adresser à la raison ; cf. IV, 25, 55.

64 Hoc igitur tibi propone, amplitudinem animi et quasi quandam exaggerationem quam altissimam animi, quae maxime eminet contemnendis et despiciendis doloribus, unam esse omnium rem pulcherrimam, eoque pulchriorem, si uacet populo neque plausum captans se tamen ipsa delectet. Quin etiam mihi quidem laudabiliora uidentur omnia, quae sine uenditatione et sine populo teste fiunt, non quo fugiendus sit (omnia enim bene facta in luce se conlocari uolunt), sed tamen nullum theatrum uirtuti conscientia maius est.

XXVII 65 Atque in primis meditemur illud, ut haec patientia dolorum quam saepe iam animi intentione dixi esse firmandam, in omni genere se aequabilem praebeat. Saepe enim multi qui aut propter uictoriae cupiditatem aut propter gloriae aut etiam, ut ius suum et libertatem tenerent, uolnera exceperunt fortiter et tulerunt, iidem omissa contentione dolorem morbi ferre non possunt; neque enim illum quem facile tulerant ratione aut sapientia tulerant, sed studio potius et gloria. Itaque barbari quidam et inmanes ferro decertare acerrume possunt, aegrotare uiriliter non queunt. Graeci autem homines, non satis animosi, prudentes, ut est captus hominum, satis, hostem aspicere non possunt, eidem morbos toleranter atque humane ferunt. At Cimbri et Celtiberi in proeliis

64 quin... — fiunt *habet* NON. 189 ‖ omnia... — 65 nequeunt *(sic) habet* *H* ‖ fugiendus sit *cet.* : is sit V^1 ‖ omnia recte facta... uolunt *habet* AVG. *ciu.* 14, 18.

65 qui aut *cet.* : quia aut *H* ‖ non queunt *X* : nequeunt *Hφ* ‖ idem... — ferunt *habet* CHAR. *Gl. I*, 222, 8.

dans les batailles et des cris de douleur quand ils sont malades. Aussi bien ne peut-il y avoir d'égalité dans la conduite là où manque un principe ferme. **66** Mais la vue des gens que la souffrance ne brise pas, alors que, pour poursuivre et atteindre leur but, ils sont guidés seulement par la passion et l'opinion, devrait te convaincre ou que la douleur n'est pas un mal, ou, si l'on admet le qualificatif de mal pour tout ce qui est dur et répugne à la nature, que la vertu annihile ce mal, tant il est petit, au point qu'il n'en subsiste pas trace. Médite ceci, je t'en prie, nuit et jour. Il s'agit d'un principe qui aura de grandes conséquences et s'étendra à un domaine sensiblement plus étendu que la seule question de la douleur. Car, si nous sommes décidés à tout faire pour éviter la honte et conquérir l'honneur, nous serons à même de mépriser, non seulement les aiguillons de la douleur, mais les coups foudroyants de la Fortune (1), et cela d'autant plus que le refuge (2) dont nous parlions hier nous est ménagé. **67** Il serait pleinement rassuré, le navigateur poursuivi par des pirates à qui un dieu dirait : « jette-toi par dessus bord ; il y a là, pour te recueillir, un dauphin, comme celui d'Arion de Méthymne (3), ou ces chevaux de Neptune qui, dit-on, " firent rouler à travers les ondes le char flottant de Pélops " (4) ; ils te recueilleront et te mèneront où tu voudras. » De même, sous le coup de douleurs cruelles et affreuses, si ces

1. Cicéron prépare le terrain à la thèse qu'il développera au livre V : la vertu suffit à assurer le bonheur.

2. Les stoïciens admettent même que le suicide peut être un devoir ; cf. *De finibus* III, 18, 60 : in quo enim plura sunt, quae secundum naturam sunt, huius officium est in vita manere ; in quo autem sunt plura contraria aut fore videntur, huius officium est e vita excedere.

3. Sur la légende d'Arion, cf. Hérodote, I, 23, 4 ; Ovide, *Fastes*, II, 83 ; Aulu-Gelle, XVI, 19.

4. *TRF inc.*, 196 (*inc.*, fr. 105). Le roi Oenomaüs exigeait des prétendants à la main de sa fille Hippodamie qu'ils luttassent contre lui dans une course de chars ; vaincus, il les mettait à mort. Pélops, qui devait être son gendre, reçut de Neptune un char d'or et des chevaux ailés.

exultant, lamentantur in morbo. Nihil enim potest esse aequabile, quod non a certa ratione proficiscatur.
66 Sed cum uideas eos qui aut studio aut opinione ducantur, in eo persequendo atque adipiscendo dolore non frangi, debeas existimare aut non esse malum dolorem aut, etiamsi, quicquid asperum alienumque natura sit, id appellari placeat malum, tantulum tamen esse, ut a uirtute ita obruatur, ut nusquam appareat. Quae meditare, quaeso, dies et noctes. Latius enim manabit haec ratio et aliquanto maiorem locum quam de uno dolore occupabit. Nam si omnia fugiendae turpitudinis adipiscendaeque honestatis causa faciemus, non modo stimulos doloris, sed etiam fulmina fortunae contemnamus licebit, praesertim cum paratum sit illud ex hesterna disputatione perfugium.
67 Vt enim, si cui nauiganti, praedones ⟨si⟩ insequantur, deus qui dixerit : « Eice te naui ; praesto est, qui excipiat, uel delphinus, ut Arionem Methymnaeum uel equi Pelopis illi Neptunii, qui « per undas currus suspensos rapuisse » dicuntur, excipient te et, quo uelis, perferent », omnem omittat timorem, sic urgentibus asperis et odiosis doloribus, si tanti sint,

65 nihil potest (*om.* enim) — 66 contemnamus *habet H.*

66 eos qui... ducantur *cet.* : quo quisque (*in r.*)... ducatur V^2 || debeas *X* : debes V^2φ || natura *cet.* : a natura V^1φ || contemnamus *cet.* : — emus V^{rec}.

67 si *add. Wopkens* (*post* nauiganti *add.* si *Kueh.*) : *om.* Φ || naui *X* : e *uel* de n. φ || illi V^1φ : ille *X* || Neptunii *cet.* : — ni *V*φ || excipient *cet.* : — ant *V* || omittat V^2 : omittas *R*φ omitas *G* omittamus BK^2φ || urgent. *cet.* : urguent. *VG* || si tanti sint ut ferendi non sint *Vind.* 222 *Oxon.* 9 *Man.* : si t. non sint ut f. sint *X* || sit G^2V^{uet}φ : sint *RBK*.

douleurs sont à un degré tel qu'elles ne soient pas tolérables, je n'ai pas besoin de te dire où tu dois chercher un refuge.

Voilà à peu près ce que j'avais à te dire pour le moment. Mais peut-être persistes-tu dans ton opinion.

— Pas le moins du monde, et même, en ces deux jours, tu m'as, je l'espère, affranchi de la terreur des deux choses que je craignais le plus.

— A demain donc notre séance de déclamation ; nous en sommes convenus, et pour la philosophie non plus je ne saurais rester en compte avec toi.

— Parfaitement, et, n'est-ce pas, la déclamation sera pour la matinée, la philosophie à cette heure-ci.

— C'est entendu ; je répondrai de mon mieux à tes excellentes dispositions.

ut ferendi non sint, quo sit confugiendum, tu uides.

Haec fere hoc tempore putaui esse dicenda. Sed tu fortasse in sententia permanes.

Minime uero, meque biduo duarum rerum quas maxime timebam spero liberatum metu.

Cras ergo ad clepsydram; sic enim diximus, *et* tibi hoc uideo non posse deberi.

Ita prorsus, et illud quidem ante meridiem, hoc eodem tempore.

Sic faciemus tuisque optumis studiis obsequemur.

67 tu uides φ : ut *X* (*exp.* *V*^ueter^*P*) *om.* φ ‖ diximus *BK*φ*V*[2] : dux. *RGP*φ ‖ et tibi *Turnèbe* : sed t. Φ.

NOTES COMPLÉMENTAIRES

Page. 5.

2. *Origines* (fr. 118 adn., *HRR* 1, p. 92).

Page 6.

1. *Oratio* 37 (fr. 149, *ORF* 8).
2. C. Fabius orna de peintures le temple de Salus (302 av. J.-C.) et reçut le surnom de Pictor. L'annaliste est l'un de ses descendants.

Page 10.

2, texte retenu dans *Epicurea*, éd. Usener, adn. ad p. 228, 12.

Page 13.

2. Epicharme (fr. 11, *FdV* 23 B = fr. 247, *CGF*, p. 137 = Ciceronis *Poetica*, fr. 83 Traglia = *Gr.*, fr. 3, p. 280 Soubiran).

Page 15.

1. Scipion Nasica, consul en 162 et 155, fut un orateur distingué ; cf. Cicéron, *Brutus*, 20, 79. Corculum, qui dans Plaute est un terme de caresse = petit cœur, signifie ici vive intelligence.
2. Ennius (*Annales*, 10 fr. 5, v. 331 Vahlen). Sex. Aelius Paetus, consul en 198, censeur en 194, interpréta la loi des XII Tables.
3. Cf. Ennius, *Epicharmus* (fr. 3, *uar.* 47 Vahlen).

Page 16.

2. Aristoxène (fr. 120a, *SchAr* 2).
3. *Phédon*, p. 85 E.
4. Xénocrate (fr. 67 Heinze).
5. Dicéarque (fr. 7, *SchAr* 1).

Page 18.

1. Aristoxène (fr. 119, *SchAr* 2).
2. Dicéarque (fr. 8c, *SchAr* 1).

Page 19.

1. Le *Phédon.*

Page 20.

4. Castor et Pollux.
5. Cf. Cicéron, *De natura deorum*, II, 6.

Page 25.

4. *TRF inc.* 76-77 (*inc.*, fr. 39).
5. Phérécyde (fr. 5, *FdV* 7 A).

Page 28.

1. Dicéarque (fr. 8d, *SchAr* 1).
2. Aristoxène (fr. 120b, *SchAr* 2).
3. Aristophane, *Les Guêpes*, 1431 (= Ciceronis *Poetica*, fr. 82 Traglia = *Gr.*, fr. 4 Soubiran).
4. Panétius (fr. 82 van Straaten).

Page 32.

1. Texte retenu dans *Epicurea*, éd. Usener, add. ad fr. 141, p. 346, 11. Cf. Lucrèce, *DRN*, V, 8.
2. Ennius, *Andromacha aechmalotis* (fr. 12, *scaen.* 107-110 Vahlen = *Andromacha*, fr. 34, v. 98 Jocelyn).

Page 33.

1. Dicéarque (fr. 8e, *SchAr* 1).
2. Aristoxène (fr. 118, *SchAr* 2).

Page 40.

2. Platon, *Timée*, p. 47 B.

Page 41.

2. *Consolation* (fr. 10 Müller). Ouvrage que Cicéron composa après la mort de sa fille (février 45), « pour se consoler lui-même », cf. I, 34, 83. Dans les *Tusculanes*, écrites peu après, il y est fait fréquemment allusion, cf. notamment I, 31, 76 et IV, 29, 63.

Page 44.

1. Cf. J.-P. Changeux, *L'Homme neuronal*, Paris, 1983, p. 13-18.

Page 45.

2. Cf. Platon, *Phédon*, p. 84 E - 85 B.

Page 46.

1. Cf. Platon, *Phédon*, p. 85 D.
2. Caton d'Utique s'était donné la mort en 46, après la bataille de Thapsus. Cicéron célébra ce suicide héroïque dans une *laudatio*, à laquelle César crut devoir répliquer.

Page 47.

1. (Fr. 5 Müller).
2. (Fr. 9, *SchAr* 1). Dicéarque, élève d'Aristote, avait aussi écrit un ouvrage intitulé Κορινθιακοί, où il niait l'existence même de l'âme ; cf. plus haut, 10, 21.

Page 48.

1. Chrysippe (fr. 822, *SVF* 2, p. 225, 25-26.

Page 49.

1. *Problèmes*, 30, 1, p. 953 A, 10-12.
2. Scipion Emilien, le second Africain. Cf. Panétius, fr. 11 van Straaten.

Page 50.

1. Texte retenu dans *Epicurea*, éd. Usener, fr. 17*, p. 97, 13-16.
2. Démocrite (fr. 160, *FdV* 68 A).

Page. 51.

1. La *Consolatio* (fr. 4 Müller). Voir I, 26, 65.
2. Hégésias (fr. 247 A Mannebach = VI, 3 Giannantoni). Contemporain du roi d'Egypte Ptolémée I, Hégésias fut surnommé l'avocat de la mort, cf. Diog. Laert., II, 86.
3. Callimaque, *Epigrammata*, 23 Pfeiffer.
4. Hégésias (fr. 248 Mannebach = VI, 4 Giannantoni).

Page 52.

1 Q. Caecilius Metellus Macedonicus, consul en 143.
2. Ennius, *Andromacha aechmalotis* (fr. 5, *scaen.* 94-95 Vahlen = *Andromacha*, fr. 27, v. 89-90 Jocelyn). Passage cité de nouveau dans les *Tusculanes*, en III, 19, 45. Cf. J. Perret, *Virgile, Enéide*, t. I, CUF, Paris, 1977, p. 163, note relative à II, 504.
3. Ennius, *Andromacha aechmalotis* fr. 5, *scaen.* 97-99 Vahlen = *Andromacha*, fr. 27, v. 92-95 Jocelyn).

Page 53.

1. Pompée avait épousé en 59 Julie, fille de César.

2. Au moment où Cicéron écrit, Cnaeus Pompeius vient de succomber à la bataille de Munda, et la situation de son frère Sextus paraît désespérée.

Page 54.

1. « Etre exempt de ».

Page 56.

1. Cf. *De finibus*, V, 38.

Page 57.

1. Fr. 491 Pfeiffer. Troïlus, fils de Priam, était encore un enfant quand il fut tué par Achille, cf. Virg. *En.* I, 475.

Page 58.

1. Comicus Romanus, *Inc.* (fr. 32, *CRF* 43-44).

2. *Histoire des animaux*, V, 19, p. 552 B, 17-23.

3. Les astrologues chaldéens étaient fort en crédit dès le temps de Caton l'ancien, qui interdit à son *uillicus* de les consulter, cf. *De agricult.* 5, 4.

Page 59.

1. Théramène avait feint de jouer au κότταβος. Ce jeu consistait à lancer avec force du vin dans un vase métallique, où le choc produisait un son qui se prolongeait. Une résonnance pleine et harmonieuse portait bonheur et à celui qui jouait et à la personne qu'il désignait. Mais ici le liquide est du poison.

2. *Apologie de Socrate*, p. 40 C — 41 D.

Page 61.

1. Platon, *Apologie de Socrate*, p. 42 A.

Page 62.

1. Caton, *Origines* (fr. 83 adn., *HRR* 1, p. 79).

2. Epigramme attribuée à Simonide de Céos (fr. 92b *ALG* = Ciceronis *Poetica*, fr. 85 Traglia = *Gr.*, fr. 2 Soubiran), mais cf. *Anth. Palat.*, éd. des Belles Lettres, t. IV, p. 163, n. 3. Cf. J. Soubiran, *Cicéron, Aratea, Fragments poétiques*, CUF, Paris, 1972, p. 280, n. 2.

3. Théodore (fr. 258 A Mannebach = VIII A 14 Giannantoni).

Page 63.

1. I, 40, 97.
2. Platon, *Phédon*, p. 115 C — E.
3. Cf. Diogène (pseudo-), *Epist.*, 25 Hercher, et Diogène Laërce, VI, 79.

Page 64.

1. Anaxagore (fr. 34a, *FdV* 59 A).
2. Ennius, *Andromacha aechmalotis* (fr. 6, *scaen.* 100-101 Vahlen = *Andromacha*, fr. 27, v. 78-79 Jocelyn).
3. Accius, *Epinausimache* (fr. 13, *TRF* 667 = fr. 18, v. 160 Dangel).
4. Pacuvius, *Iliona* (fr. 4, *TRF* 197-201).
5. Cf. ci-dessus p. 64, n. 3.

Page 65.

1. Cf. ci-dessus p. 64, n. 3.
2. Ennius, *Thyestes* (fr. 14, *scaen.* 362-365 Vahlen = *Thyestes*, fr. 150, v. 296-299 Jocelyn).
3. Cf. ci-dessus p. 65, n. 2.

Page 66.

1. Chrysippe (fr. 322, *SVF* 3, p. 79, 26-36).

Page 68.

1. Cf. Plutarque, *Pelopidas*, 34, 6 (et Pindare, *Pythiques*, 10, 22-27).

Page 69.

1. Hérodote, I, 32, raconte la légende de Cléobis et de Biton.

Page 70.

1. Conception commune dans la tradition littéraire grecque : cf. Théognis, 425-428 ; Bacchylide, 5, 160-164 ; Sophocle, *Oedipe à Colonne*, 1224-1227 ; Euripide, *TGF* fr. 908, 1 ; Alexis, *CAF*, fr. 142, 15 ; Aristote, *Eudème*, fr. 44 Rose ; Cicéron, *Consolation*, fr. 9.
2. Euripide, *Cresphontes* (fr. 449, *TGF* p. 498 = fr. 5 Musso = CICERONIS *Poetica*, fr. 77 Traglia = *Eur.* fr. 6 Soubiran).
3. Crantor (fr. 10, *FPG* 3, p. 148 = CICERONIS *Gr.*, fr. 6 Soubiran).
4. Poeta anonymus. Cf. CICERONIS *Poetica*, fr. 88 Traglia = *Gr.*, fr. 6 Soubiran.

Page 71.

1. Ennius, *Iphigenia* (fr. 10, *TRF* 204 = *Iphigenia*, fr. 94 Jocelyn).

Page 72.

1. Cf. ci-dessus p. 23, n. 2.
2. Solon, *Elegiae* (fr. 22, 5-6 *ALG* = Ciceronis *Poetica*, fr. 84 Traglia = *Gr.*, fr. 1 Soubiran).

Page 78.

1. Néoptolème ou Pyrrhus, fils d'Achille. Dans le *De oratore*, II, 37, 156, ce personnage d'Ennius est opposé à un héros de Pacuvius, Zéthus, lequel proscrit absolument la philosophie.
2. Ennius, *Inc.* (fr. 1, *scaen.* 376 Vahlen = *Andromacha*, fr. 28, v. 95 Jocelyn).

Page 79.

1. Cicéron soutint une vive polémique avec une école de jeunes orateurs qui se disaient Attiques et trouvaient son éloquence trop ornée. C'est pour se justifier qu'il a écrit l'*Orator* et le *De optimo genere oratorum*. Il semble avoir été froissé de voir que les sympathies de Brutus allaient à ses adversaires.

Page 81.

2. texte retenu dans *Epicurea*, éd. Usener, testim., p. 87, 29-33.

Page 85.

1. Aristippe (fr. 162 Mannebach = I B 58 Giannantoni).
2. Texte retenu dans *Epicurea*, éd. Usener, fr. 401, p. 276, 13-15.
3. Hiéronyme (fr. 9d, *SchAr* 10).

Page 86.

1. Passage retenu dans *SVF* 1 (fr. 185, p. 46, 25-26).
2. Métrodore (fr. 5 Körte).
3. Texte retenu dans *Epicurea*, éd. Usener, fr. 601, p. 338, 3-16.

Page 87

2. Accius, *Philoctète* (fr. 19, *TRF* 562-565 = fr. 18, v. 237-240 Dangel).

Page 92.

1. Texte retenu dans *Epicurea*, éd. Usener, fr. 550, p. 326, 14-19.

Page 93

1. Passage retenu dans *SVF* 1 (fr. 85, p. 46, 20-24).

Page 98.

3. Ennius, *Hectoris lytra* (fr. 4, *scaen.* 167-168 Vahlen = *inc.*, fr. 171, v. 327-328 Jocelyn).

Page 99.

2. Il y a là une plaisanterie, d'ailleurs médiocre. Cicéron veut dire que l'acteur Ésope n'aurait pour rien au monde renoncé au morceau le plus brillant du rôle d'Eurypyle.

3. Ennius, *Hectoris lytra* (fr. 4, *scaen.* 172 Vahlen = *inc.*, fr. 172, v. 333 Jocelyn).

Page 102.

3. Texte retenu dans *Epicurea*, éd. Usener, fr. 446, p. 291, 15-22.

4. Dans le *De finibus*, II, 29, 94, Cicéron imagine qu'Epicure va offrir à Philoctète ses consolations philosophiques.

Page 105.

4. Pacuvius, *Niptra* (fr. 9, *TRF* 259-262).

4. Pacuvius, *Niptra* (fr. 9, *TRF* 263-264).

Page 106.

5. Anaxarque d'Abdère. Il avait pris part à l'expédition d'Alexandre le Grand. Le tyran qui le fit périr s'appelait Nicocréon et non Timocréon, comme Cicéron le dit par inadvertance.

Page 109.

2. *Oratio* 10 (fr. 34, *ORF* 65).

Page 110.

3. Les propos rapportées ici ont été retenus comme fr. 607 dans *SVF* 1, p. 135, 35 — 136, 10.

Page 111.

2. Sophocle, *Epigones* (fr. 186 Pearson = *adesp.*, fr. 3, *TGF* p. 837 — omis par Traglia et Soubiran —).

INDEX DES AUTEURS

INDEX DES NOMS PROPRES

CORRIGENDA

P. 2, l. 9 : corriger « (16-18) » en « (16-17 ». ; l. 13, corriger « (19-25) » en « (18-25) ».

P. 3, l. 8 : corriger « (56-62) » en « (56-61) » et « (63-76) » en « (61-67) ».

P. 33, traduction, l. 28 : corriger « Décéarque » en « Dicéarque ».

P. 101, traduction, fin de la l. 21 : mettre un point d'interrogation après « montré tel ».

P. 129, col. de droite, *s. v.* L. Iunius Brutus : corriger en « I, 1, 1 ; 37, 89 ».

TABLE DES MATIÈRES

Ce volume,
le soixante-deuxième
de la série latine
de la Collection des Universités de France,
publié aux Éditions Les Belles Lettres,
a été achevé d'imprimer
en janvier 2011
sur presse rotative numérique
de Jouve
11, bd de Sébastopol, 75001 Paris

N° d'édition : 7185
Dépôt légal : février 2011

Imprimé en France